BLV Ratgeber Essen und Trinken

Ich helf dir kochen · Hausgemachtes für Küche und Keller · Fisch in der Küche · Fleisch, Wurst und Schinken · Wild in der Küche · Knuspriges Brot aus dem eigenen Ofen · Selbstgebackenes · Das praktische Buch vom Wein

BLV Kochpraxis

Fruchtwein, Most und Säfte selbst gemacht · Köstliches aus der Pilzküche · Nudel & Nudel · Paradiesische Apfelküche · Pasteten, Torten und Strudel · Spargel einfach Spitze · Überbackenes, Aufläufe und Puddings

BLV Idee & Praxis – Essen und genießen

1 × 1 der richtigen Ernährung · Genüßliche Weinkunde · Gesunde Wildkräuterküche · Kartoffeln rund und gesund · Kinderfeste · Die Kunst schlank zu bleiben · Die Kunst Tee zu trinken · Obstkuchen – Obsttorten · Selber backen mit Vollkorn · Selbstgemachte Marmeladen und Gelees · Selbstgemachtes aus der Küche zum Verschenken · Vollwert-Süßspeisen · Vom Frühstück zur Mitternachtssuppe · Weihnachtliche Bäckerei

Fachbücher für die Gastronomie

Buffets und Empfänge · Fische und Krustentiere · Fleisch · Wild und Geflügel

Zum Thema »Lebe gesund«

Diät-Ratgeber für Diabetiker · Kochbuch für Leber- und Gallendiät · Es schmeckt auch ohne Fleisch · Kochbuch für die ballastreiche Ernährung · Reformkost für alle Tage · Richtig essen wenn man älter wird · So ernährt man Kinder richtig · Vollwertkost mit Genuß · Von der gesunden Lebensweise

Weitere BLV Kochbücher

Bayrische Kuchl · Chinesisch kochen Schritt für Schritt · Feld-, Wald- und Wiesenkochbuch · Das große BLV Buch der Kräuter & Gewürze · Gute alte Bauernküche · Hasenöhrl und Kirmesfladen · Kochen mit Rundum-Hitze · Mikrowelle · Mit Heißluft braten, grillen, backen · Schnell ein Essen für uns zwei · Südtiroler Leibgerichte

Isolde Bräckle / Brigitte Karch /
Ingeborg Schindler

Fleisch, Wurst und Schinken

verarbeitet und hausgemacht

BLV Verlagsgesellschaft
München Wien Zürich

CIP-Kurztitelaufnahme der Deutschen Bibliothek

Bräckle, Isolde:
Fleisch, Wurst und Schinken verarbeitet und hausgemacht / Isolde Bräckle; Brigitte Karch; Ingeborg Schindler. – München; Wien; Zürich: BLV Verlagsgesellschaft, 1985.
ISBN 3-405-12961-3

NE: Karch, Brigitte; Schindler, Ingeborg:

Fotos und Titelfoto: Meinhard Berger
Zeichnungen: Waltraud Berger

Gesamtherstellung: Ludwig Auer, Donauwörth

Printed in Germany · ISBN 3-405-12961-3

Hinweise zum Gebrauch dieses Buches

Bei der Schilderung des Schlachtvorgangs, des Zerlegens, der Fleischeinteilung, der Zubereitung von Würsten, Pasteten und Sülzen gehen wir besonders ausführlich auf das wichtigste Schlachttier, das Schwein, ein. Da alle Säugetiere ähnlich gebaut sind, ergeben sich für Schlachttiere und Wild kaum Unterschiede im Körperbau und damit auch in der Fleischeinteilung. Lediglich der Speck fehlt bei fast allen anderen Tieren und muß zugekauft werden. Es spielt auch keine Rolle, ob beispielsweise eine Brühwurst oder Pastete aus Schweine-, Kalb- oder Putenfleisch hergestellt wurde.
Rezepte für frisch zu verzehrende Gerichte bringen wir nur, soweit die Zutaten – Knochen, Innereien, Kopffleisch und ähnliches – am Schlachttag oder beim Großeinkauf anfallen. Wie ein Schweinebraten oder Rehrücken zubereitet wird, können Sie in jedem Grundkochbuch nachlesen. Sie finden jedoch einige beispielhafte Rezepte für Halbfertiggerichte, die eingekocht und vor dem Servieren fertiggestellt werden können. Diese Rezepte sind, soweit Mengen angegeben sind, jeweils für vier Personen gedacht, während bei Würsten, Pasteten, Schinken keine genaue Personenangabe erfolgen kann.

Abkürzungen

l	Liter
g	Gramm
kg	Kilogramm
TL	gestrichener Teelöffel
EL	gestrichener Eßlöffel
Msp	Messerspitze
P	Päckchen
cl	Zentiliter
	2 cl = 1 Schnapsglas

Inhalt

Zu diesem Buch

Die Idee zu diesem Ratgeber entstand bei der vergeblichen Suche nach Literatur über das Hausschlachten. Als wir erstmals selbst ein Schwein schlachten und Wurst machen wollten, fand sich kein Buch für Laien, worin man etwas über Fleischeinteilung, Wurstherstellung, Pökeln oder Räuchern hätte nachlesen können. So haben wir uns dieses Buch im Laufe einiger Jahre, bei mehreren Schlachtfesten, durch Ausprobieren selbst erarbeitet und hoffen nun, daß viele Hausfrauen, Hausmänner, Kleintierhalter oder Geflügelzüchter, die vor den gleichen Problemen wie wir stehen, dankbar für unsere Ratschläge sind. Gleichzeitig möchten wir dazu beitragen, daß das Schlachtfest wieder zu einem besonderen Ereignis wird. Allen Unentschlossenen können wir nur raten, es mutig zu versuchen – mit zunehmender Praxis wird auch die Freude am Variieren und Experimentieren immer größer! Man kann »seine« Gewürze herausfinden, sich ganz auf Gesundheit einstellen und damit Produkte erreichen, die sich wesentlich von denen im Handel gekauften unterscheiden.

Die vorliegenden Rezepte und Tips sollen aber auch denjenigen Lesern Anregungen geben, die das Schlachten nicht selbst auf sich nehmen, sondern nur gelegentlich, aus Lust am Selbermachen, eine Wurst, Pastete oder einen Schinken herstellen möchten.

Hinweise für die Verarbeitung anderer Haus- und Wildtiere, wie Lamm, Ziege, Kaninchen, Ente, Gans oder Hirsch, und Rezepte zu diesem Bereich runden das Buch ab.

Wir wünschen allen angehenden »Hausschlachtern« und Hobby-Metzgern viel Spaß und gutes Gelingen. In diesem Sinne: »Ran an den Speck!«

Die Autorinnen

Einführung

Am Anfang war die Jagd

Mit dem Fleisch wilder Tiere stillten unsere Vorfahren vor Jahrtausenden ihren Hunger, bezogen daraus Lebenskraft und Wärme, die sie im rauhen Klima Germaniens und in ihren primitiven Behausungen bitter nötig hatten. Bären, Hirsche, Auerochsen und Wildschweine waren ihre bevorzugte Jagdbeute, weil sie fleischreich waren und saftige Schinken lieferten.
Doch nicht immer war den Steinzeitmenschen das Jagdglück treu. Deshalb begannen sie, junge Tiere einzufangen und aufzuziehen. Während bei den alten Kulturvölkern des Mittelmeerraums Schafe und Ziegen schon um 9000 v. Chr. gezüchtet wurden, ist für uns Deutsche das Schwein das älteste Haustier und seit altersher auch ein Symbol für Glück und Fruchtbarkeit.
Ging es dem Menschen zunächst beim Fleischverzehr hauptsächlich ums Überleben, trat später immer mehr die kulinarische Seite des Fleischgenusses in den Vordergrund. So zeugen die üppigen Gastmähler des Mittelalters und der Barockzeit von schierer »Fleischeslust«, denn Unmengen von gebratenen Rindern, Schweinen, Wild und Geflügel wurden dort verzehrt. Allerdings konnte sich bis in unser Jahrhundert hinein nur eine kleine Oberschicht regelmäßig Fleisch leisten.
Heute gibt die deutsche Hausfrau durchschnittlich etwa ein Drittel ihres Wirtschaftsgeldes für Fleisch und Wurstwaren aus. Fleisch gehört zu den beliebtesten Nahrungsmitteln, allen alternativen Bewegungen zum Trotz.
Für eine ausgewogene Ernährung ist Fleisch auch vom ernährungsphysiologischen Standpunkt aus sehr wichtig, denn es zeichnet sich durch einen hohen Gehalt an tierischem Eiweiß aus, das dem körpereigenen Eiweiß des Menschen nahe verwandt ist; es enthält reichlich Vitamine der B-Gruppe sowie wertvolle Mineralstoffe und Spurenelemente. Es trägt dazu bei, uns fit und leistungsfähig zu erhalten. Gesundheitliche Bedenken wegen des manchmal recht hohen Fettgehalts braucht

man nicht zu hegen, wenn man ein Zuviel, wie bei allem, vermeidet. Fett hat als Aromaträger und Energielieferant für den Körper eine wichtige Funktion. Es bildet eine »Nahrungsreserve« und verbessert den Geschmack von Fleischgerichten und Würsten.

Ursprünglich nahmen die Schweineschlachtungen für die Selbstversorgung ländlicher Haushalte eine Vorrangstellung ein. Auf Hausschlachtungen entfielen Anfang der 50er Jahre etwa ein Drittel aller Schweineschlachtungen in der Bundesrepublik Deutschland. Die Zahl dieser Schlachtungen ist seit Jahren rückläufig, was zum Teil mit der Spezialisierung der bäuerlichen Betriebe zusammenhängt, die vielfach keine Schweinemast mehr betreiben, zum Teil mit dem reichlichen, ganzjährigen Frischfleischangebot im Handel.

Ist Hausschlachtung noch wirtschaftlich?

Für den bäuerlichen Haushalt gibt es jedoch viele gute Gründe, die Hausschlachtung wieder »aufleben« zu lassen. Fleisch, Schinken und Würste vom eigenen Schwein schmecken nicht nur besser, sie sind auch erheblich kostengünstiger. Das trifft vor allem dann zu, wenn der Marktpreis der Schweine niedrig ist. Ein weiterer Vorteil besteht darin, daß man durch die Fütterung die Fleischqualität beeinflussen und durch individuelles Würzen den Geschmack der Wurstwaren selbst bestimmen kann. Man hat immer einen größeren Vorrat an Fleisch und Wurst im Haus, was unabhängig von den Ladenschlußzeiten macht und sich besonders in arbeitsreichen Zeiten günstig auswirkt.

Außerdem kann man die Zeit für den Fleischeinkauf sparen. Bei den teilweise weiten Einkaufswegen auf dem Land entfallen schließlich noch die Benzinkosten für die Einkaufsfahrten.

Alle diese Argumente wiegen die manchmal als Einwände gegen das Hausschlachten vorgebrachten Nachteile auf, als da sind: relativ viel Arbeit an zwei bis drei Tagen, die Kosten für die Neuanschaffung von Geräten und Verpackungsmaterial, für die Tätigkeit von Metzger und Fleischbeschauer, fürs Einfrieren und Räuchern.

Uns lagen zwei Abschlußarbeiten von Meisterinnen der ländlichen Hauswirtschaft vor, die dies bestätigen. Für beide Betriebe erwies sich die Hausschlachtung als rentabler als der Kauf von Schweinefleisch. Beim Kauf im Großhandel hätte etwa 35 Prozent, beim Kauf in der Landmetzgerei etwa 75 Prozent und beim Kauf in der Stadtmetzgerei sogar etwa 100 Prozent mehr Geld aufgewandt werden müssen als für das Schweinefleisch aus eigener Schlachtung.

Allerdings muß man darauf achten, daß das Schwein sich gut »ausschlachtet«, das heißt die Teile möglichst verlustlos verwertet werden.

Ähnliche Gesichtspunkte wird man bedenken müssen, wenn man erwägt, ein Kalb, Schaf oder eine Ziege aus eigener Haltung zu schlachten. Kalb- und Lammfleisch gehören zu den teuersten Fleischsorten; hier wird man durch die Hausschlachtung erhebliche Preisvorteile erwirtschaften.

Für den Stadthaushalt werden finanzielle Erwägungen nicht an erster Stelle stehen, obwohl es auch für den Städter günstige Einkaufsmöglichkeiten für ganze Schlachttiere oder Teile davon gibt, so beispielsweise in Großmärkten. Mehr darüber können Sie auf Seite 14 f. nachlesen.

Die Vorteile einer bedarfsgerechten Vorratshaltung treffen jedoch auch auf den Haushalt in der Stadt zu. Wichtig dabei ist lediglich, die Vorräte entsprechend der Haushaltsgröße und der Lagermöglichkeiten zu planen, also kein ganzes Schwein zu kaufen, wenn der Haushalt nur aus zwei Personen besteht und kein Gefriergerät vorhanden ist. Ist dies alles bedacht, gibt es nichts Angenehmeres und Praktischeres, als auf eine wohlgefüllte Gefriertruhe mit »fleischigen« Vorräten, auf ein Regal voll Gläser und Dosen mit hausgemachten Würsten und Pasteten zurückgreifen zu können und überraschenden Gästen stolz Dauerwurst und Schinken aus eigener Produktion vorzusetzen!

Was in der Wurst steckt

Angesichts mancher überwürzten und versalzenen Metzgerwurst sehnt man sich nach der Wurst von früher zurück. Wenn man dann auf Würsten in Folienpackungen noch bei der Aufzählung der Zutaten Begriffe wie Bindemittel, Emulgatoren, Umrötehilfsmittel, Geschmacksverstärker, Aromen, Konservierungsstoffe usw. oder gar deren chemische Bezeichnungen liest, kommt einem manches »spanisch« vor und man sehnt sich nach einer guten hausgemachten Leberwurst, deren sämtliche Inhaltsstoffe von natürlicher Beschaffenheit und uns wohlbekannt sind.
Und damit wären wir bei einem der wichtigsten Argumente für die Herstellung von hausgemachten Würsten und Fleischkonserven. Es betrifft die Wünsche der Menschen auf dem Land ebenso wie in der Stadt. So wie man bei der Tierhaltung durch die Fütterung selbst bestimmen kann, von welcher Beschaffenheit und Qualität das zu erwartende Fleisch ist, so kann man bei der Herstellung von Wurst und Schinken im eigenen Haushalt Einfluß darauf nehmen, wie gut diese Produkte ausfallen. Man weiß, »was drin ist«: Von welcher Qualität die Zutaten sind, ob hochwertiges Fleisch, viel oder wenig Fett, Salz und Gewürze verwendet wurden. Beim Wursten kann man individuelle Vorlieben und familiäre Traditionen berücksichtigen und durch die Zugabe bevorzugter Gewürze den Produkten die »persönliche Note« geben. Hausfrauen und »Hobby-Metzger« werden deshalb große Freude daran finden, Würste, Sülzen und Pasteten nach alten Hausrezepten herzustellen und neue Sorten auszuprobieren, beispielsweise bisher unbekannte Spezialitäten anderer Regionen oder eigene Abwandlungen von Grundrezepten. Warum soll die junge Bäuerin aus Bayern nicht einmal eine westfälische Wurstsorte versuchen oder die Hamburger Hausfrau sich an die Herstellung eines fränkischen Leberkäses wagen! Eine gut gelungene Wurst ist dann sicher Ansporn zu neuem Probieren. Gerade beim Würzen sind dem kulinarischen Erfindungsreichtum keine Grenzen gesetzt.

Was spricht noch für die eigene Herstellung von Wurst?

Ein wichtiger Beweggrund für die Wurstherstellung ist für viele Menschen der Gedanke an die eigene Gesundheit. Hoher Blutdruck, Herz- und Kreislauferkrankungen sind ernsthafte Leiden, die nicht nur durch Medikamente, sondern in erster Linie durch eine Einschränkung der Kochsalzzufuhr behandelt werden können. Salz gehört zwar in jede Wurst, jede Pastete oder Sülze. Doch ist es dringend zu empfehlen, auch als Gesunder, vorbeugend an der unteren Grenze der in den Wurstrezepten üblichen Salzmenge zu bleiben. In dieser Hinsicht sollte sich die eigene Wurst im positiven Sinne von der gekauften unterscheiden.

Neben der vernünftigen Begrenzung der Salzmenge kann man beim Wursten im Haushalt auch Rücksicht auf andere persönliche Unverträglichkeiten nehmen. So gibt es immer mehr Nahrungsmittel-Allergiker, die bestimmte Gewürze nicht vertragen, beispielsweise Pfeffer oder Paprika. Andere wieder zeigen beim Genuß von Fleischwaren mit Konservierungsstoffen allergische Reaktionen. Für solche Menschen ist das Selbermachen die einzige Möglichkeit, wieder in den Genuß einer leckeren Wurst zu kommen.

Gekaufte Brühwürste sehen oft appetitlich und »mager« aus, enthalten aber viel verstecktes Fett, das mit Hilfe der professionellen Cuttermaschinen sehr fein verteilt und damit fast unsichtbar wurde. Wieviel Fett in der selbstgemachten Wurst steckt, weiß man hingegen ganz genau und kann es bei der Berechnung der Kalorienzufuhr berücksichtigen. Auf sol-

Energiewerte und Inhaltsstoffe von Wurst und Schinken

In 100 g sind enthalten	kJ	kcal	Eiweiß in g	Fett in g	Wasser in g
Bierschinken	1002	239	15,5	19,2	62,8
Bockwurst	1175	281	12,3	25,3	59,1
Cervelatwurst	1933	462	16,9	43,2	34,8
Gelbwurst	1449	346	11,8	32,7	53,1
Jagdwurst	1460	349	12,4	32,8	52,3
Leberpastete	1334	319	14,2	28,6	53,9
Leberwurst	1792	428	12,4	41,2	42,9
Mettwurst (Braunschweiger)	1924	460	12,6	45,0	37,8
Mortadella	1460	349	12,4	32,8	52,3
Rindfleisch in Dosen	844	202	18,5	13,6	63,5
Rotwurst (Blutwurst)	1691	404	13,3	38,5	45,5
Salami, Deutsche	2195	525	17,8	49,7	27,7
Schinken, gekocht	865	207	21,4	12,8	62,0
Schinken, roh	1579	377	18,0	33,3	43,3
Speck, durchwachsen	2617	625	9,1	65,0	20,0
Wiener Würstchen	1187	284	14,9	24,4	58,4

Nach S. W. Souci, W. Fachmann, H. Kraut: Die Zusammensetzung der Lebensmittel, Nährwert-Tabellen 1981/82, Wissenschaftliche Verlagsgesellschaft mbH, Stuttgart 1981 und K. Diem und C. Lentner, Documenta Geigy: Wissenschaftliche Tabellen, Stuttgart 1975

che diätetischen Gesichtspunkte gehen wir mit einigen im Fettgehalt reduzierten Rezepten für Kalbskäse, Kaninchen- oder Putenwurst in diesem Buch ein.
Als Anhaltswerte sollen links die wichtigsten, gewerbsmäßig hergestellten Wurstsorten angegeben werden, um insbesondere den Anteil der versteckten Fette deutlich zu machen.

»Hausgemachtes« ist heute überall wieder gefragt, denn bloßes Konsumieren erweckt auf die Dauer weder Freude noch Befriedigung. Deshalb ist auch das Schöpferische, das Kreative am Herstellen von Wurst und anderen Fleischprodukten eine wichtige Motivation für uns und hoffentlich auch für unsere Leserinnen und Leser.
In der Familie, mit Freunden und Bekannten, die man zum Schlachtfest oder zum Wurstmachen einlädt, hat man meist viel Spaß beim gemeinsamen Tun. Und große Freude macht auch das Verschenken und Beschenktwerden mit solchen selbstgemachten Köstlichkeiten – ganz gleich, ob es sich um ein kleines Töpfchen Griebenschmalz mit Äpfeln und Zwiebeln handelt, um eine Wildsalami oder um eine edle Ententerrine. Nett beschriftet und verpackt, sind dies originelle und damit »unvergleichliche«, weil ganz persönliche Geschenke.
Ein guter Rat noch: Beschenken Sie mit Ihren Produkten nur Personen, die Sie ins Herz geschlossen haben und die Ihr Geschenk zu würdigen wissen! Es steckt soviel Arbeit und Liebe darin, daß Sie es nicht an Uninteressierte verschwenden sollten.
Das gleiche gilt auch für Einladungen zum Schlachtfest, Gänsebraten- oder Jagdessen, bei denen man die Spezialitäten nur mit netten Menschen brüderlich teilen sollte.

Rund um die Hausschlachtung

Checkliste für das Hausschlachten

Folgende Punkte müssen vor der Hausschlachtung bedacht werden:
Woher bekomme ich das Schlachttier, was darf es kosten?
Wie soll es verarbeitet werden, was will ich daraus herstellen (z. B. Konserven, Würste, Schinken, Pasteten, Schmalz, Speck)?
Was muß ich zukaufen (z. B. Rindfleisch, Innereien, Blut, Gewürze)?
Wo und wann soll geschlachtet werden?
Wer hilft mir dabei?
Soll der Metzger die Wurst machen oder stelle ich sie selbst her?
Welche Geräte, Vorratsbehälter, welches Verpackungsmaterial usw. benötige ich?
Wenn das Fleisch gepökelt oder geräuchert werden soll:
Sind geeignete Räume, Geräte und Werkzeuge vorhanden (s. S. 32 ff.)?

Fleischbeschaffung

Wie wir im vorausgegangenen Kapitel erfahren haben, ist für den Landwirt mit eigener Schweinehaltung die Hausschlachtung so rentabel wie eh und je. Das gilt auch für das Fleisch von selbstgezogenen Kälbern, Schafen, Ziegen, Kaninchen und selbst gezogenem Geflügel, das die Haushaltskasse der Bäuerin spürbar entlastet. Und wenn gar eine eigene Jagd vorhanden ist, steht das hochwertige Wildbret günstig zur Verfügung.
Wer keinen Bauernhof besitzt, aber auf dem Lande lebt, kommt meist ebenfalls recht preisgünstig an Schlachtfleisch. Immer größer wird auch die Gruppe der Stadtbewohner, die sich von einem Bauern extra eine besonders zartfleischige, gesund ernährte und garantiert ohne »medikamentöse Nachhilfe« gehaltene Sau mästen lassen. Auf Wunsch erhält man dann entweder ein besonders fleischreiches oder aber ein fettes Schwein, je nachdem, ob

man lieber viel Fleisch auf Vorrat einfrieren oder Wurst und Speck herstellen möchte.

Diese Überlegungen stehen also an erster Stelle bei der Planung eines »Schlachtfestes«. Oft tun sich mehrere Einzelpersonen oder zwei Familien beim Kauf eines Schweines oder Kalbes zusammen, wobei man sich natürlich vorher einig werden muß, wie das Tier aufgeteilt werden soll.

Wie statistische Erhebungen der Verbraucherverbände gezeigt haben, bietet auch der Ankauf von Schweinehälften im Einzelhandel (Metzger) oder Großhandel (C & C-Märkte, Viehverwertungsgesellschaften) erhebliche Preisvorteile. In Bayern bieten beispielsweise 7 Viehverwertungsgesellschaften die gesamte Palette von Schlachtkörpern, Teilstücken und Veredelungsprodukten an. Für Landwirte besteht bei diesen Organisationen die Möglichkeit des Rückkaufs von Teilen des angelieferten Viehs, z. B. einer Rinderhälfte. Die Ersparnis beim Großeinkauf von Schweinefleisch beträgt weit über 50 Prozent. Die meisten Metzger zerteilen die von ihnen gekaufte Schweinehälfte auch gern wunschgerecht und kostenlos. Innereien und Blut müssen dann allerdings zugekauft werden, will man selbst Wurst machen. Eine Schweinehälfte wiegt im allgemeinen 30–40 kg. Es muß jedoch nicht unbedingt eine Schweinehälfte sein. Als Anfänger unter den »Hobby-Metzgern« kann man sich mit einem Schweineviertel begnügen und ausprobieren, ob das Wursten Spaß macht.

Um den Ankauf des Schlachttieres, also beispielsweise des Schweins, müssen Sie sich schon Monate, zumindest aber Wochen vor dem eigentlichen Schlachttag bemühen, wenn Sie nicht selbst zu den Schweinehaltern gehören (das trifft auch auf Landwirte zu, die ausschließlich Milchvieh halten). Der Antransport muß gleichfalls rechtzeitig geregelt werden. Ähnliches gilt für den Kauf von Lämmern, Ziegen, Geflügel oder Wild. Auch solche Tiere müssen rechtzeitig beim Erzeuger oder im Handel bestellt werden. Im Zeitalter der Tiefkühlung ist Frischfleisch leider immer rarer geworden, so daß größere Teile nicht immer sofort erhältlich sind. Wer zu Ostern ein ganzes Lamm oder Zicklein haben möchte, tut gut daran, es spätestens um Weihnachten herum zu bestellen.

Organisation des Schlachttages

Im bäuerlichen Haushalt wird der Schlachttermin fast immer in der arbeitsruhigen Zeit des Winters, also zwischen Oktober und April liegen. Traditionell wird im Winter geschlachtet, weil dann die günstigste Witterung herrscht. Diese Sitte wird der Stadthaushalt sicher gern übernehmen.

Hausmetzger und Fleischbeschauer oder Tierarzt müssen rechtzeitig benachrichtigt werden. Durch die vorgeschriebene amtliche Fleischbeschau, bei der nach Beginn der Schlachtung bestimmte Teile des Schweines untersucht werden, erhalten Sie die Gewähr für trichinenfreies Fleisch. Trichinose ist eine Krankheit, von der es keine Heilung gibt; außerdem kommen auch vereinzelt andere Schweinekrankheiten vor, z. B. die Schweinepest.

Der Metzger sagt Ihnen, welche Geräte und Zutaten Sie eventuell noch beschaffen müssen, und welche er selbst mitbringt.

Wenn kein Berufsmetzger die Schlachtung vornimmt, werden Sie diese Dinge selbst besorgen müssen. Därme und Pökelsalz erhalten Sie im Metzgereibedarfshandel (s. S. 20),

Fleisch und Innereien kaufen Sie am besten im Großmarkt, möglichst nach Vorbestellung. Dort erhalten Sie auch die nötigen Gewürze.

Wichtig!
Machen Sie eine genaue Aufstellung, welche Würste Sie machen wollen und welche Zutaten Sie dazu brauchen!

Wie sieht es mit Helfern für das Schlachtfest aus? Damit Sie nicht bereits am ersten Tag unter der Arbeitslast zusammenbrechen, sollten Ihnen – auch wenn der Metzger ins Haus kommt – zwei bis drei Hilfskräfte zur Verfügung stehen. Familienmitglieder und gute Freundinnen oder Nachbarinnen springen sicher gerne ein.

Eine weitere wichtige Frage ist die der geeigneten Räumlichkeiten. Der eigentliche Schlachtvorgang findet meist im Freien (Hof, Garten, Terrasse) statt. Das Zerlegen des Schweins und die Verarbeitung aber müssen in einem dafür geeigneten Raum vorgenommen werden. Ideal ist eine Waschküche, ein Arbeits- oder Vorratsraum (auch eine sogenannte Schmutzschleuse), in jedem Fall ein Raum, der Spülbecken, Herd, Kochkessel und Stromanschluß aufweist und möglichst gefliest sein sollte. Ein zweiter, kühler Raum sollte für die Lagerung der Fleischteile, die später verarbeitet werden, vorhanden sein. Das könnte beispielsweise eine Garage sein, die einen großen Tisch enthält.

Im Arbeitsraum selbst, der am Tag vor der Schlachtung sorgfältig gereinigt werden sollte, stellt man einen oder zwei Arbeitstische sowie einige Stühle bereit. Soll ein Kochkessel angeheizt werden, muß Brennmaterial herbeigeschafft werden.

Zur Vorbereitung des Schlachttages gehört auch, Platz im Gefriergerät zu schaffen, es wenn nötig abzutauen und rechtzeitig die Frosteranlage einzuschalten. Das gilt übrigens auch für Gemeinschafts-Gefrieranlagen, wie sie auf dem Land noch teilweise vorhanden sind. Im Vorkühlraum solcher Anlagen kann man Fleisch auch gut vorübergehend kühl und vor Fliegen geschützt lagern, was sich beim Schlachten in wärmeren Monaten als praktisch erweist.

Schließlich gehört es meist zu den Pflichten der Hausfrau, am Vortag des Schlachtens die Gewürze herzurichten, beispielsweise Zwiebeln und Knoblauch zu schälen, eventuell zu pressen und mit Salz zu mischen, Wacholderbeeren zu zerstoßen, Gewürze in Alkohol zu legen usw. Mehr darüber in unserem Kapitel »Richtig würzen, leicht gemacht«, S. 46 ff.

Geräte und Verpackungsmaterial

Falls der Metzger einen *Brühtrog* und den *Haken* zum Aufhängen des Schweins nicht selbst mitbringt und Sie solche Dinge nicht besitzen, sollten Sie sie bei einem freundlichen Nachbarn entleihen. Für das Verarbeiten der Wurstteige sind große *Plastikwannen und -eimer* bereitzustellen, außerdem *Töpfe* und *Schüsseln* (ideal sind solche aus Edelstahl), ein großer *Einkochtopf,* der unter Umständen auch den *Kessel* ersetzen muß, ein bis zwei *Schnellkochtöpfe, Schneidbretter* und gut geschärfte *Messer.* Große Bretter mit Saftrille ringsum sind besonders empfehlenswert.

Neben den üblichen Küchenmessern von ca. 17 cm Länge sollten auch mehrere größere Messer vorhanden sein: Der *Ausbeiner* hat eine Länge von ca. 26 cm und ist zum Tranchieren und Ablösen der Knochen bestens geeignet. Das eigentliche große Küchenmesser, ca. 28 cm lang, wird zum Zerlegen gebraucht. Außerdem sind zwei weitere, große Messer günstig: eines mit ca. 32 cm Länge zum Schneiden der Fleischstücke und ein ca. 40 cm langes, das »ziehend« schneidet, besonders geeignet zum Würfelschneiden von Fleisch und Speck. Da die Messer immer wieder stumpf werden, ist ein *Schleifstahl* sehr zu empfehlen. Das Schleifen sollte man richtig machen: Das Messer über den Schleifstahl zu sich hin ziehen, dabei einmal die vordere, einmal die hintere Seite des Stahls abziehen. Die ganze Fläche des Messers muß auf dem Stahl aufliegen – nicht schrägstellen! Aber bitte bei so scharfen Messern unbedingt *Pflaster* und *Fingerlinge* für kleinere Verletzungen bereithalten!

Außerdem benötigen Sie noch *Fleischgabel* und *Schaumkelle* zum Herausfischen von Fleisch und Würsten aus der Kesselbrühe, sowie große, hölzerne *Rührlöffel* zum Rühren der Wurstmasse und *Fleischerhaken.*

Metzgerbeil, Knochensäge und ähnliches wird Ihr Hausmetzger sicher mitbringen, aber eine *Küchenwaage,* ein *Fleischwolf mit verschiedenen Lochscheiben* und *Wurst-Einfüll-Vorsätzen,* ein *Wurstfülltrichter* für das Füllen von Hand und eventuell ein *Folienschweißgerät* sollten vorhanden sein. Die Haushaltswaage sollte bis 10 kg wiegen können; außerdem ist für das Abwiegen der Gewürze eine *Briefwaage* empfehlenswert.

Wer viel Wurst machen möchte, sollte sich einen elektrischen Fleischwolf anschaffen (Kostenpunkt ca. DM 500,–). Zu den üblichen Küchenmaschinen sind aber auch Zusatzteile erhältlich, die dem Fleischwolf entsprechen und damit einen vollwertigen Ersatz darstellen. Selbstverständlich müssen die Maschinenmesser scharf sein. Es gibt ein vierflügeliges Messer, das für das Fleisch verwendet wird und ein zweiflügeliges für den Speck. Zu den Geräten gehören Lochscheiben, deren Löcher eine Größe von 3–10 mm und mehr aufweisen. Wir haben bei unseren Rezepten einen Fleischwolf mit 3-, 5-, 8- und 10-mm-Lochscheibe benutzt. Zu den meisten Geräten dieser Art gibt es auch Tüllenansätze (Füllaufsätze) zum Wurststopfen mit verschiedenen Durchmessern für dick- bzw. dünnkalibrige Därme. Achten Sie darauf, daß diese Ansätze Ihrer Maschine auch auf Ihren handbetriebenen Fleischwolf passen! Die Erfahrung hat uns gelehrt, daß es gut ist, ein solch »altmodisches« Gerät bereitzustellen, falls das Elektrogerät mitten unter der Arbeit »seinen Geist aufgibt«.

Für feine Pasteten und schnittfeste Würste ist die Verwendung eines *elektrischen Zerkleinerers* bzw. *elektrischen Handrührgeräts* zweckmäßig, weil man durch diese Geräte eine besonders homogene Fleischmasse erreicht.

Da die früher üblichen, fest gemauerten Kessel kaum mehr vorhanden sind, ist die Anschaffung eines *großen Topfs mit Deckel* (Durchmesser 40 cm, Höhe 30–40 cm) als »Kessel« sehr zu empfehlen. Selbstverständlich benötigt man auch ein *Thermometer* zur Messung der Wassertemperatur.

Je nachdem, was man zubereiten möchte, braucht man schließlich noch *Formen für Terrinen und Pasteten, Steingutgefäße für Fett* und anderes Vorrats- und Verpackungsmaterial.

Auf das Handwerkszeug fürs Pökeln und Räuchern werden wir im Kapitel »Konservieren von Fleisch« näher eingehen. An dieser Stelle möchten wir also nur Wursthüllen, Gläser, Dosen und Verpackungsmaterial zum Tiefgefrieren behandeln.

Als »Verpackungsmaterial« für Wurstfüllungen kommen neben den natürlichen Hüllen, wie den eigenen Därmen des Schweines und

Geräte und Verpackungsmaterial

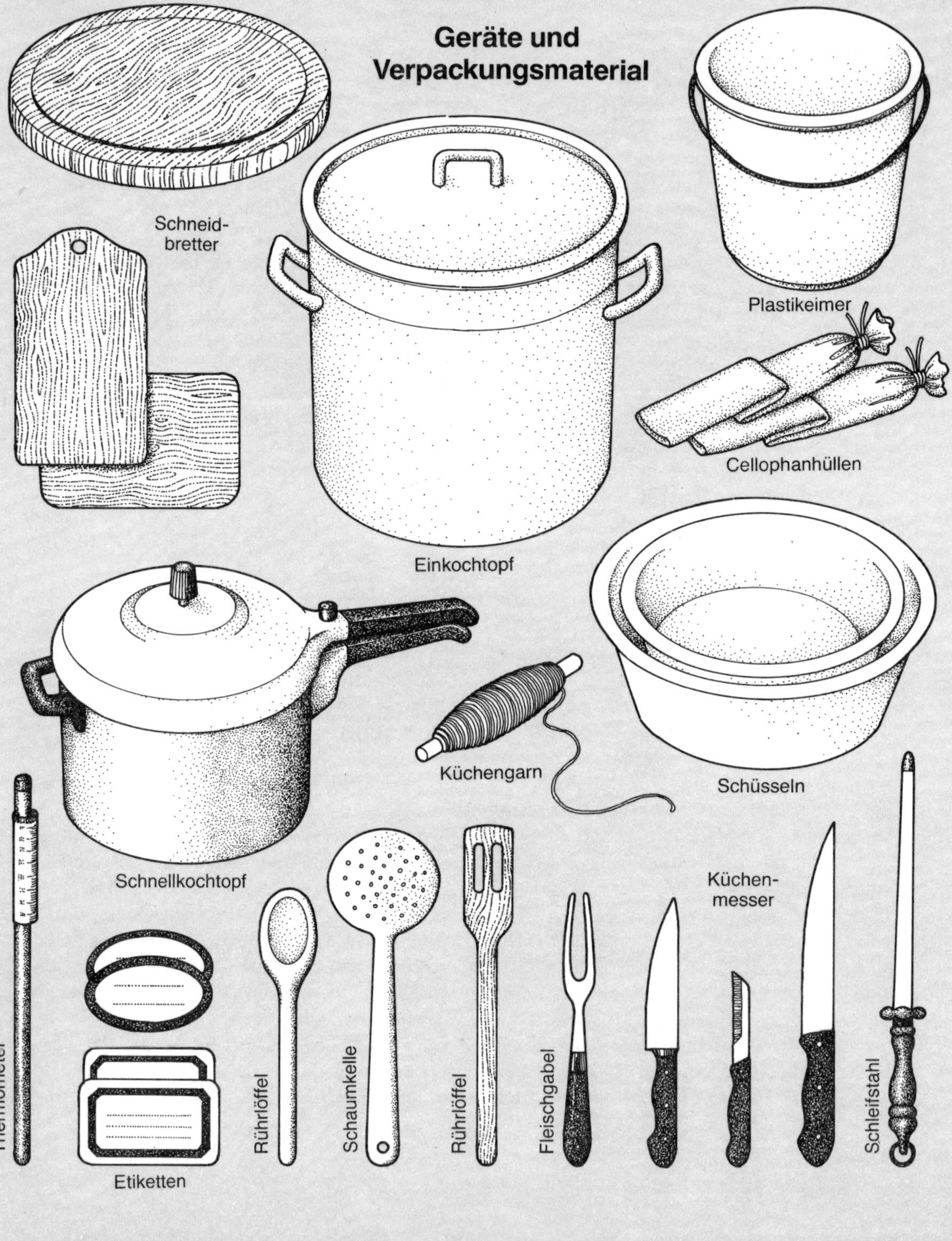

Pastetenform
Küchenwaage
Einkochgläser
Naturfaserdärme
Briefwaage
Weißblech-
dose
Fleischwolf mit
verschiedenen Loch-
scheiben und Wurst-
Einfüll-Vorsatz
Steinguttopf
Gummiringe
Elektrisches
Handrührgerät
Folienschweißgerät

seinem Magen, zugekaufte *Naturdärme* sowie *Cellophanhüllen* in Frage. Außerdem kann man Wurstbrät in *Einkochgläser* oder *Dosen* füllen und wie üblich einkochen.

Für die Aufbewahrung von Wurst in Gläsern eignen sich am besten die sturzfähigen ½ Liter-Gläser. Aus diesen Gläsern lassen sich Wurst- und Pastetenmassen am besten herauslösen. Zum Einkochen von Fleisch, auf das wir im nächsten Kapitel näher eingehen, eignen sich auch andere Einkochgläser. Stets sollte man beim Einkochen von Fleisch und Wurstwaren neue *Gummiringe* verwenden. Vorhandene Gläser werden am Tag vor dem Schlachten sehr sorgfältig gespült und getrocknet.

Neben Einkochgläsern haben sich für die Haltbarmachung von Wurst und Pasteten Dauerdosen aus Weißblech mit Goldlackierung und Nahtabdeckung innen bestens bewährt. Sie können bis zu zehnmal wieder verwendet werden. Deckel und Dose werden von einem Ring umklammert, der etwa dem Mechanismus einer Springform entspricht. Die dünnen, eingelegten Gummiringe sollten bei jedem Gebrauch erneuert werden, obwohl die Hersteller dies nicht zwingend vorschreiben. Dauerdosen gibt es für Inhalte von ca. ½, 1 und 1½ kg. Eine Dose kostet ca. DM 3,–.

Da die eigenen Därme des Schweines naturgemäß für den Wurstbedarf nicht ausreichen, muß man meist Wursthüllen zukaufen. Falls sie der Metzger nicht für uns besorgt, können wir sie im einschlägigen Spezialhandel erhalten: im Metzgereibedarfshandel, der meist in Schlachthofnähe zu finden ist, oder bei Versandgeschäften, die sich auf solche Produkte spezialisiert haben. Falls das Branchenverzeichnis Ihnen nicht weiterhilft, fragen Sie Ihren Metzger.

Die sogenannten *Saitlinge* sind in Salzwasser aufbereitete feine Naturdärme von Schafen, entsprechend den Dünndärmen des Schweines. Die Endlosdärme werden für Blut- und Leberwurst, für Bratwurst, aber auch für dünnkalibrige, luftgetrocknete oder geräucherte Dauerwurst genommen.

Naturfaserdärme aus Rinderhaut (z. B. Naturin R 2-Därme) sind für alle Herstellungsverfahren geeignet, besonders aber für Würste, die geräuchert oder luftgetrocknet werden sollen. Sie sind in verschiedenen »Kalibern« (Durchmessern) und Längen erhältlich. Man sollte sie 5–10 Minuten kalt wässern, dann gut ausstreifen und ausschlagen und luftfrei füllen.

Cellophanhüllen (z. B. Tripan R) gibt es ebenfalls in verschiedenen Kalibern und Längen. Mit einem Durchmesser von 5 cm sind sie beispielsweise für Leberwurst richtig, mit 10 cm Durchmesser für Preßsack (Schwartenmagen). Sie eignen sich zum Kochen und Brühen, nicht zum Räuchern, werden trocken oder naß verarbeitet, kräftig und luftfrei gefüllt, prall abgebunden oder abgeclipt. Beim Kochen überstehen sie Temperaturen bis 120 °C, beim Brühen sollten sie nicht über 72 °C erhitzt werden (sonst Absetzgefahr).

Keinerlei Schwierigkeiten macht die Beschaffung des übrigen Verpackungsmaterials. Man erhält es ebenso wie Einkochgläser und Dauerdosen im Haushaltswarengeschäft. Außerdem braucht man kräftiges *Küchengarn* zum Abbinden der Würste, nach Wunsch auch *Verschlußclips*. Soweit nicht in ausreichender Menge vorhanden, müssen rechtzeitig *Gefrierbeutel und -folien* sowie ggf. *Gefrierdosen* für Suppen, Saucen und Fertiggerichte beschafft werden. Vergessen Sie nicht die *Etiketten* zum Beschriften (bei jeder Schlachtung Farbe der Etiketten wechseln)! Mehr über das Tiefgefrieren von Fleisch können Sie im folgenden Kapitel nachlesen. Außerdem empfehlen wir Ihnen weiterführende Kochbuchliteratur.

Ablauf des Schlachttages

Am Schlachttag selbst machen Sie – noch ehe der Metzger kommt – im Kessel Wasser heiß. Nachdem das Schwein getötet worden ist, wird es an den Hinterbeinen aufgehängt und muß ausbluten. Das aufgefangene Blut wird gerührt, bis es kalt ist. Damit dies schneller geht und das Blut nicht gerinnt, gibt man Eiswürfel oder etwas frischen Schnee hinzu. Danach wird es zugedeckt und kalt gestellt.
Inzwischen wird das Schwein vom Metzger in einem Trog gebrüht und geputzt, das heißt mit »Saupech« (chemisch: Collophonium) bestreut und mit mehreren Eimern heißem Wasser (80–90 °C) übergossen. Um die Borsten zu entfernen, wird das Schwein mit Eisenketten abgerieben. An den Füßen, den Ohren, in Hautfalten usw. werden die restlichen Borsten mit einem Messer abgeschabt und mit einer »Sauglocke« abgekratzt (Fotos S. 33).
Das nun borstenlose Schwein wird an den Hinterbeinen aufgehängt, nochmals mit sauberem Wasser abgespritzt und dann vom Metzger aufgebrochen. Gedärme, Innereien und Flomenfett werden herausgenommen. Den Kopf spaltet der Metzger, entnimmt Zunge und Hirn. Das Schwein wird jetzt der Länge nach in zwei Teile getrennt, die Filets herausgelöst, dann jede Hälfte nochmals quergeteilt. Nun steht das Fleisch zur Verarbeitung zur Verfügung.
Bei der anschließenden Fleischbeschau wird der Schlachtkörper auf Befall von Trichinen, Finnen und gefährliche Infektionskrankheiten untersucht. Trichinenfreies Fleisch wird durch den Stempel »Trichinenfrei« gekennzeichnet.

Trichinenfrei
SCHLACHTHOF FRANKFURT
A.M.

Nun erfolgt die Fleischeinteilung, die mit das Schwierigste an der Verarbeitung ist. Die zerhackten und gewaschenen Kopfteile, Lunge, nach Wunsch etwas Bauchfleisch kommen zum Kochen in den Kessel; sie ergeben das sogenannte Kessel- oder Wellfleisch, die Brühe die Wurst- oder Kesselbrühe. Fügt man dem Wasser Suppengrün und Gewürze zu, erhält die Brühe einen kräftigeren Geschmack. Därme und Magen des Schweins werden inzwischen von den Helfern gewendet und geputzt, denn ein Teil der Wurst, vor allem frische Leber- und Blutwürste sowie Preßsack, sollen darin zubereitet werden.

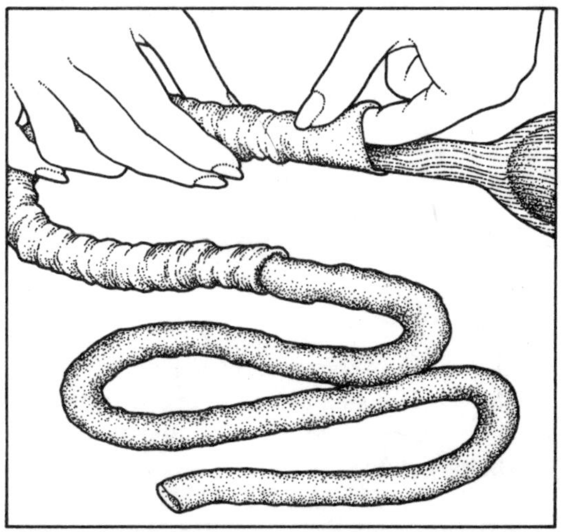

Zum Därmeputzen wird der Dünndarm vom Gekröse abgeschnitten, ausgespült und – nachdem er in größere Abschnitte zerlegt wurde – über einem Kochlöffelstiel gewendet. Er wird gespült, kurz in heißes Wasser getaucht und dann auf einem Tisch durch Schaben mit einem Küchenmesser von der anhaftenden Schleimhaut und dem Fett befreit. Anschlie-

ßend läßt man frisches Leitungswasser hindurchlaufen. Die fertig geputzten Därme kommen in ein Glas mit sauberem Wasser und werden bis zum Verbrauch kühl aufbewahrt.
Der Magen des Schweins wird nicht gebrüht, weil er sonst einläuft, dafür aber mit einem guten Küchenmesser von der Schleimhaut befreit. Die Außenseite kommt beim Füllen nach innen; die Fettbürzelchen schneidet man am besten mit einer Schere ab. Der Magen eignet sich als Hülle für Thüringer Rotwurst oder Preßsack (Schwartenmagen) sowie für den »Pfälzer Saumagen«. Nach dem Füllen wird er mit Nadel und festem Zwirn gut zugenäht und dann gekocht.
Inzwischen werden Fleisch, Innereien und Schwarten für die Kochwürste gegart, bis sie weich – aber nicht zu weich! – sind; Speck, Fleisch und Zwiebeln für die Wurstbereitung werden geschnitten, die Zwiebeln je nach Rezept gedünstet.

Verarbeitung des ganzen Schweines

Fotos S. 51

Von den Schweinevierteln trennt man zunächst die Pfötchen ab; diese ergeben die Tellersülze. Dann werden die Schweinshaxen (Eisbeine) abgeschnitten.
Nimmt man sich dann ein vorderes Viertel vor, so empfiehlt es sich, an der Innenseite des Beins anzufangen, entlang des Knochens aufzuschneiden und den Vorderbeinknochen zur Schulter hin auszulösen. Dann trennt man den Rückenspeck ab, nach vorne begrenzt vom Bauchspeck. Sichtbar werden nun Kotelettstück und Halsgrat. Die Koteletts sind für die Wurstbereitung zu schade und sollten frisch verbraucht oder eingefroren werden. Der Rückenspeck kommt, soweit er für die Kochwürste gebraucht wird, in den großen Kessel und wird ca. 10 Minuten abgebrüht. Der restliche Speck wird für Dauerwurst, Pasteten oder zum Räuchern aufgehoben. Schulter- und Bauchfleisch werden vom Knochen gelöst.
Beim hinteren Viertel löst man ebenfalls das Fleisch vom Knochen. Nachdem die Haxe (Eisbein) abgetrennt wurde, wird wieder an den Innenseiten entlang des Knochens aufgeschnitten und ausgelöst. Auch beim hinteren Viertel wird der Rückenspeck abgetrennt. Dabei sollte man darauf achten, daß am Schinken zum Räuchern noch genügend Speck bleibt; das bedeutet: nicht zu weit nach hinten zur Keule den Speck ablösen. Nach dem Auslösen des Hüftknochens wird schließlich noch der Schenkel in die gewünschten Teile zerlegt: zum Schinken, zum Braten, zur Dauerwurst.
Der Speck eignet sich sehr gut zum Räuchern. Schöne Braten- und Schinkenstücke, die ausgelösten Filets, Koteletts sowie die Speckseiten legt man erst einmal beiseite zum Frischverbrauch, Einkochen, Einfrieren, Pökeln oder Räuchern. In einem kalten Raum werden sie zum Auskühlen auf saubere Tücher oder Folien gelegt.
Alles übrige Fleisch wird nun endgültig einem Rezept für Wurst, Pastete oder Sülze zugeordnet. Am besten, man macht »Häufchen«, die mit einem Zettel mit dem jeweiligen Rezept gekennzeichnet sind. Hierbei ist besonders darauf zu achten, daß die Fett- und Fleischanteile dem Rezept entsprechen. In die Kalkulation sind auch die Schwartenteile einzubeziehen. Die Schwarten entstehen aus dem abgetrennten rohen Fett und den gebrühten Speckseiten, die nach dem Brühen den Würfelspeck ergeben (s. S. 95). Die roh abgetrennten Speckschwarten werden ebenfalls im Kessel ca. 10 Minuten gebrüht.

Für Dauerwurst, Brat- und Mettwürste bestimmtes frisches Fleisch und Speck sollten in Würfel von 3–4 cm Kantenlänge geschnitten und auf Alufolie ausgebreitet zum Anfrieren in das Gefriergerät kommen.
Die Herstellung der verschiedenen Wurstsorten wird ab S. 91 ausführlich beschrieben.
Nach dem Kochen der Würste und Dosen und dem Abkühlen ist die wichtigste Arbeit des ersten Schlachttages getan. Am nächsten Morgen folgen Aufräumungs- und Reinigungsarbeiten. Das portionierte Fleisch wird wie üblich verpackt und eingefroren. Vorher wird es mit Inhalts-, Mengen- und Datumsangabe versehen.
Auch die Herstellung von Pasteten, Sülzen, Schweineschmalz, Dauerwurst und Pökelfleisch kann auf einen der folgenden Tage verschoben werden, wenn mehr Zeit für komplizierte Arbeitsgänge zur Verfügung steht. Pfötchen, die zu Aspik verarbeitet werden sollen, kann man eventuell einfrieren und erst bei Bedarf verwenden. Ausgelöste Knochen (nehmen im Gefriergerät zu viel Platz weg) werden zu Saucenfond verarbeitet. Der Saucenfond wird eingefroren. Der Schnellkochtopf leistet bei der Zubereitung von Saucen und gelierender Brühe mit normalerweise langer Kochzeit gute Dienste.

Verarbeitung kleinerer Fleischmengen

Falls Sie nicht selbst schlachten, kein ganzes oder halbes Schwein einkaufen, sondern nur kleinere Mengen von Fleisch oder Speck im Stadthaushalt zu Wurstwaren oder Schinken verarbeiten möchten, entfallen die Probleme der Fleischeinteilung, die Ihnen der Metzger abnimmt. Sie besorgen sich dann einfach die in unseren Rezepten angegebenen Zutaten und »wursten« frisch drauflos. Der Hackvorsatz Ihrer Küchenmaschine oder ein handbetriebener Fleischwolf ist völlig ausreichend für Ihr Vorhaben, ebenso Ihre üblichen Küchenmesser und Ihr Einkochtopf.

Das Schlachtfest zu Hause

Das »Schlachtfest« war in früheren Jahrhunderten eines der großen, wichtigen Ereignisse im bäuerlichen Jahreslauf. Endlich kam wieder frisches Fleisch auf den Tisch anstelle des geräucherten, gepökelten und gedörrten, und das wurde gebührend gefeiert, mit üppigen Mahlzeiten, vielen Gästen, alten Bräuchen, Musik und Tanz. In manchen Gegenden Deutschlands begann die Schlachtzeit schon im Herbst, in anderen fiel das Schlachtfest meist in die Fastnachtszeit. Auch vor großen Familienereignissen, beispielsweise Hochzeiten, mußte oft eine Sau ihr Leben lassen. Überwiegend wurden nämlich weibliche Schweine wegen ihres zarteren Fleisches und ihrer saftigeren Hinterschinken verarbeitet.
Man freute sich schon Wochen vorher auf das Schlachtfest oder – wie es in Österreich heißt – auf den »Sautanz«. Diese Bezeichnung läßt erkennen, daß es am Abend des Schlachttages meist hoch herging, daß getanzt und gezecht wurde. Zahlreiche Maler, von den alten Niederländern bis zu Romantikern wie Ludwig Richter, haben Szenen des häuslichen Schlachttages im Bild festgehalten. Auch Dichter haben ihren Vers darauf gemacht – denken wir nur an das bekannte »Metzelsuppenlied« des Schwaben Ludwig Uhland:

Wir haben heut' nach altem Brauch
ein Schweinchen abgeschlachtet;
der ist ein komisch ekler Gauch,
der solch ein Fleisch verachtet.
Es lebe zahm und wildes Schwein!
Sie leben alle, groß und klein,
die Blonden und die Braunen.

Vom Wellfleisch schwärmt er:

Wenn solch ein Fleischchen, zart und mild,
im Kraute liegt, das ist ein Bild
wie Venus in den Rosen . . .

und fährt fort:

Und wird von schönen Händen dann
das schöne Fleisch zerleget,
das ist, was einem deutschen Mann
gar süß das Herz beweget.

Rund um das Schlachtfest gab es viel altes Brauchtum. So erhielt das Kronfleisch, also das Zwerchfell, traditionell der Metzger oder derjenige, der seine Aufgaben übernommen hatte. In einem würzigen Sud gekocht, wurde es ihm mit Brot und Schnaps oder Wein als zweites Frühstück serviert. Oft war allerdings der Metzger selbst des Fleisches überdrüssig und hielt sich lieber an eine Käsebrotzeit.
In manchen Gegenden wurde das Schwänzchen feierlich demjenigen überreicht, der das Schwein großgezogen und gemästet hatte. In anderen wiederum gab es den Brauch, es mit Hilfe einer Sicherheitsnadel einem der Helfer oder Gäste heimlich anzuheften, was für alle – außer dem Geneckten – ein Riesenspaß war. Im Odenwald wurden Neulinge beim Schlachtfest zu entfernt wohnenden Bekannten geschickt, um den »Säunabelspieß« oder die »Wursthaspel« zu holen, die es natürlich gar nicht gab, ähnlich wie man Leute »in den April schickt«.
In dieser Gegend wurde auch den zuschauenden Kindern »das Würstchen angemessen«, bevor das Füllsel in die Därme kam, das heißt, der Metzger strich ihnen dabei mit dem blutigen Finger ins Gesicht oder über den Arm, um die Länge des Würstchens anzudeuten.
Die Blase des Schweines wurde an den Öffnungen zugebunden und vor dem Abbinden des letzten Lochs aufgeblasen. Sie wurde am Scheunentor zum Trocknen aufgehängt. In der Fastnacht diente sie dann als Schlaggerät. Oder man gab ein paar Steinchen ins Innere, band sie nach dem Trocknen an einen Stock, so daß sie lustig im Wind klapperte – ein begehrtes Spielzeug für die Kinder.
In manchen Gegenden war es üblich, den abgeschnittenen Saukopf zu stehlen. Er wird nach dem Abtrennen zum Abkühlen beiseite gestellt. Diesen Moment nutzten spitzbübische Nachbarn aus, ihn zu »stehlen«; man mußte also gut darauf achtgeben. War es ihnen gelungen, brachten sie ihn, beladen mit Bier und Schnaps, zurück, und er wurde unter allgemeiner Beteiligung gebraten und verzehrt, wobei der Besitzer den von einem Kranz gezierten Rüssel überreicht bekam. Das ganze war eine sehr feucht-fröhliche Angelegenheit.
Des Abends wurden Freunde und Nachbarn fast in allen Gegenden zu einem üppigen Essen eingeladen, der sogenannten »Metzelsupp'“. Außer der Kesselsuppe gab es Wellfleisch mit Sauerkraut und weiteren Beilagen, Schweinepfeffer mit frischem Blut, Bratwürste oder frische Blut- und Leberwürste, als Abschluß Krapfen oder Streuselkuchen, den aber meist niemand mehr richtig würdigen konnte . . . Um so mehr wurde das Festmahl »begossen« – mit Bier, Wein oder Apfelwein und natürlich einem magenstärkenden Schnaps.
Der Brauch des »Spießlareckens« wird in der Oberpfalz in abgewandelter Form auch heute

noch gepflegt. Früher erschienen zum Schlachtfestschmaus auch die Dorfarmen und hielten verschämt ihre Töpfchen für die Metzelsuppe an langen Stangen, den »Spießla«, durchs Fenster, dabei ihr Sprüchlein vorbringend. Heute sagen die Nachbarskinder, wenn sie Metzelsuppe und frische Würste holen, dieses Sprüchlein auf.

Die meisten der Sitten und Gebräuche rund ums Schlachtfest sind heute leider in Vergessenheit geraten. Trotzdem lädt man überall noch immer gerne zum Schlachtfestessen ein, und die Verwandten aus der Stadt fahren oft weit, um eine gute Metzelsuppe genießen zu können. Das Schlachtfest hat darüber hinaus Eingang in die Gastronomie gefunden. In Franken beispielsweise hält jedes gutbürgerliche Speiselokal in den Städten seinen »Metzelsuppentag«. Und auf dem Land werden am Tag nach dem Schlachten noch immer Metzelsuppe und Würste zu Nachbarn und Bekannten – und natürlich auch ins Lehrerhaus – gebracht.

Diese Sitte, menschliche und nachbarliche Kontakte zu pflegen, sollte nicht aussterben, auch wenn die alten Bräuche nicht mehr wiedererweckt werden können. Im Stadthaushalt können Sie selbstverständlich ebenfalls Ihr »Schlachtfest« mit Metzelsuppe, Schlachtplatte und allem, was dazu gehört, feiern und Gäste dazu einladen. Sie werden damit wahrscheinlich mehr Erfolg haben als mit so mancher »gepflegten« Party.

Im Zeichen eines gesundheitsbewußten Lebens muß unser Fest aber nicht in Völlerei ausarten. Die Kostproben von allem, sei es Wellfleisch, Würste, Schweinepfeffer oder Sülze, können relativ klein sein, denn man will ja auch noch Sauerkraut, Erbsenbrei, Kartoffeln und Bauernbrot auftischen. Salz, Pfeffer, Senf und Meerrettich sollten bereitstehen; sie machen das fette Essen bekömmlicher. Je nach Gegend wird Bier oder Wein und ein einheimischer Schnaps dazu gereicht. Den Abschluß bildet – nach all dem Deftigen – ein süßer Nachtisch, eine Rote Grütze oder ein Apfelstrudel, und Kaffee. Selbstverständlich darf jeder Gast ein Gläschen Wurst oder ein Schmalztöpfchen, falls schon vorhanden – als »Bschoad«, wie man in Bayern sagt – mit nach Hause nehmen.

Eingeladen wird zum Schlachtfest mit einer lustigen Karte, der beispielsweise ein Marzipanschweinchen beiliegen könnte.

Auch der Jagdschmaus ist unter Jägern, ihren Frauen und guten Bekannten eine alte Tradition. Ein ganzer Hirsch, mehrere Hasen oder Fasane sind schon ein Grund, ein festliches Essen zu richten. Vor allem der Aufbruch, das alte Jagdvorrecht des Schützen, wird von der Jägersfrau gern für Gäste zubereitet. Es wird vermutet, daß dieses Gericht, als »Pfeffer« mit dem frischen Blut des Tieres gekocht, kultischen Ursprung hat: Die Innereien, vor allem Herz und Leber, sollten den Menschen Kraft und Stärke verleihen.

Konservierungs-methoden

Nicht jeder, der schlachtet, verarbeitet das Fleisch zu Wurst. Vielmehr läßt sich Fleisch auf verschiedene Art und Weise über längere Zeit haltbar machen, und zwar durch:

- Einkochen,
- Einlegen in Essig- oder Sauermilchbeize,
- Tiefgefrieren,
- Pökeln,
- Räuchern und
- Lufttrocknen.

Auf den nachfolgenden Seiten finden Sie die jeweiligen Verfahrensweisen beschrieben, vervollständigt durch zahlreiche Tips und Anwendungsbeispiele. Die Themen »Einkochen«, »Einlegen in Essig- oder Sauermilchbeize« sowie »Einfrieren« werden in diesem Buch nur relativ kurz abgehandelt, zumal diese Konservierungsmethoden im Haushalt recht gut bekannt sind. Für die Bereiche »Pökeln«, »Räuchern und Lufttrocknen« folgen umfangreichere Beschreibungen, um auch dem Laien ein problemloseres Nachvollziehen zu ermöglichen.

Einkochen

Wer Schlachtfleisch konservieren will, findet im Einkochen bzw. Pasteurisieren (Sterilisieren) in Gläsern oder Dosen eine vergleichsweise einfache Methode. An dieser Stelle geben wir Ihnen Basisinformationen, Tips und Grundrezepte, so daß auch diejenigen, die sich bisher nur wenig mit Einkochen beschäftigt haben, zu guten Ergebnissen kommen können.

Informationen und Hinweise

Zum Einkochen eignen sich Frischfleisch, Innereien, Wurst oder Wurstmasse sowie gepökeltes Fleisch, gepökelter Schinken und auch Pasteten.

Frisches Schlachtfleisch sollte ausreichend abgehangen sein und kann roh, gesalzen sowie gewürzt eingekocht werden.

Fleisch von Schlachtvieh, Wild und Geflügel sowie Wurst- und Pastetenmassen füllt man roh oder kurz angebraten in Gläser oder Dosen ein und kocht sie 120 Minuten bei 98 °C ein. Anschließend läßt man sie bei Zimmertemperatur (20–25 °C) 2 Tage stehen. Da bei Fleisch, das zu kurz gegart ist, die Gefahr der Sporenbildung (Botulismus) besteht, muß man es nach 48 Stunden abermals 60 Minuten bei 98 °C einkochen. Fleisch, das schon völlig durchgegart wurde, muß zunächst 60 Minuten bei 98 °C pasteurisiert, und nach 48 Stunden nochmals 30 Minuten bei 98 °C eingekocht werden.

Schweinefleisch sollte vorzugsweise am zweiten, spätestens am dritten Tag nach dem Schlachten eingekocht werden. Andernfalls kann es passieren, daß es ungenießbar wird.

Bei Wildfleisch empfiehlt es sich, das Fleisch möglichst nach 4–5 Tagen einzukochen, es nimmt sonst einen zu starken Wildgeschmack an. Wildfleisch stets nur mit einem feuchten Tuch abtupfen, nicht waschen; so behält es sein typisches Aroma.

Das Einkochen von Geflügel sollte möglichst am Schlachttag erfolgen. Empfehlenswert ist es, das Geflügel zunächst zu entbeinen. Man kann jedoch auch Röhrenknochen und Rückgrat mit einkochen. In diesem Fall sollten Sie mit der Geflügelschere die Knochen einschneiden, damit beim Einkochen die Hitze besser in die Knochen dringen kann. Geflügel und Wildgeflügel sollte vor dem Einkochen völlig durchgegart werden.

Beim Einkochen von Fleisch und Wurst müssen die Ränder der Gläser und die Einkochringe stets völlig sauber bzw. fettfrei sein. Dieses Sauberkeitsgebot gilt auch für das Einkochen in Dosen.

Gläser und Dosen mit warmem Inhalt zum Einkochen in warmes Wasser stellen, mit kaltem Inhalt in kaltes Wasser setzen.

Darauf achten, daß das Wasser nicht zu schnell und nicht zu heiß erhitzt wird; es sollte im Einkochtopf nicht zu sehr sprudeln: das Fett könnte herauskochen, und ein fester Glasverschluß wäre dann nicht mehr gewährleistet.

Würste kann man mit und ohne Darm einkochen. Würste in Därmen müssen zuvor in schwach siedendem Wasser behutsam gegart, abgetrocknet und in Gläser geschichtet werden. Je nach Bedarf mit etwas Brühe aufgießen. Kleine Gläser nur bis ¾ der Glashöhe füllen, bei hohen Gläsern bis 3 cm unter dem Glasrand. Das gilt auch für Wurst ohne Därme.

Eingekochte Leberwurst verfärbt sich an der Oberfläche nicht, wenn man sie mit einer dünnen Speckscheibe bedeckt.

Beim Einkochen in Dosen Fleisch oder Wurstmasse nur bis 3 cm, maximal bis 1 cm unter den Dosenrand einfüllen. Dosen auf einen Rost im Einkochtopf stellen, mit einem ausreichend großen Holzbrett oder Deckel mit Stein beschweren und gut mit Wasser bedecken.

Einkochgläser oder Dosen möglichst nicht im Backofen einkochen, weil die Gummiringe klebrig werden und ein Öffnen erschweren.

Glasdeckel vor dem Einkochen mit wasserfestem Schreibstift beschriften. Keine Etiketten verwenden, sie schwimmen davon. Dosen am besten mit Bleistift beschriften.

Zum Einkochen eignet sich ein Dampfdrucktopf (Schnellkochtopf) besonders gut, denn bei diesem Verfahren werden Temperaturen von 108–117 °C erreicht, die das Einmachgut keimfrei und haltbarer machen. Wichtig: Gläser und Dosen langsam ankochen. Die sonst üblichen Einkochzeiten reduzieren sich auf ca. ¼ der normalen Zeit. Die Farbe und der Geschmack bleiben sehr gut erhalten.

Eingekochtes Fleisch und Wurst sollten in einem kühlen, möglichst dunklen, trockenen Raum aufbewahrt werden. Ideal ist ein Keller mit Temperaturen von 6–8 °C. So gelagert halten sich Gläser und Dosen 1½–2 Jahre.

Fleisch- und Wurstkonserven, die nach einigen Wochen aufgehen, in keinem Fall verwenden, auch wenn weder Farbveränderungen noch übler Geruch auftreten! Sie sind trotzdem fast immer verdorben.

Grundrezepte

Rohes Fleisch einkochen

1 kg Fleisch, Salz, Pfeffer,
Gewürze nach Belieben.

Rohes Fleisch in Stücke schneiden, salzen und würzen. In Gläser füllen, sofort verschließen und einkochen.
Einkochzeit: 120 Minuten + 60 Minuten bei 98 °C; *im Schnellkochtopf:* 25–30 Minuten.

Vorgekochtes Fleisch einkochen

1 kg Fleisch, Suppengrün nach Belieben.

Das Fleisch in Stücke schneiden, mit dem Suppengrün in kochendes Wasser geben und 20–30 Minuten (im Schnellkochtopf 5–8 Minuten) vorkochen. Fleisch noch heiß in Gläser geben, Brühe abseihen und 2–3 cm hoch einfüllen, sofort verschließen und einkochen. Darauf achten, daß die Fleischstücke nicht völlig mit Flüssigkeit bedeckt sind.
Einkochzeit: 60 Minuten + 30 Minuten bei 98 °C; *im Schnellkochtopf:* ca. 20 Minuten.

Angebratenes Fleisch einkochen

1 kg Schmorfleisch,
Salz, Pfeffer,
Gewürze nach Belieben,
Fett zum Braten,
¼ l Fleischbrühe.

Fleisch in Stücke schneiden, salzen, pfeffern und würzen, in heißes Fett geben, von allen Seiten anbraten und heiß in Einkochgläser füllen. Den Bratfond zusammen mit etwas heißer Brühe aufgießen, kurz durchkochen lassen, abseihen und 2–3 cm hoch in Gläser füllen. Darauf achten, daß die Bratenstücke nicht völlig mit Flüssigkeit bedeckt sind. Andernfalls verlieren sie ihr Aroma.
Einkochzeit: 120 Minuten + 60 Minuten bei 98 °C; *im Schnellkochtopf:* ca. 20 Minuten.

Schinken einkochen

Schinken, gepökelt und leicht angeräuchert,
Fleischbrühe.

Den Schinken portioniert in Gläser füllen, 1–2 cm hoch kalte Fleischbrühe aufgießen, gut verschließen, einkochen und 1 Stunde nachziehen lassen.
Einkochzeit: 120 Minuten + 60 Minuten bei 98 °C; *im Schnellkochtopf:* ca. 15 Minuten.

Einkochen von Fleisch, Wurst, Pasteten, Wild und Geflügel

Einkochgut	Einkochzeit in Minuten roh/angebraten	Einkochzeit in Minuten vorgegart	Temperatur in °C
Fleisch			
Wellfleisch	120 + 60	60 + 30	98
Eisbein	120 + 60		98
Sülze		60 + 30	98
Gulasch	120 + 60		98
Schnitzel/Kotelett		60 + 30	98
Zunge, geräuchert	120 + 60		98
Lammbraten	120 + 60	60 + 30	98
Zicklein		60 + 30	98
Kaninchenbraten	120 + 60		98
Wurst			
Bratwurst	120 + 60		98
Blutwurst	90–120		75–85
Leberwurst	90–120		75–85
Fleischwurst	120 + 60		98
Wiener Würstchen		60 + 30	98
Putenwurst	120 + 15		75–85
Kaninchenwurst	120 + 60		98
Pasteten			
Kalbfleischpastete	120 + 60		98
Kalbslebermousse	120 + 60		98
Geflügellebermousse	120 + 60		98
Hirschleberpastete	120 + 60		98
Hasenpastete	120 + 60		98
Wildgeflügelcreme		60 + 30	98
Wild			
Reh-/Hirschgulasch	120 + 60		98
Hasen-/Wildkaninchenbraten	120 + 60		98
Wildschweinragout		60 + 30	98
Geflügel			
Huhn/Perlhuhn		60 + 30	98
Ente/Wildente		60 + 30	98
Gans			98
Pute		60 + 30	98
Rebhuhn	120 + 60		98
Geflügelleber	120 + 60		98

Gepökeltes Fleisch einkochen

Fertiggepökeltes Fleisch.
3grädige Lake: *1 l Wasser,*
24 g Pökelsalz.

Pökelfleisch 2–3 Stunden wässern. In der Zwischenzeit das Wasser für die Lake zusammen mit dem Pökelsalz erhitzen, kurz vor dem Siedepunkt in ein Gefäß zum Abkühlen gießen. Nun das gewässerte Fleisch trockentupfen und in passende Stücke schneiden. Alles in Einkochgläser füllen und die Lake ca. 3 cm hoch in die Gläser gießen, sofort verschließen, wie üblich einkochen und 1 Stunde nachziehen lassen.
Einkochzeit: 120 Minuten + 60 Minuten bei 98 °C; *im Schnellkochtopf:* ca. 15 Minuten.

Weitere Spezialrezepte finden Sie im Rezeptteil ab S. 50.

Beizen

Frisches Fleisch wird durch Einlegen in Essig-, Wein- oder Sauermilchbeize (alle 2 Tage erneuern) für kurze Zeit haltbar und gleichzeitig rascher mürbe. Die Flüssigkeit muß das Fleisch vollständig bedecken. Beigefügte Gewürze aromatisieren das Fleisch und geben ihm einen besonderen Geschmack. Diese Methode bewirkt, daß das Bindegewebe des Fleisches gelockert wird und die Eiweißstoffe für die Verdauung besser aufgeschlossen werden. Den gleichen Effekt erreicht man übrigens auch, wenn man das Fleisch in Öl einlegt. Eingelegtes Fleisch hält sich – zugedeckt und aufbewahrt an einem kühlen Ort – 6–8 Tage frisch.

Tiefgefrieren

Eine der bequemsten Konservierungsmethoden ist das Tiefgefrieren. Sie benötigen dazu ein Gefriergerät (Truhe oder Schrank), dessen Innenraum ständig eine Mindesttemperatur von −18 °C aufweist, um so ein langfristiges Lagern zu ermöglichen.

Informationen und Hinweise

Bevor Sie das Fleisch verpacken, sollten Sie bedenken, wieviel später für die entsprechenden Mahlzeiten benötigt wird. Es empfiehlt sich, lieber kleinere als große Portionen einzufrieren.

Die einzelnen Fleischstücke sollten möglichst 1,5 kg schwer, keinesfalls jedoch schwerer als ca. 2,5 kg sein, andernfalls gefriert das Fleisch nicht schnell genug durch.

Fleischreste können entweder zum Verwursten verwendet oder für Gulasch oder Ragout in Würfel geschnitten werden.

Wer Hackfleisch tiefgefrieren will, sollte es sofort nach dem Durchdrehen verpacken, beschriften und ins Vorgefrierfach legen, da es besonders schnell verdirbt.

Zwischen Koteletts, Schnitzel oder Rouladenscheiben stets Folienblätter legen. So lassen sich die einzelnen Fleischstücke später besser voneinander lösen, und das Fleisch kann schneller auftauen.

Knochenenden (z. B. Kasseler Rippenspeer) mit Aluminiumfolie abdecken. Gefrier-Alufolie »extra stark« verwenden. Folie wird zu leicht beschädigt.

Lagerdauer im Haushaltsgefriergerät

Schlachtvieh
Schweinefleisch (fettes kürzer als mageres): 2–8 Monate
Speck, geräuchert: 4–6 Monate
Schinken, roh: 1–3 Monate
Rindfleisch (fettes kürzer als mageres): 8–12 Monate
Kalbfleisch: 6–9 Monate
Hammelfleisch (fettes kürzer als mageres): 6–8 Monate
Schaffleisch: 6–10 Monate
Ziegenfleisch: 8–10 Monate
Kaninchenfleisch: 10 Monate

Innereien (Herz, Lunge, Niere, Zunge): 3–6 Monate
Hackfleisch (fettes kürzer als mageres): 1–3 Monate
Wurstwaren: 2–4 Monate
Schmalz: 2–3 Monate

Zum Tiefgefrieren wenig oder gar nicht geeignet:
Hirn: ungeeignet
Leber (wenig geeignet): 1–3 Monate
Speck, roh (wenig geeignet, wird leicht ranzig): 1–2 Monate
Schinken, gekocht (wenig geeignet, verliert an Geschmack): 1 Monat

Wild
Hirsch, Reh, Gams, Hase: 10 Monate
Wildschwein (fettes kürzer als mageres): 2–8 Monate

Geflügel und Wildgeflügel
Gans, Ente/Flugente, Wildente, Huhn/Perlhuhn: 6 Monate
Poularde: 9–12 Monate
Puter: 12 Monate
Fasan: 8–10 Monate
Rebhuhn, Wachtel: 6 Monate
Haus-/Wildtaube: 12 Monate

Zum Verpacken des Fleisches nur unbenutztes Material (Polyäthylenfolie von mindestens 0,05 mm Stärke) verwenden. Dünneres Material ist ungeeignet. Auch gebrauchte Folien sind nicht hygienisch genug und können das Fleisch leicht verderben. Beim Verpacken darauf achten, daß die Luft aus den Beuteln oder aus der Folie herausgedrückt ist. Moderne Folienschweißgeräte saugen gleich beim Verschließen die Luft ab. 4-Sterne-Gefrierdosen hingegen sind ideal, um in Gefriergeräten Ordnung zu halten. Sie sind gut stapelbar und lassen sich nach dem Säubern immer wieder verwenden.

Auf jeder Packung Fleischstück, Gewicht und Datum mit einem Spezialfolienschreiber angeben.

Alle Arbeiten in einem kühlen Raum vornehmen. Zum Vorgefrieren das Fleisch ins Vorgefrierfach legen. Sind alle Fleischpakete gut durchgefroren, wird das Gefriergerät wieder auf Lagertemperatur (−18 °C) umgestellt.

Pökeln, Räuchern und Lufttrocknen allgemein

Jedes Schlachtvieh, Wild, Geflügel und Wildgeflügel kann durch Pökeln, Räuchern oder durch Lufttrocknen konserviert werden. Die Wahl der Konservierungsmethode, der Salzmischungen und Gewürze sowie die Dauer der angewandten Verfahren hängt von Ihrer eigenen Erfahrung ab und bleibt Ihrem persönlichen Geschmack überlassen.
Fleisch kann man beispielsweise gleich nach dem Pökeln als sogenanntes Surfleisch oder Pökelfleisch verwenden. In diesem Fall wird es

nach dem Pökeln gekocht und serviert oder aber gepökelt, gegart und abgekühlt im Gefriergerät als Vorrat eingelagert. Gepökeltes Fleisch kann man zu gekochtem, geräuchertem oder luftgetrocknetem Schinken verarbeiten. Dauerwürste schmecken geräuchert ebenso gut wie luftgetrocknet.

Da das Pökeln, Räuchern und Lufttrocknen von Fleisch eng mit der *Schinkenherstellung* verbunden ist, gehen wir auf den nachfolgenden Seiten etwas ausführlicher auf diesen Aspekt ein.

Das Fleischerhandwerk bietet Schinken gepökelt und geräuchert, gekocht oder luftgetrocknet in zahlreichen Geschmacksvariationen an. Unter Schinken versteht man dabei im allgemeinen die Hinterkeule oder Schulter (mit und ohne Knochen) vom Schwein. Seltener erhältlich sind Schinken vom Hammel, Lamm oder gar von der Ziege. Während Rinderschinken relativ häufig angeboten wird, zählen zum Beispiel Hirsch-, Reh- oder Wildschweinschinken sowie Putenbrustschinken zu den ausgesprochenen Raritäten. Von daher ist die eigene Schinkenherstellung sicherlich sehr reizvoll, zumal man sich mit den sonst kaum oder nur selten erhältlichen kulinarischen Schinkenspezialitäten ganz nach eigenem Bedarf und Geschmack eindecken kann.

Die Schinkenherstellung im häuslichen Bereich läßt sich vereinfacht wie folgt beschreiben: Das zum Pökeln bestimmte Fleisch wird wunschgemäß in Stücke zerteilt. Man reibt es mit einer Mischung aus Kochsalz und/oder Pökelsalz sowie Zucker und evtl. Gewürzen ein und legt es in Pökelgefäße. Das Salz wirkt konservierend, da es dem Fleisch und den Mikroorganismen viel Wasser entzieht. Ggf. gießt man das Fleisch nach einer bestimmten Zeit mit einer Salzlösung (Lake) auf, und läßt es fest gepreßt und verschlossen eine bestimmte Zeitlang pökeln. Nach anschließendem Wässern und Abtropfen werden die Stücke entweder roh nach den zuvor beschriebenen Methoden (Einkochen, Tiefgefrieren) konserviert oder geräuchert (wirkt ebenfalls konservierend, zugleich aber auch geschmacksverbessernd), zu gekochtem Schinken oder aber zu luftgetrocknetem Schinken verarbeitet.

Bevor Sie an die häusliche Praxis des Pökelns, Räucherns und des Lufttrocknens herangehen, sollten Sie sich mit den jeweiligen Arbeitsabläufen vertraut machen. Überprüfen Sie anhand der nachfolgenden Checkliste, inwieweit Sie über ausreichende räumliche Gegebenheiten und das notwendige Handwerkszeug verfügen.

Checkliste fürs Pökeln und Räuchern

Gibt es in der Wohnung/Haus einen geeigneten Pökelraum oder kann man einen vorhandenen Raum sinnvoll dazu einrichten?

Sind genügend Materialien vorhanden bzw. lohnt sich die Neuanschaffung von: Kunststoffbehältern, Lakemesser, Küchengarn, Fleischerhaken?

Haben Sie Platz, um ggf. nicht nur ein Tischgerät, sondern auch einen großen Räucherschrank aufzustellen? Haben Sie eine Räucherkammer oder einen Räucherkamin?

Haben Sie genügend Platz, um z. B. Pökelsalz usw. in größeren Mengen sachgemäß aufzubewahren?

Schlachten und Zerlegen eines Schweines, S. 21 ff.

SAME

19

Verfügen Sie über ausreichend große Gefriergeräte, um z. B. vorportioniertes, zu Kochschinken bestimmtes Fleisch auf Vorrat legen zu können?

Wenn Sie alle Fragen überdacht und positiv beantwortet haben, dann können Sie sich mit den näheren Einzelheiten vertraut machen. Am Beispiel Schinken sollten die jeweiligen Verfahren beschrieben und erklärt werden, wobei immer dann, wenn sich gleiche Arbeitsgänge für z. B. geräucherte Wurst oder Pökelfleisch ergeben, entsprechende Anmerkungen folgen.

Pökeln

Geeignete Räume zum Pökeln

Zum sachgerechten Pökeln benötigt man einen sogenannten Salzkeller, d. h. man sollte über einen Keller verfügen, der nach Norden geht, weil er am wenigsten der Sonne ausgesetzt ist und auch im Sommer leicht und gut belüftet werden kann. Daß Wände und Fußböden stets ganz sauber sein müssen, sollte selbstverständlich sein. Dieser Keller sollte ausschließlich zum Pökeln von Fleisch benutzt werden, also keinesfalls Därme, Fettreste u. ä. dort aufbewahren! Zudem muß im Pökelraum eine stets gleichbleibende Temperatur von 6–8 °C herrschen, andernfalls kommt es zur Verunreinigung der Luft, was zum Verderb des Pökelfleisches führen kann. Die Fenster sollten ebenfalls mit Fliegendraht versehen werden. Mit einem eingebauten Ventilator kann man für ausreichende Belüftung sorgen.

Geräte

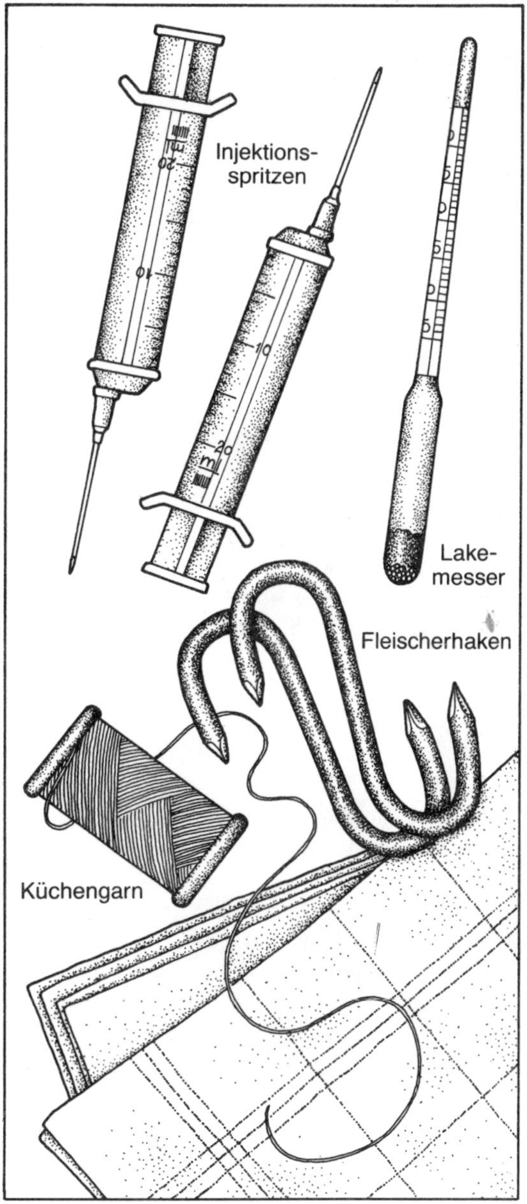

Um Fleisch sachgerecht zu pökeln, muß man es in entsprechende Pökelgefäße fest einschichten. Die früher verwendeten hölzernen Pökelfässer (zumeist aus Eichenholz) dürfen vom Metzger heutzutage auf Grund strenger Hygienevorschriften nicht mehr eingesetzt werden. Auch im Haushalt sollte man daher nur *Steinguttöpfe,* am besten jedoch unterschiedlich große *Kunststoffbehälter* zum Pökeln verwenden, die zum Abschluß mit einem schweren Deckel ausreichend beschwert und gut verschlossen werden können.
Schließlich benötigt man einen *Lakemesser,* um die Salzschärfe der Lake messen zu können, sowie eine ausreichende Menge *Küchengarn* oder *Fleischerhaken* und *Leinentücher,* um die Fleischstücke zu umwickeln (z. B. bei Rollschinken oder bei gekochtem Schinken) oder um Wurst oder Fleisch beim Räuchern bzw. bei der Lagerung hängend aufzubewahren. Zur Schinkenherstellung empfiehlt es sich, entsprechend große *Schinkenformen* und *Injektionsspritzen* im Haus zu haben.

Pökelverfahren

Will man Fleisch durch Pökeln haltbar machen, kann man nach unterschiedlichen Verfahren vorgehen.

Schnellspritzverfahren
Metzger wenden heutzutage das sogenannte Schnellspritzverfahren an, d. h. sie spritzen mit einem speziellen Gerät Pökel bzw. Lake, das ist eine Salzlösung mit einem bestimmten Salzgehalt, in verschiedene Stellen des Fleisches, so daß es gleichmäßig von der konservierenden Salzlösung durchdrungen wird. Das Fleisch ist innerhalb von 3–4 Tagen fertig durchgepökelt. Auch im Privathaushalt läßt sich diese Methode anwenden. Zwar ist das Verfahren etwas aufwendiger als z. B. die Naßpökelung, jedoch wird diese Mehrarbeit durch besonders saftig schmeckenden Schinken belohnt.
Als Handwerkszeug benötigt man dazu zwei Injektionsspritzen (à 20 ml Volumen) mit jeweils einer dickeren Injektionsnadel (erhältlich im Metzgereibedarf-Geschäft oder im Fachhandel für ärztliche Geräte). Beide Spritzen zieht man mit einer 10grädigen Lake auf und spritzt die Lake ungefähr alle 2 cm in den Schinken. Es empfiehlt sich, diese Arbeit zu zweit durchzuführen, so daß einer spritzt und der andere inzwischen die Spritze wieder neu mit Lake aufzieht. Man muß darauf achten, daß beim Hineinspritzen die Nadel leicht zurückgezogen wird, damit sich die Lake im Bereich des Einstichs besser im Fleisch verteilen kann. Dieses Schnellspritzverfahren erfordert eine gewisse Geschicklichkeit, denn das Gewebe des Fleisches sollte beim Einstechen und Zurückziehen der Injektionsnadel möglichst wenig beschädigt werden. Insgesamt sollte dem Schinken bei diesem Verfahren rund 20 Prozent des Fleischgewichtes an Lake eingespritzt werden. Wiegt also der Schinken z. B. 3 kg, so sollte man ca. 0,6 l Lake in das Fleisch hineinspritzen. Der so vorbereitete Schinken wird nun zusätzlich in eine ebenfalls 10grädige Lake gelegt und sollte dort 3–4 Tage verbleiben. Danach nimmt man den Schinken aus der Lake, trocknet ihn mit sauberen Tüchern ab und setzt ihn in eine entsprechend große Schinkenform. (Wahlweise kann man das Fleisch aber auch in große Leinentücher fest einwickeln). Der Schinken wird nun in die Form gepreßt, mit dem dazugehörigen Deckel fest zugedeckt, in einen geräumigen Einkochtopf gestellt und mit Wasser bedeckt bei ca.

80 °C ca. 4 Stunden je nach Größe gesimmert. Evtl. dabei austretender Fleischsaft kann unberücksichtigt bleiben. Der Schinken muß danach ca. 24 Stunden in der Schinkenform bleiben und sollte erst gut ausgekühlt aus der Form genommen werden. Die Haltbarkeit der durch Spritzpökelung hergestellten Schinken ist mit der von Frischfleisch vergleichbar, der Schinken hält sich ca. 1 Woche frisch. Weiterverarbeitet, z. B. als »Schinken in Madeirasauce« usw., verlängert sich natürlich die Aufbewahrungszeit.

Trockenpökelung

Die zweite Methode ist die Trockenpökelung, d. h. das Fleisch wird nur mit Salz oder mit einer Salzmischung sowie mit Zucker (zur besseren Haltbarkeit des Fleisches) konserviert. Zunächst beginnt man mit dem Zerlegen des zum Pökeln bestimmten Fleisches (im Kühlschrank 4–6 Stunden kühl stellen). Es muß von Knochen befreit und so zugeschnitten werden, daß es beispielsweise in einen Räucherofen (s. S. 41) hineinpaßt. Diese Arbeit nimmt Ihnen ohne Aufpreis auch der Metzger, bei dem Sie das Fleisch kaufen, ab. Danach erfolgt das Einreiben der Fleischstücke – besonders intensiv Schwartenseiten, die mehrere Male eingeschnitten werden – mit Salz und Zucker, Traubenzucker oder Rohrzucker. Man kann aber statt Salz ebenso Pökelsalz verwenden. Dadurch erhält das Fleisch eine appetitlich rote Farbe. Der Fachausdruck dafür lautet »umröten«.

Salzmischungen bestehen zumeist aus Salz/Pökelsalz und Zucker/Rohrzucker, die je nach Bedarf mit zerstoßenen Gewürzen, wie beispielsweise Wacholderbeeren, Pfeffer, Thymian oder Koriander, angereichert werden können (s. S. 39). Bestreuen Sie je nach Wahl den Boden des Pökelgefäßes mit einem Salz-Zucker-Gemisch oder mit einer Salzmischung, schichten Sie die vorbereiteten Fleischstücke (die Salzmischung muß am Fleisch haften bleiben) mit der Schwartenseite nach unten so dicht aneinander, daß möglichst wenig freier Raum dazwischen bleibt. Streuen Sie auch zwischen die einzelnen Fleischlagen etwas von der Salzmischung. Zum Schluß beschweren Sie alles mit einem Teller o. ä. Lassen Sie das Fleisch je nach Größe (pro kg Fleisch ca. 8 Tage) ca. 1 Woche, bei großen Fleischstücken auch 3–4 Wochen liegen. Kleinere Fleischstükke, z. B. Hasenfilets, benötigen nur eine Pökelzeit von 3–4 Tagen. Während dieser Zeit durchdringt das Salz die Fleischfasern, entzieht ihm seinen Saft und scheidet ihn als »Pökel« aus. Durch diesen Vorgang wird das Fleisch »trockengelegt«. Da dieser Fleischsaft aber nur einen Teil des Fleisches bedeckt, muß das Fleisch alle 2–3 Tage im Pökelgefäß umgeschichtet werden, um eine möglichst gleichmäßige Durchpökelung zu erzielen. Anschließend gießt man den ausgetretenen Fleischsaft ab, und beläßt das Fleisch zum »Nachpökeln« (Fachausdruck: Nachbrennen) ca. 2 bis maximal 4 Tage im Pökelgefäß. Das Fleisch ca. 24 Stunden wässern (Wasser dabei mehrmals wechseln), warm abwaschen und für einige Tage in einen luftigen Raum zum Trocknen hängen. Danach wird das Fleisch je nach Bedarf geräuchert, gekocht oder luftgetrocknet (s. S. 44 ff.).

Naßpökelung

Eine weitere Pökelmethode ist die »Naßpökelung«, wobei das entsprechend geschnittene Fleisch in eine eigens hergestellte Salzlösung (Fachausdruck: Lake) gelegt wird. Diese Methode läßt sich am leichtesten durchführen. Konzentration und Einwirkzeit sind je nach Art des Pökelerzeugnisses verschieden.

Kombination von Trocken- und Naßpökelung

Pökelfleisch wird besonders mürbe, wenn man eine Kombination von Trocken- und Naßpökelung vornimmt. Der Mehraufwand lohnt sich, denn die Fleischergebnisse sind besonders gut. Zunächst wird das Fleisch wie oben beschrieben gesalzen, ins Pökelgefäß geschichtet und je nach Fleischart und Größe für eine bestimmte Zeit (wird in den Rezepten jeweils angegeben) dort belassen. Nachdem die Fleisch- bzw. Schinkenstücke »Saft« gezogen haben, sollte dieser durch ein Sieb abgeseiht werden. Danach übergießen Sie das Pökelfleisch mit einer Lake (auch als »Pökel« bezeichnet), die aus einer Mischung von abgekochtem Leitungswasser, Salz und/oder Pökelsalz, Zucker/Rohrzucker und Gewürzen sowie ggf. abgeseihtem Fleischsaft (der beim Trockenpökeln entstanden ist) besteht. Man bringt die Lake in einem Email- oder Aluminiumgefäß auf eine Temperatur von 90 °C. Schöpfen Sie während des Erwärmens den sich evtl. bildenden Schaum ab, auch der nach dem Abkühlen vorhandene Bodensatz sollte vor Verwendung der Lake entfernt werden. Je nach Bedarf kann man nun den zuvor abgeseihten Fleischsaft der Lake hinzufügen; dadurch verändert sich jedoch der Salzgehalt der Lake, das Fleisch wird zu salzig (Messen der Salzschärfe s. S. 39).

Gießen Sie nun vorsichtig und möglichst von der Seite her die vorbereitete Lake über das Fleisch, und zwar so hoch, daß es etwa fingerbreit bedeckt ist. Beschweren Sie das Fleisch mit einem Deckel, wobei Sie ggf. schwere Steine obenauf legen. Verschließen Sie das Gefäß fest. Während der Pökelzeit müssen die Fleischstücke alle 2–3 Tage gewendet werden, damit das Fleisch gleichmäßig von der Lake benetzt wird.

Als Faustregel gilt: Lieber das Fleisch etwas länger pökeln lassen, als es zu früh aus der Pökel nehmen. Wenn eine zu kurze Pökelzeit gewählt wurde, kann das Fleisch – besonders bei Schinkenstücken – im Innern einen grauen Kern bekommen; das Fleisch wird von innen heraus sauer bzw. schlecht und muß vernichtet werden. Ob das Fleisch verdorben ist, merkt man allerdings erst beim Anschnitt.

Die Temperatur sollte im Pökelraum zwischen 6 und 8 °C liegen. Bei höheren Temperaturen kann es leicht passieren, daß die Lake »umschlägt«, d. h. das Fleisch fängt von innen heraus zu stinken an. In diesem Fall müssen Sie die Lake weggießen und das Fleisch für einige Stunden in klares Leitungswasser legen. Bereiten Sie nun eine neue Lake vor und beginnen mit dem Einlegen in der beschriebenen Weise nochmals von vorn.

Nach dem Ende der Pökelzeit nehmen Sie die Fleischstücke aus dem Gefäß und kratzen die eventuell anhaftende graue, schleimige Schicht mit dem Messer weg. Legen Sie nun das Fleisch zum Wässern über Nacht (ggf. auch kürzer) in einen mit klarem Leitungswasser gefüllten Behälter. Am nächsten Tag sollte man das Fleisch ein wenig probieren, falls es noch zu salzig ist, wässern Sie es zusätzlich 1–2 Stunden. Wollte man auf das Wässern verzichten, bekäme man ein völlig versalzenes Fleischstück. Danach trocknen Sie die Fleischstücke mit sauberen Leinentüchern ab.

Salz und Gewürze

Zum Einsalzen von Fleisch rechnet man pro kg Fleisch mit 30 g, besser mit 50 g, keinesfalls aber mit mehr als 100 g Kochsalz oder Pökelsalz oder mit einer Mischung aus beidem im Verhältnis 50:50. Hinzu kommen 5 g Zucker, Traubenzucker bzw. Rohrzucker, um den Geschmack des Fleisches zu mildern. Diese Salz-Zucker-Menge ist für gewöhnlich ausreichend, um das Fleisch einzureiben, den Boden des Pökelgefäßes zu bestreuen und um – bei mehreren Fleischstücken – zwischen die einzelnen Lagen etwas von der Mischung zu streuen. Natürlich sollten Sie experimentieren, welche Salzmenge Ihrem Geschmack am besten entspricht. Zu wenig Salz allerdings vermindert die Haltbarkeit des Fleisches.
Falls Sie Gewürze zum Salz/Pökelsalz und Zucker/Rohrzucker hinzufügen wollen, sollten Sie die gleichen Zutaten wählen, die Sie für die Zubereitung der Lake verwenden. Die Zahl und die Höhe des Gewürzanteils richtet sich nach Ihrem persönlichen Geschmack, sollte aber in der Regel 5 g Gewürz pro kg Fleisch nicht übersteigen.

Herstellung von Lake

Vorteile der Verwendung von Lake
Gekochte Laken zeichnen sich durch ihre »Zartheit« aus, denn die im Wasser vorhandenen mineralischen Stoffe werden durch das Erhitzen des Wassers ausgeschieden.

Die Fleischstücke sind haltbarer, weil die im Wasser befindlichen Bakterien weitgehend abgetötet werden.

Die Kombination von Trockenpökelung und Lake macht das Fleisch besonders zart und mürbe.

Auf Grund der exakten Meßbarkeit der Lake kann man den Salzgehalt, den ein Fleischstück annehmen soll, gut berechnen. Je länger die Lake kocht, desto mehr nimmt sie an Schärfe zu, man kann schon durch die Länge der Kochdauer jede gewünschte Salzschärfe (mit dem Lakemesser prüfen) erreichen.

Messen der Salzschärfe
Den Salzgehalt einer Lake mißt man in »Grad«. Für eine 1grädige Lake berechnet man pro Liter Wasser 8 g Salz. Wollen Sie beispielsweise eine 8grädige Lake haben, so benötigen Sie $8 \times 8 = 64$ g Salz. Vermischen Sie diese Menge mit 1 l Wasser, und messen Sie mit dem Lakemesser nach. Sollte die Mischung unter dem gewünschten Grad liegen, muß die Lake vorsichtig mit zusätzlichem Salz bis zur erwünschten Grädigkeit nachgefüllt werden. Liegt sie darüber, genügt es, mit Wasser die Lake zu verdünnen.
Bei allen Rezepten gehen wir von der Basismenge 1 l Wasser zur Lakeherstellung aus. Auf Grund z. B. unterschiedlicher Gefäßgrößen usw. müssen Sie jedoch ggf. größere Mengen Lake herstellen, unter Umständen bleibt Ihnen auch Lake übrig, die Sie jedoch für andere Pökelrezepte weiterverwenden können.
Für die Zubereitung von gepökeltem Fleisch oder Schinken verwendet der Fachmann unterschiedliche Salzschärfen, deren Grädigkeit von der Länge der Pökelzeit abhängig ist. Im normalen Hausgebrauch genügt jedoch folgende Faustregel: Alle Schinkensorten (roh, gekocht oder luftgetrocknet) mit einem Gewicht von 4–6 kg sollten in einer 6–8grädigen Lake zwischen 3 und 4 Wochen zum Pökeln

verbleiben, bei schweren Schinkenstücken verlängert sich die Pökelzeit auf 5–6 Wochen. Ausnahmen ergeben sich jedoch durch die Fleischart, das Gewicht und auch durch den persönlichen Geschmack. D.h. man kann z.B. eine 1,5 kg schwere Putenbrust in einer Salzlake von 5 Grad ca. 10 Tage belassen und damit ein schmackhaftes Ergebnis erzielen. Kleine Teile, wie etwa Hühnerschenkel oder Hasenfilets, sollten nur 3–6 Tage in der Lake verbleiben, andernfalls werden sie zu salzig.

Gewürzmischungen für Laken
Laken lassen sich durch Zugabe von unterschiedlichen Gewürzen variantenreich würzen. Die nachfolgenden Maßangaben gelten nur als Empfehlungen, die Sie selber nach Bedarf abwandeln können.
Grundregel: Pro Liter Lake nimmt man 5 g Gewürz. Dabei empfiehlt es sich, die gestoßenen Gewürze (nicht pulverisiert) je nach Belieben in ein Leinensäckchen zu binden und zum Mitkochen in die Lake zu geben.

Vorschlag 1: Wacholderbeeren, Knoblauchzehen, etwas zerstoßener Ingwer.

Vorschlag 2: Thymian, Salbei, Nelken, Lorbeerblätter, Wacholderbeeren, Estragon, Koriander, Anissamen, Pfefferkörner.

Vorschlag 3: Pfefferkörner, Lorbeerblätter, Wacholderbeeren, Knoblauch (in Rotwein mariniert).

Vorschlag 4: Zimtstangen, weiße Pfefferkörner, Pimentkörner, Anissamen.

Vorschlag 5: Knoblauchzehen, Zimtstangen, Pimentkörner, schwarze Pfefferkörner, Senfkörner.

Richtwerte zur Pökeldauer in Lake

Schinken: 4–6 Wochen
Vorderschinken: ca. 3 Wochen
Bauchspeck: ca. 3 Wochen
Rückenspeck: ca. 2 Wochen
Geflügel/Wild: ca. 1 Woche

Verwendung des Pökelfleisches

Nach Abschluß des Pökelvorganges können Sie das Fleisch, das nicht zur Schinkenherstellung weiterverwendet wird, wie üblich im Haushalt als »Surfleisch« (Pökelfleisch) kochen und zur Vorratshaltung dann entsprechend weiterverarbeiten.

Informationen und Hinweise

Man kann den Schinken, nachdem er 3 Tage in der Lake war, zur Geschmacksverbesserung nach dem Trockenreiben für 2–3 Stunden zum weiteren Trocknen aufhängen und danach noch ca. 6 Stunden kalträuchern lassen, bevor man ihn in die Schinkenform gibt und das Fleisch weiterbehandelt wie oben beschrieben.

Verwenden Sie für das Schnellspritzverfahren möglichst nur eine 10grädige Lake, bei einer höherprozentigen Lake schmeckt der Schinken zu salzig.

In gepökeltem Fleisch und gepökelten Fleischerzeugnissen können unter bestimmten Voraussetzungen Nitrosamine entstehen, das sind stark krebserregende Stoffe. Ihre Bildung wird

besonders begünstigt bei Temperaturen über 170 °C, beispielsweise also beim Grillen.
Die in Fleischerzeugnissen üblichen Nitritmengen gelten zwar als gesundheitlich unbedenklich. Um Gesundheitsschäden vorzubeugen, sollte man jedoch die vorgeschriebene Dosierung genau einhalten und mit Nitritpökelsalz hergestellte Fleisch- und Wurstwaren nicht grillen.

Räuchern

Während die Bauern früher Fleisch und Wurst zum Räuchern entweder in die Räucherkaten oder in den Kamin hängten, verfügen heute die wenigsten »Normalverbraucher« über vergleichbare Räume. Wem das Räuchern zu aufwendig oder zu kostspielig ist, kann die von ihm gepökelten Fleischwaren seinem Metzger zum Räuchern bringen. In diesem Fall empfiehlt es sich, das Fleisch auch dort einzukaufen.
Wer sich hingegen in Verbrauchermärkten das Fleisch besorgt, kann kaum erwarten, daß sein Metzger diese Waren für ihn räuchert. Daher ist es günstig, wenn sich an Ihrem Wohnort ein Schlachthof befindet. Erkundigen Sie sich, ob es dort sogenannte Lohnräuchereien gibt, wo Sie gegen eine entsprechende Gebühr das von Ihnen vorbereitete Fleisch räuchern lassen können.
Wer weder die eine noch die andere Möglichkeit in Anspruch nehmen kann, sollte versuchen, sich wahlweise einen Räucherkamin in sein Haus bauen zu lassen (beachten Sie entsprechende Baubestimmungen und Auflagen des Umweltschutzamtes) oder sich ein eigenes Räuchergerät zuzulegen.
Empfehlenswert ist es, sich zunächst ein kleines Räuchergerät anzuschaffen. Hiermit lassen sich die ersten Räucherversuche bequem vollziehen.
Ist man schließlich zum »Räucherfachmann« geworden, empfiehlt es sich, auf ein größeres Gerät umzusteigen. Die Erstanschaffung ist nicht umsonst, denn das Kleingerät läßt sich beispielsweise zum Grillen von Fleisch oder Fisch weiterverwenden. Außerdem eignet sich ein kleines Räuchergerät als »Einstieg für häusliches Räuchern« schon deshalb, weil man mit kleinen Fleischstücken seine »Räucher-Praxis« ohne große finanzielle Verluste beginnen kann.

Geräte

Die am Markt befindlichen Geräte lassen sich in zwei Kategorien unterteilen.

Räucheröfen
Runde Räucheröfen aus rostfreiem Edelstahl oder blauglanz veredeltem Stahlblech (Höhe ca. 70 cm, Durchmesser 28 cm), mit Räuchermehl oder Räucherspänen oder mit Gas- oder Elektrokocher beheizbar. Kostenpunkt: ca. DM 150,–.

Räucherschränke
Räucherschränke aus verzinktem Eisenblech und einem geschweißten Winkeleisenrahmen in einer kleineren (ca. 150 cm Höhe, 50 cm Breite, 50 cm Tiefe und einem Fassungsvermögen von ca. 50 kg) und einer größeren Version (ca. 150 cm Höhe, 75 cm Breite, 50 cm Tiefe und einem Fassungsvermögen von ca. 75 kg). Kostenpunkt: zwischen ca. DM 150,– und DM 450,–.

Räucheröfen und Räucherschränke

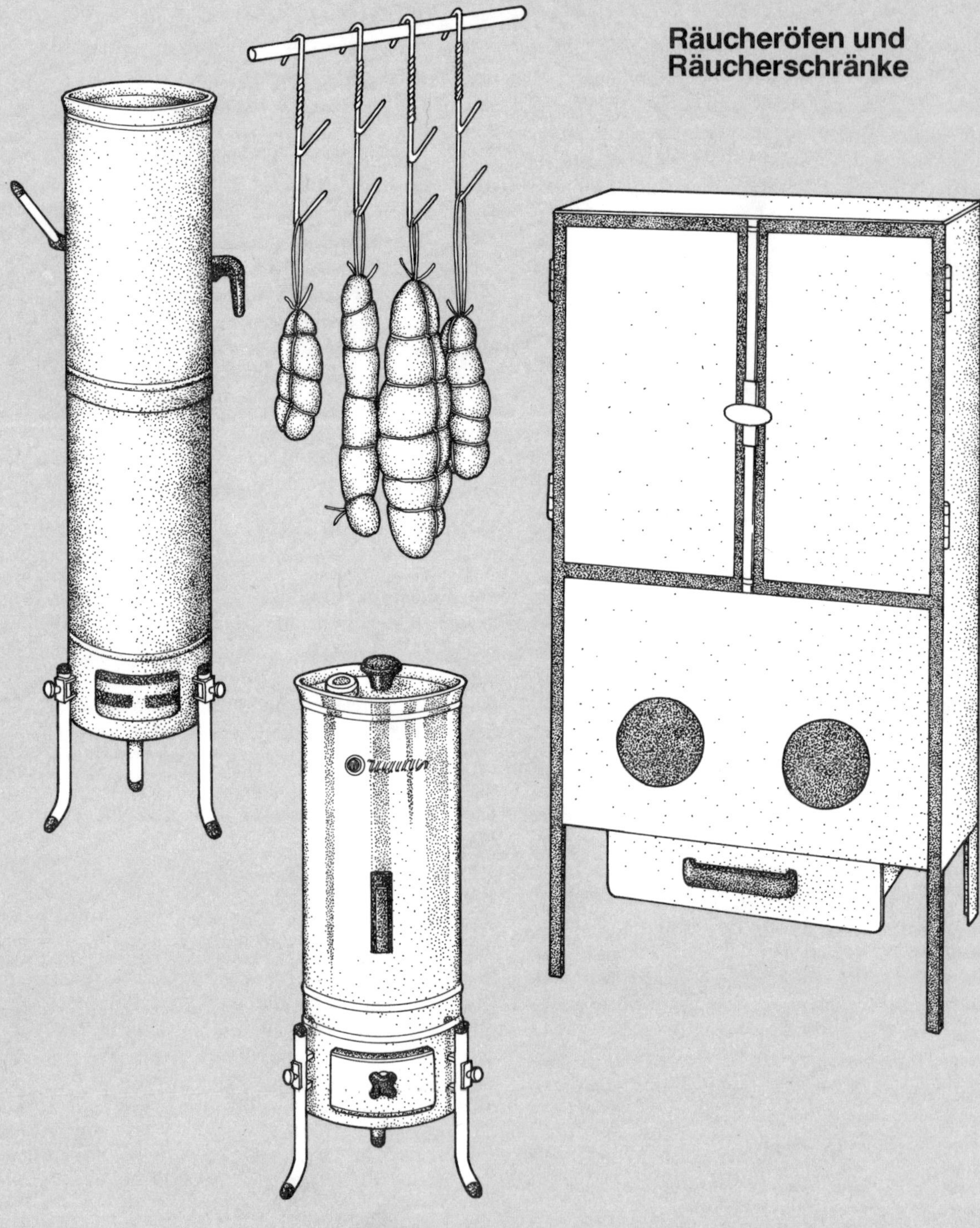

Diese Räuchergeräte verfügen über gute Rauchführung, Rauchabkühlung und über reichliche Frischluftzuführung. Zum Räuchern verwendet man Sägemehl; die Fleischwaren lassen sich kalträuchern. Darüber hinaus eignet sich diese Art von Räucherschrank auch als Aufbewahrungsort für Räucherwaren. Die Tür kann herausgenommen und durch ein Fliegengitter ersetzt werden.

Räucherverfahren

Der Räuchervorgang verläuft für Räucherwurst und Schinken gleich. Schinken und andere Fleischwaren werden geräuchert, um sie zu konservieren und ihnen einen verfeinerten Geschmack zu verleihen.
Man kennt drei verschiedene Räucherverfahren: Heiß- und Warmräucherung sind Verfahren, die man nur in eigens dafür aufgestellten Räucherkammern, -katen oder ähnlichem durchführen kann. Im normalen Hausgebrauch sind sie nur selten anzutreffen. Die Kalträucherung hingegen kann man mit dem erwähnten Räucherschrank bzw. Räucherofen leicht nachvollziehen. Beachten Sie, daß beim Räuchern der Gewichtsverlust des Fleisches 10–30 Prozent betragen kann.

Heißräucherung
Dieses Verfahren (Temperaturen von 45–90 °C) wendet man hauptsächlich für Fleisch- und Wurstwaren an, die rasch verwendet werden sollen. Dabei wird Buchen- oder Birkenholz verbrannt und nur wenig Sägemehl hinzugefügt, um dem Fleisch eine helle Farbe zu geben. Es dürfen nur völlig trockene Fleischwaren der Heißräucherung ausgesetzt werden. Heißräucherung eignet sich für: gekochten Schinken (wird vor dem Kochen zumeist kurz heißgeräuchert), dicke Fleischstükke und Wurstwaren, die bald verzehrt werden sollen.

Warmräucherung
Bei dieser Methode (40–45 °C) läßt man Hartholz (z. B. Kiefernwurzeln), das mit Sägemehl und angefeuchteten Buchenholzspänen überdeckt ist, verglimmen. Das Verfahren eignet sich u. a., um Brüh- und Grillwürste haltbarer zu machen.

Bei beiden Räucherverfahren, bei der Heiß- wie bei der Warmräucherung, muß die Räucherkammer auf 30–35 °C vorgewärmt werden, um eine gleichmäßige Räucherung zu erzielen.

Kalträucherung
Auf die glühenden Hartholzstücke streut man Sägemehl, darauf werden Sägespäne gelegt, diese sollen aber nur glimmen. Die Temperaturen dürfen nur 15 °C bis höchstens 30 °C betragen. Eine höhere Temperatur kann bewirken, daß die Fleischwaren außen zu schnell fest werden, innen aber weich bleiben.
Dieses Verfahren eignet sich besonders für Schinken und Wurstwaren (z. B. Roh- und Kochwürste), die lange haltbar sein sollen. Mit der Kaltrauchmethode erreicht man ein vorzügliches Raucharoma der Fleischwaren.

Informationen und Hinweise

Mischen Sie unter das Sägemehl z. B. getrocknete Apfel- oder Zwiebelschalen. Einen ausgesprochen aparten Geschmack ergeben Sägemehl-Mischungen mit zerstoßenen Wacholderbeeren, Pimentkörnern, Ingwerstücken oder Knoblauchzehen; aber auch mit Kümmelkörnern oder gemahlenem Sellerie lassen sich kernige Geschmackskomponenten erzielen.

Zum Räuchern geeignet sind: Birken- und Buchenspäne sowie Wacholder (nur der Ausputz). Weniger geeignet sind Eichenspäne. Fichtenspäne sollten nur notfalls verwendet werden. Achten Sie darauf, daß Sie keine Späne von Holzfaserplatten benutzen, sie enthalten meistens Kunstharzleim.

Zerdrücken Sie einige Wacholderbeeren mit einigen Knoblauchzehen und lassen Sie diese über Nacht in Holzessig (in der Apotheke erhältlich) einweichen, am nächsten Tag unter das Sägemehl mischen. Bauernschinken oder Frühstücksspeck schmecken nochmal so gut.

Auch Wacholderstauden, die zwar unter Naturschutz stehen, deren Ausputz man jedoch verwenden darf, ergeben, mit getrocknetem Sägemehl vermischt, einen hervorragenden Rauchgeschmack.

Wir empfehlen in unseren Rezepten hauptsächlich die Methode des Kalträucherns, weil sich dabei am wenigsten schädliche Stoffe bilden. Verantwortlich für den Benzpyrengehalt des Rauchs sind Temperatur und Rauchdichte. Bei der Herstellung schwarzgeräucherter Produkte z. B. wird besonders heißer, stark ruß- und teerhaltiger Rauch verwendet und in unmittelbarer Nähe des Feuers geräuchert; dies führt zu einem hohen Benzpyrengehalt. Ernährungswissenschaftler empfehlen deshalb niedere Temperaturen beim Räuchern und die Verwendung von Kunstdärmen, die nur 30 Prozent der schädlichen Stoffe durchlassen. Ruß an der Oberfläche der Räucherwaren ist ein sicherer Hinweis auf eine Ablagerung von Schadstoffen.

Lufttrocknen

Die Herstellung von luftgetrockneten Fleisch- und Wurstwaren ist für einen Metzger kaum rentabel, zumal die hohen Investitionen in Maschinen (z. B. Ventilatoren usw.) und die lange Trocknungszeit der Schinken (lange Kapitalbindung) zumeist nur noch von Spezialfirmen finanziert werden können.
Es gibt landschaftliche Spezialitäten, die über ihre Ursprungsgebiete hinaus an Bedeutung gewonnen haben. Beispiele sind das Bündner Fleisch aus Graubünden, das Nagelholz aus Niedersachsen und die Landjäger aus Thüringen. Auch bei der Salamiherstellung spielt das Lufttrocknen eine wichtige Rolle.
Wer nun Lufttrocknen zu seinem Hobby machen will, muß mit einem zeit- und geldaufwendigen Herstellungsverfahren rechnen, dennoch wird er auf jeden Fall mit äußerst wohlschmeckenden Wurstwaren und exklusiven Schinkenspezialitäten belohnt.
Das Prinzip der Herstellung von luftgetrocknetem *Schinken* ist denkbar einfach: Zunächst erfolgt die Konservierung, wie schon beschrieben, durch Naßpökelung. Für 3–4 Wochen verbleibt dann das Fleisch in der Lake und wird danach ½ Tag gewässert. Im Anschluß daran bindet man das Fleisch mit Küchengarn zusammen und hängt es zum Vortrocknen an einem luftigen Ort (z. B. Dachboden) auf. Oder man hängt den Schinken an einem Holzstab, der auf zwei Stuhllehnen aufliegt, auf. Wer will, kann 24 Stunden lang einen Heizlüfter in Intervallen von 1–2 Stunden einschalten, um so schnell trockene und warme Luft an das Fleisch heranzubringen. Zum weiteren Lufttrocknen empfiehlt es sich, den Schinken in den Räucherschrank zu hängen, dort läßt man ihn 14–21 Tage trocknen. Eine weitere Metho-

de des Lufttrocknens besteht darin, den Schinken zwischenzeitlich ein- oder zweimal 2–3 Tage lang kaltzuräuchern. Dieses Verfahren kürzt die lange Lufttrockungsperiode ab und gibt dem Fleisch zudem eine überaus würzige Geschmacksnote. Zu beachten ist, daß beim Lufttrocknen der Gewichtsverlust von Schinken 20–30 Prozent beträgt.
Wer *Dauerwürste* lufttrocknen möchte, stellt sie so her, wie es im Rezeptteil »Dauerwurst«, nachzulesen auf S. 107 f., beschrieben ist. Zum Trocknen hängt man sie für 1–3 Wochen in den Räucherschrank.

Informationen und Hinweise

Man kann die Würste nach und auch während des Lufttrocknens für 1–2 Tage kalträuchern. Sie erhalten dadurch eine zusätzliche Haltbarkeit und gewinnen an Geschmack.

Luftgetrocknete Wurstwaren und Schinken, aufbewahrt an einem kühlen, luftigen Ort, z. B. auf dem Dachboden, halten sich über mehrere Monate. Zum Verzehr werden sie hauchdünn aufgeschnitten.

Richtig würzen, leicht gemacht

Jede gute Köchin, jeder Hobbykoch weiß, daß richtiges Würzen die Krönung der Kochkunst ist. Zum raffinierten Würzen gehört nicht nur das Wissen um die Wirkung der Gewürze und Würzmischungen, sondern auch Fingerspitzengefühl und Mut, Neues auszuprobieren.

Gewürze sind in der Regel getrocknete oder anders aufbereitete Pflanzenteile, die wegen ihres natürlichen Gehalts an charakteristischen Geschmacks- und Geruchsstoffen den Speisen zugesetzt werden, um sie schmackhafter und bekömmlicher zu machen. Ihr Aroma erhalten sie von ätherischen Ölen, aber auch von bitter oder scharf schmeckenden Stoffen. Sie verbessern den Geschmack und Geruch der Speisen. Viele Gewürze wirken außerdem appetitanregend und verdauungsfördernd, z. B. Pfeffer, Paprika, Curry, Senf, Wacholderbeeren und Ingwer. Manche haben auch eine antibakterielle Wirkung, z. B. Pfeffer, Senf, Nelken, Kümmel, Zimt, Meerrettich, Zwiebel und Knoblauch. Den Fettverderb der Nahrungsmittel hemmen z. B. Kümmel, Majoran, Rosmarin und Salbei.

Bei Fleischgerichten und in Würsten haben die Gewürze eine wichtige Aufgabe: Sie machen sie bekömmlicher und zugleich länger haltbar. Da sie wegen ihres Gehaltes an flüchtigen ätherischen Substanzen und ihren teilweise wasseranziehenden Eigenschaften relativ schnell an Aroma, Geschmack und Wirksamkeit verlieren, sollte man sie allerdings in sorgfältig verschlossenen Behältern aufbewahren und möglichst bald verbrauchen. Für die Hausschlachtung kaufen Sie also keine zu großen Mengen ein; 50-g-Beutel genügen.

Beachten Sie beim Würzen der Fleischmasse für Würste und Pasteten folgende Grundregel: Zunächst vorsichtig würzen, etwas durchziehen lassen, dann, wenn nötig, nachwürzen! Achten Sie auf einen gut abgerundeten Geschmack; kein Gewürz sollte intensiv vorschmecken. Wir haben bei den Wurstrezepten absichtlich kleinste Mengen nicht in Gramm angegeben, um Ihnen das Abwiegen zu ersparen. Würzen Sie ruhig nach Geschmack – gerade das individuelle Würzen ist das große Plus der Wurstherstellung im eigenen Haushalt.

Gewürze und Gewürzsaucen

Fleischgerichte

Schwein
Basilikum, Beifuß, Ingwer, Knoblauch, Koriander, Kümmel, Lorbeerblatt, Majoran, Nelken, Oregano, Paprikapulver, Pfeffer (weiß und schwarz), Rosmarin, Salbei, Senf, Sojasauce, Tabascosauce, Thymian, Wacholderbeeren, Worcestersauce, Zwiebel.

Rindfleisch
Basilikum, Dill, Estragon, Knoblauch, Liebstöckel, Lorbeerblatt, Meerrettich, Muskatnuß, Paprikapulver, Pfeffer, Piment, Senf, Sellerie, Thymian, Wacholderbeeren, Zwiebel.

Kalbfleisch
Basilikum, Curry, Estragon, Kerbel, Lorbeerblatt, Muskatnuß und -blüte (Macis), Nelken, Paprikapulver, Petersilie, Pfeffer (weiß), Rosmarin, Thymian, Zitronensaft und -schale, Zwiebel.

Lamm
Bohnenkraut, Curry, Dill, Ingwer, Kardamom, Kerbel, Knoblauch, Kümmel, Liebstökkel, Lorbeerblatt, Majoran, Paprikapulver, Pfeffer, Pfefferminze, Piment, Rosmarin, Salbei, Senf, Sojasauce, Worcestersauce, Zitronensaft und -schale, Zwiebel.

Ziege
Basilikum, Knoblauch, Liebstöckel, Muskatnuß, Pfeffer (weiß), Rosmarin, Sellerie, Thymian, Zitronensaft und -schale, Zwiebel.

Kaninchen
Estragon, Knoblauch, Lorbeerblatt, Majoran, Muskatnuß, Petersilie, Pfeffer (weiß), Provence-Kräutermischung, Senf, Zwiebel.

Innereien

Leber
Curry, Estragon, Kerbel, Majoran, Muskatnuß, Petersilie, Pfeffer (schwarz), Rosmarin, Salbei, Thymian, Zwiebel.

Nieren
Curry, Estragon, Essig, Kerbel, Knoblauch, Majoran, Petersilie, Pfeffer (weiß), Pilzpulver, Salbei, Senf, Thymian, Worcestersauce, Zwiebel.

Herz
Essig, Lorbeerblatt, Majoran, Nelken, Petersilie, Rosmarin, Senf, Wacholderbeeren, Zwiebel.

Bries (Kalb)
Cayennepfeffer, Estragon, Kapern, Muskatnuß, Petersilie, Tabascosauce, Worcestersauce, Zwiebel.

Hirn
Kapern, Paprikapulver, Petersilie, Pfeffer (weiß), Sardellenpaste, Worcestersauce, Zitronensaft.

Zunge, Lunge, Milz
Essig, Lorbeerblatt, Nelken, Pfeffer (schwarz), Senf, Thymian, Zitronensaft, Zwiebel.

Wildgerichte

Beifuß (Wildschwein, Wildgeflügel), Cayennepfeffer (Wildschwein), Estragon (Hase, Wildkaninchen), Knoblauch, Kümmel (Wildschwein), Lorbeerblatt, Nelken, Paprikapulver, Pfeffer (weiß und schwarz), Rosmarin, Salbei, Sellerie, Senf (Hase, Wildkaninchen), Tabascosauce, Thymian, Wacholderbeeren, Zitronensaft, Zwiebel.

Geflügelgerichte

Huhn, Poularde, Puter
Cayennepfeffer, Curry, Dill, Estragon, Ingwer, Kerbel, Knoblauch, Lorbeerblatt, Oregano, Paprikapulver, Petersilie, Pfeffer (weiß und schwarz), Piment, Provence-Kräutermischung, Rosmarin, Sojasauce, Thymian, Zimt, Zitronensaft und -schale, Zwiebel.

Gans, Ente
Basilikum, Beifuß, Ingwer, Knoblauch, Majoran, Orangenschale, Oregano, Paprikapulver, Pfeffer (weiß und schwarz), Rosmarin, Salbei, Thymian, Zwiebel.

Perlhuhn, Taube
Knoblauch, Muskatnuß, Oregano, Paprikapulver, Petersilie, Zwiebel.

Pasteten und Terrinen

Kapern, Koriander, Kümmelpulver, Lorbeerblatt, Majoran, Muskatnuß und -blüte (Macis), Nelken, Orangenschale, Pastetengewürz (Fertigmischung), Petersilie, Pfeffer (weiß und schwarz), Pilzpulver, Piment, Provence-Kräutermischung, Rosmarin, Salbei, Sardellenpaste, Thymian, Zitronenschale.

Sülzen

Essig, Gewürzstrauß, Kapern, Lorbeerblatt, Nelken, Pfeffer (weiß, schwarz und grün), Piment, Zitronensaft und -schale, Zwiebel.

Marinaden (Beizen)

Essig, Gewürzstrauß, Knoblauch, Koriander, Lorbeerblatt, Nelken, Pfeffer (weiß und schwarz), Piment, Salbei, Sellerie, Senfkörner, Zitronenschale, Zwiebel.

Wurst

Ingwer, Kardamom, Knoblauch, Kümmel (ganz oder gemahlen), Majoran, Muskatnuß und -blüte (Macis), Paprikapulver, Petersilie, Piment (ganz oder gemahlen), Pfeffer (weiß, schwarz oder grün), Rauchsalz, Senfkörner, Thymian, Zimt, Zitronenschale, Zwiebel.

Informationen und Hinweise

Majoran und Thymian werden trocken und gerebelt verwendet, heben die Hausmacher-Note hervor. Majoran ist das deutsche Lieblings-Wurstgewürz.

Muskat nicht für geräucherte Würste verwenden, gibt ihnen bitteren Geschmack!

Knoblauch zerdrücken und mit Salz mischen, unter die Wurstmasse rühren oder zum Pökeln den Schinken oder Speck einreiben.

Ganze schwarze oder grüne Pfefferkörner in die Dauerwurst geben.

Ganze Senfkörner kommen z. B. in Brat- oder Dauerwürste.

Wacholderbeeren werden zerdrückt zum Pökeln von Schinken und Speck zusammen mit Knoblauch-Salz-Mischung dick aufgestreut und eingerieben. Man kann sie auch beim Räuchern in die Glut geben oder in Rum einlegen (siehe Alkohol).

Provence-Kräutermischung besteht aus Basilikum, Fenchel, Lavendel, Lorbeerblatt, Rosmarin, Thymian; beliebt für Pasteten.

Pastetengewürz ist eine Fertigmischung aus Macis, Ingwer, weißem Pfeffer, Zimt und zerstoßenem Lorbeerblatt, evtl. mit Salz vermengt. Bequem anzuwenden, gibt aber allen Pasteten einheitlichen Geschmack. Wir raten Ihnen, Ihre Pasteten lieber individuell zu würzen.

Weitere Würzmittel

Alkohol
Viele Fleischgerichte, vor allem aber Pasteten und Dauerwürste, erhalten durch eine kleine Menge Alkohol geschmacklich den besonderen »Pfiff«. Bei Dauerwurst soll er außerdem zur Rötung beitragen. Für Würste und Pasteten sind besonders geeignet: Gin, Cognac, Kirschwasser, Kornbranntwein, Rum. Rum kann man pur verwenden, aber auch angesetzt mit Kümmelkörnern, Wacholderbeeren und – nach Geschmack – auch geschälten Knoblauchzehen. Solche Auszüge lassen sich auch zur Verfeinerung von Bratensaucen verwenden.

Zucker und Honig
Haushalts-, Rohr- oder Traubenzucker sowie Honig werden vor allem bei der Rohwurst-Herstellung verwendet. Zucker spielt zwar auch geschmacklich eine gewisse Rolle – er rundet ab –, aber vor allem trägt er zur Haltbarkeit der Wurst bei, weil durch ihn Milchsäure entstehen kann. Es dürfen aber nicht mehr als 3 g pro kg zugegeben werden. Auch beim Pökeln wird Zucker zugegeben (s. S. 37).

Kochsalz und Pökelsalz
Koch- oder Speisesalz hat in der Wurst mehrere Aufgaben zu erfüllen: Es verbessert den Geschmack, wirkt dem Verderb entgegen, indem es die Bakterienentwicklung hemmt, und fördert gleichzeitig die Bindung der Wurstmasse durch Beeinflussung der Quellungsvorgänge im Milcheiweiß. Pro kg Masse sollte man jedoch – je nach Wurstsorte – nicht mehr als 20–25 g Kochsalz verwenden.
Das für Brüh- und Rohwürste gebrauchte Pökelsalz besteht aus 99,5 Prozent Speisesalz und 0,5 Prozent Natriumnitrit. Der Gehalt an Nitrit ist durch das Nitritgesetz festgelegt, in dem auch Vorschriften für die Verpackung und Kennzeichnung des Pökelsalzes enthalten sind. Nitrit bewirkt nicht nur die sogenannte Umrötung der Wurst, durch die sie ein appetitliches Aussehen erhält, sondern macht sie auch haltbarer, weil es die Entwicklung von Mikroorganismen hemmt. Ohne Zusatz von Pökelsalz würden Rohwürste schon nach kürzester Zeit verderben. Pro kg Wurstmasse rechnet man 30 g Pökelsalz.
Ebenso wie Speisesalz wirkt auch Pökelsalz wasseranziehend und muß deshalb in einem verschlossenen Behälter, trocken aufbewahrt werden. Da es sich auch leicht entmischt, weil das Nitrit nach unten absinkt, sollte man es vor Gebrauch gut durchmengen.

Schwein

Allgemeine Beschreibungen

»Alles, was vom Schwein kommt, ist gut. Wie konnten wir es nur zulassen, daß der Name dieses edlen Tieres zum Schimpfwort wurde?« Dies stellte ein französischer Dichter und Feinschmecker vor 150 Jahren fest. Er steht mit dieser Meinung nicht allein. Von Homer bis Heine, von Hans Sachs bis Günter Grass begeisterten sich immer wieder Dichter und Schriftsteller für köstliche Gerichte aus Schweinefleisch.

Im Schlaraffenland von Hans Sachs bestehen beispielsweise die Balken der Häuser aus Schweinebraten und die Zäune aus Bratwürsten. Und Grass beschreibt bis in alle Einzelheiten die Herstellung einer Schweinekopfsülze, wie sie in seiner ostpreußischen Heimat beliebt war. Ob Alexander Dumas, Wilhelm Busch oder Jaroslav Hašek, der »Vater« des braven Soldat Schwejk – das Schwein hat die Phantasie aller dieser Dichter immer wieder beflügelt.

Das rosige »Borstenvieh« ist seit Jahrtausenden bei den Menschen geschätzt – als Opfertier, Fruchtbarkeitssymbol, sogar Dämon oder Gottheit. Noch heute wird es bei primitiven Naturvölkern hoch verehrt; so betrachten es beispielsweise die Hochlandpapuas Neuguineas als »Familienmitglied« und verbinden jedes familiäre Ereignis mit einem »Schweinefest«. Das chinesische Schriftzeichen für Haus setzt sich aus den Symbolen »Dach« und »Ferkel« zusammen, weil in China früher die jungvermählte Ehefrau ihrem Mann als erste Mahlzeit Ferkelbraten vorsetzte.

Links oben: *Schweineviertel*
Mitte: *Auslösen des Knochens vom Hinterschinken*
Unten: *Auslösen des Rippenstückes*

Rcchts oben: *Abtrennen der Vorderpfoten*
Mitte: *Die wichtigsten ausgelösten Schweineteile*
Unten: *Innereien vom Schwein*

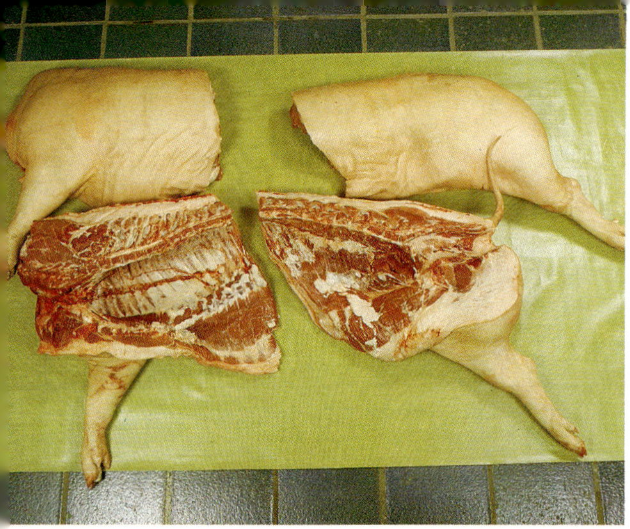
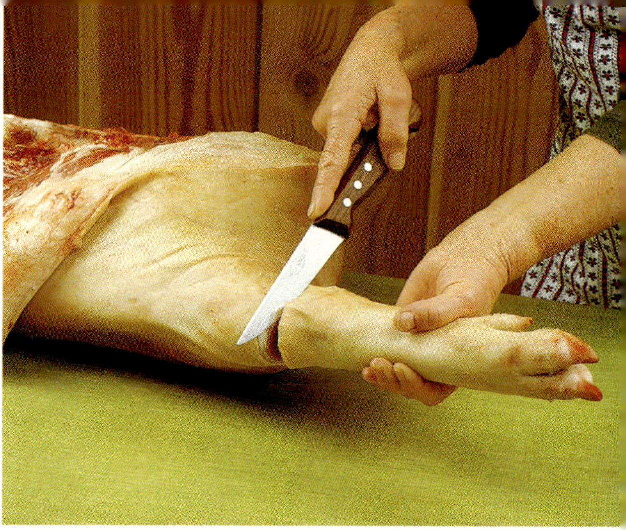
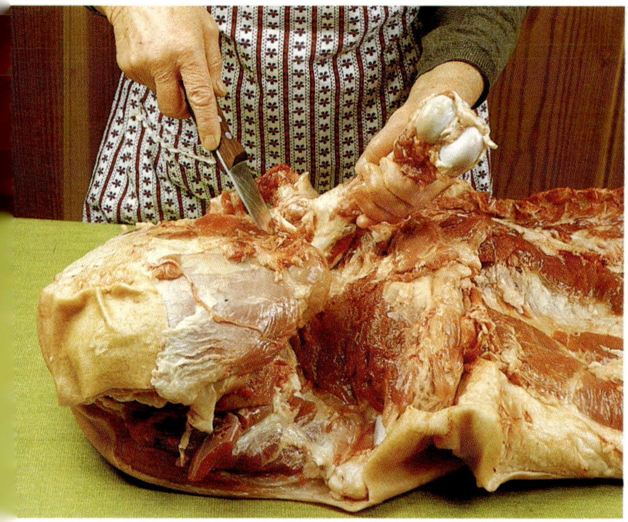

In China entstand auch um 5000 v. Chr. das älteste überlieferte Schweinefleischrezept. Es handelte sich dabei um ein Spanferkel, gefüllt mit Datteln, das fest in Stroh oder Schilf gewickelt und in einer heißen Erdgrube gebakken wurde.
Seit dem Altertum, durch alle Jahrhunderte, lieferte das Schwein viele beliebte Leckerbissen. Auf den Tafeln antiker oder mittelalterlicher Feinschmecker spielte es beispielsweise eine große Rolle als Schaubraten. So erfanden römische Köche das »trojanische Schwein«, aus dem beim Tranchieren zur Gaudi der Gäste Delikatessen wie Austern oder Krammetsvögel quollen.
Aber nicht nur kulinarisch gesehen stand das Borstenvieh in enger Beziehung zum Menschen. In alten Volksbräuchen und Spruchweisheiten ist es als Glücksbringer lebendig geblieben. »Schwein gehabt«, sagt man, freut sich am Sparschwein oder an Neujahr am Marzipanschweinchen.
Für uns Deutsche ist Schweinefleisch seit eh und je der absolute Favorit in Topf und Pfanne. 50 kg Schweinefleisch verzehrt der Bundesbürger jährlich im Durchschnitt. Während früher aber das rundliche, fettreiche Schwein bevorzugt wurde, hat die steigende Nachfrage nach magerem Fleisch in den letzten 20 Jahren zur Züchtung von fleischreicheren Schweinen geführt, die mit 16 statt 12 Rippen weniger Speck, jedoch mehr Koteletts und größere Schinken liefern.
Doch diese Entwicklung war nicht unbedingt vorteilhaft. Da dieses Fleisch weniger Fett enthält, ist es auch weniger schmackhaft, denn Fett ist der Träger der Aromastoffe und sorgt dafür, daß das Fleisch bei der Zubereitung saftig bleibt.
Viele Hausfrauen haben das inzwischen erkannt und bevorzugen wieder das »marmorierte«, also von feinen Fettadern durchzogene Fleisch oder solches mit Fettrand. Wer besonders auf Kalorien achtet, kann solche Stücke ja ohne Fettzugabe, sozusagen im eigenen Fett, braten.
Schweinefleisch, das im Handel angeboten wird, stammt in der Regel von jungen Tieren im Alter von etwa sieben Monaten.
Qualitätsmerkmale: Das beste Fleisch liefern Tiere unter einem Jahr; ihre Fleischfarbe ist blaßrosa bis rosarot, die Beschaffenheit des Fleisches feinfaserig und leicht durchwachsen. Dunkelrotes und grobfaseriges, aber auch blaßrosafarbiges und aussaftendes Schweinefleisch ist weniger gut und meist zäh.

Fleischeinteilung

Kopf und Backe (1)
Kopffleisch wird zu Sülze verarbeitet und ist, ebenso wie die Schweinebacke, für deftige Eintöpfe geeignet.

Schweinenacken (Halsgrat, Kamm) (2)
Dieser vordere Teil des Kotelettstrangs ist durchwachsen und saftig, wird »wie gewachsen« oder auch »ausgelöst« verkauft. Geeignet für Rollbraten, Gulasch, Geschnetzeltes, Kotelett zum Kurzbraten oder Grillen, gepökelt als Nackenkasseler.

Dicke Rippe (Brust, Brustspitze, Brüsterl) (3)
Teilstück mit grobfaserigem Fleisch, geeignet zum Braten, Schmoren, Grillen, für Gulasch und Eintöpfe.

Kotelett (Karbonade) (4)
Die Kotelettreihe besteht aus den Teilstücken Stielkotelett und Filetkotelett oder Karree.

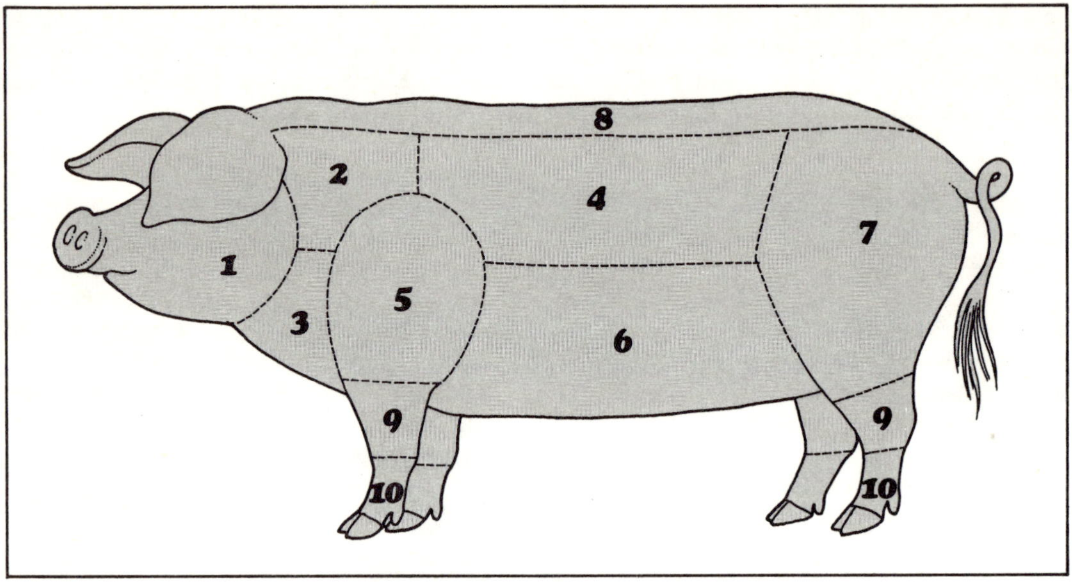

Geeignet zum Kurzbraten, Schmoren, Grillen, als Sülzkotelett, gekocht als Rippchen mit Kraut, gepökelt und leicht angeräuchert als Kasseler.

Filet (Lende) (noch 4)
Längliches, sehr zartes und saftiges Fleischstück an der Unterseite des Kotelettstrangs. Zum Kurzbraten, Schmoren, Grillen, in Scheiben geschnitten als Medaillons.

Schulter (Bug, Blatt, Schaufel, Vorderschinken, Bügerl) (5)
»Wie gewachsen« oder knochenlos und ausgelöst, entschwartet und mit wenig Fett. Für saftige Braten, Rollbraten, Gulasch, Hackfleisch (Mett) und zum Pökeln.

Bauch (Wammerl, Bödele, Bündle, magerer Speck) (6)
»Wie gewachsen« oder »ohne Knochen« angeboten, also mit oder ohne Rippchen, mit oder ohne Schwarte. Geeignet zum Kochen, Braten und Schmoren sowie zum Grillen. Spezialitäten: gefüllter Schweinebauch, gesalzen und geräuchert als durchwachsener Speck oder Dörrfleisch. Zählt zu den preiswerten Stücken.

Schinken (Keule, Schlegel) (7)
Bestes Stück vom Schwein, bestehend aus vier Teilstücken: Oberschale (Kluft, Ober-Frikandeau), Unterschale (Unter-Frikandeau), Nuß (Maus) und Hüfte (Schinkenspeckstück). Geeignet zum Kochen, Braten, Schmoren und Grillen, für Schweinebraten, Schnitzel, rohen und gekochten Schinken. Bevorzugtes Bratenstück ist die Hüfte für Schnitzel, Steaks, Gulasch und Fondue.

Rückenspeck (Kernstück, fetter Speck) (8)
Geeignet zur Geschmacksverfeinerung von Fleischgerichten, Eintöpfen und Suppen, zum Spicken und zum Umhüllen von Pasteten sowie für Pasteten und Wurstteige.

Eisbein (Dickbein, Schinkenbein, Haxe) (9)
Vorder- und Hintereisbein, frisch oder gepökelt zum Kochen, Braten, Schmoren und Grillen geeignet.

Pfoten (Spitzbein) (10)
Frisch oder gepökelt für Eintöpfe und Suppen, paniert auch gebraten. Wegen des hohen Gelierstoffanteils für Sülzen.

Innereien

Leber
Schnittfläche nicht glatt, sondern fein porös und leicht körnig angerauht. Geeignet zum Kurzbraten (wie Kalbsleber).

Herz
Wird überwiegend zu Wurst verarbeitet. Evtl. für Schmorgerichte.

Nieren
Haben typische Nierenform. Innere Harnwege und weiße Häute müssen entfernt werden. Zum Dünsten und Schmoren, vorwiegend sauer zubereitet.

Hirn
Nur kurz haltbar. Anhaftende Häutchen und Blutgefäße müssen entfernt werden. Geeignet zum Kochen und Braten (vorher blanchieren!).

Zunge
Wird überwiegend zu Wurst oder Pastete verarbeitet. Ansonsten zum Kochen geeignet (wie Kalbszunge).

Informationen und Hinweise

Schweinefleisch braucht nicht lange abzuhängen, seine Reifung ist nach 48 Stunden abgeschlossen.

Schweinebraten mit knuspriger Kruste gelingt am besten im Bräter (Tontopf), Schweinshaxe (Eisbein) unter dem Grill. Um die Grillzeit zu verkürzen, kann man sie im Schnellkochtopf vorgaren.

Schweinefleisch mit Fettbesatz und fetter Speck sollten nicht länger als 4 Monate eingefroren werden; sie schmecken sonst ranzig.

Folgende Gewürze fördern die Bekömmlichkeit von Schweinefleisch: Senf, Kümmel, Wacholderbeeren, Curry, Koriander, Thymian, Rosmarin, Beifuß.

Schlachtfestgerichte

Schlachtplatten sind im ganzen deutschen Sprachraum ein fester Bestandteil der Hausmannskost. Sie sehen überall ähnlich aus: Eine Platte mit dampfendem, würzigem Sauerkraut wird gekrönt von frisch gekochtem Fleisch und umkränzt von Blut- und Leberwürsten. Dazu kommen landsmannschaftliche Spezialitäten.
Wir haben im folgenden Kapitel zusammengestellt, wie Schlachtplatten in verschiedenen Gegenden serviert werden. Viele typische Schlachtfestgerichte sind mit frischem Schweineblut zubereitet. Auch hierfür finden Sie Beispiele. Schließlich bringen wir noch Rezepte für die anfallenden Innereien. Gerade als kleine Zwischenmahlzeit an den Schlachttagen oder für Leute, die nicht fett essen dürfen,

Energiewerte und Inhaltsstoffe von Schweinefleisch

In 100 g sind enthalten	kJ	kcal	Eiweiß in g	Fett in g	Wasser in g
Backe	2638	631	7,1	66,5	25,7
Bauch	1795	429	11,7	42,0	46,7
Bauchspeck, frisch	3409	815	2,7	89,0	8,0
Blut	336	80	18,5	0,1	79,2
Bug	1001	239	18,0	18,0	63,1
Filet	707	169	18,6	9,9	71,2
Flomen	3586	857	1,2	94,4	4,3
Herz	483	115	16,9	4,8	76,8
Hinterhaxe	1255	300	17,0	25,2	57,0
Hirn	529	126	10,6	9,0	78,0
Kamm	1232	294	16,1	25,0	58,1
Kopf	2098	502	10,3	50,7	38,4
Kotelett	1032	247	17,6	19,0	62,3
Leber	594	142	20,1	5,7	71,8
Lunge	493	118	13,5	6,7	79,1
Milz	445	106	17,2	3,6	77,4
Niere	504	120	16,5	5,2	76,3
Rückenspeck, frisch	3394	811	2,3	88,8	8,8
Schinken	1167	279	16,9	22,9	59,3
Vorderhaxe	1082	259	18,3	20,0	60,7
Zunge	961	230	15,1	18,3	65,9

Nach S. W. Souci, W. Fachmann, H. Kraut: Die Zusammensetzung der Lebensmittel, Nährwert-Tabellen 1981/82, Wissenschaftliche Verlagsgesellschaft mbH, Stuttgart 1981 und K. Diem und C. Lentner, Documenta Geigy: Wissenschaftliche Tabellen, Stuttgart 1975

sind leichtverdauliche Speisen wie Kronfleisch oder Hirn ideal. Den Abschluß des Kapitels bilden Rezeptvorschläge für ungewöhnliche Suppeneinlagen und Gerichte zur Resteverwertung, die wir in alten Kochbüchern gefunden haben.

Wurstsuppe

Kesselsuppe

2 Scheiben Bauernbrot in Scheiben oder Würfeln, 1 große Zwiebel in Ringen, etwas Schweineschmalz, 1 l Kesselbrühe.

Brot und Zwiebelringe in Schmalz knusprig rösten, in Suppenteller geben und mit heißer Kesselbrühe auffüllen.

Variation
Anstelle von Brot und Zwiebelringen einfach Salzkartoffeln in die Suppe geben.

Schwäbische Metzelsuppe

*1 große Zwiebel, etwas Schweineschmalz,
1 l Kesselbrühe, 2 Leberwürste,
2 Blutwürste, Salz,
frisch gemahlener, schwarzer Pfeffer,
Majoran, frisch geriebene Muskatnuß,
2 Scheiben dunkles Bauernbrot,
Schnittlauch.*

Die Zwiebel grob würfeln und in Schmalz anrösten, mit heißer Kesselbrühe auffüllen. Die Würste aufschlitzen und die Füllmasse in die Suppe drücken. Aufkochen lassen, abschmekken und noch einige Minuten köcheln lassen. Das Brot in kleine Würfel schneiden, diese ebenfalls in Schmalz rösten. Die Suppe in Teller füllen, mit Brotwürfeln und feingeschnittenem Schnittlauch bestreuen.

Hessische Metzelsuppe

*1 l Kesselbrühe, 3–4 Leberwürste,
1 Scheibe altbackenes Schwarzbrot, Salz,
frisch gemahlener, schwarzer Pfeffer.*

Die Kesselbrühe aufkochen, die Würste aufschlitzen und die Füllmasse sowie das geriebene Schwarzbrot zur Brühe geben, einige Minuten kochen lassen. Abschmecken und sofort servieren.

Wurstsuppe auf norddeutsche Art

*50 g Graupen, Wasser, 1 l Kesselbrühe,
100 g gekochter Schweinebauch, 1 Blutwurst,
1 Leberwurst, Salz, frisch gemahlener,
schwarzer Pfeffer, Majoran.*

Die Graupen wie üblich in Wasser kochen, dann kalt abspülen und abtropfen lassen. Die Kesselbrühe aufkochen, Graupen, gewürfelten Schweinebauch und Füllmasse der Würste zugeben. Kurz durchkochen lassen, mit Salz und Gewürzen abschmecken.

Blutsuppe aus Oldenburg

*1 l Kesselbrühe (Wurstbrühe),
¼ l Schweineblut, 3 EL Mehl, frisch
gemahlener, schwarzer Pfeffer, Weinessig,
evtl. Salz.*

Die Brühe zum Kochen bringen. Blut mit Mehl verquirlen, zur Suppe geben, unter Rühren durchkochen, dann nach Belieben abschmecken.

Stettiner Schwarzsauer

*750 g Wellfleisch (auch Pfoten, Ohren usw.),
½ l Kesselbrühe (Wurstbrühe),
¾ l Schweineblut, Salz, Essig, frisch
gemahlener, schwarzer Pfeffer, Nelkenpulver.*

Das Fleisch von den Knochen lösen und in Stücke schneiden. Die Brühe erhitzen, das Blut unter ständigem Rühren zugeben und ca. 10 Minuten kochen, bis die Sauce dick wird. Kräftig abschmecken, das Fleisch einlegen und mit Mehlklößen zu Tisch geben.

Bayerische Schlachtschüssel

Pro Person
100 g Wellfleisch und/oder 100 g im Sauerkraut gekochtes Wammerl (Bauchfleisch), 1 Leber- und Blutwurst, 1 großer Leberknödel, evtl. 1 Paar Schweinsbratwürstel, gekochtes Sauerkraut, scharfer Senf.

Gekochtes Fleisch, im Kraut erhitzte Würste, extra gekochten Leberknödel und gebratene Schweinswürstel auf dem Kraut anrichten. Nach Belieben Bauernbrot oder Salzkartoffeln dazu servieren. Scharfen Senf dazu reichen.
Dazu paßt: ein kühles Helles.

Fränkische Schlachtschüssel

Foto S. 121

Pro Person
100 g Wellfleisch oder Bauchfleisch, evtl. auch gekochtes Kronfleisch oder Innereien, 1 Leber-, Blut- und Bratwurst, z. B. Rostbratwürstel, gekochtes Weinsauerkraut, frisch geriebener Meerrettich oder scharfer Senf.

Gekochtes Fleisch, evtl. Innereien, erhitzte bzw. gebratene Würste auf dem Weinsauerkraut anrichten. Meerrettich oder Senf dazu reichen, als weitere Beilagen Kümmelkartoffeln oder Landbrot.
Dazu passen: Most und Zwetschgenschnaps.

Schwäbische Schlachtplatte

Pro Person
100 g Wellfleisch und gekochtes Bauchfleisch, 1 Leber- und Blutwurst, gekochtes Weinsauerkraut.

Gekochtes Fleisch sowie im Kraut erhitzte Würste auf dem Kraut anrichten. Dazu noch Erbsenpüree aus gelben Erbsen mit gerösteten Zwiebelringen sowie Pellkartoffeln oder Spätzle servieren.
Dazu passen: Bier und Kirschwasser.

Badische Schlachtplatte

Pro Person
100 g gekochter Schweinebauch und Geräuchertes, 1 Grieben- und Leberwurst, gekochtes Weinsauerkraut.

Gekochtes Fleisch und erhitzte bzw. gebratene Würste auf frisch gekochtem Sauerkraut anrichten. Das Bauchfleisch kann auch im Kraut mitgegart werden.
Dazu passen: gewürztes Landbrot und Obstler.

Schlachtplatte auf norddeutsche Art

1 Eisbein (Schweinshaxe), etwa 1 kg (ausreichend für 6 Personen).
Pro Person
100 g frischer Schweinebauch und frische Schweinebacke, Wasser, Salz, 6 Pfefferkörner, 3 Nelken, 2 Lorbeerblätter, 1 große Zwiebel, 1 Leber- und Blutwurst (Grützwurst), gekochtes Sauerkraut.

Das Fleisch in Wasser mit Salz, Gewürzen und Zwiebel ca. 90 Minuten kochen, dann zusammen mit den im frisch gekochten Sauerkraut erwärmten Würsten auf dem Kraut anrichten. Mit Sahne verfeinertes Erbsenpüree aus grünen Erbsen und Schwarzbrot dazu reichen, als Getränk Bier und Klaren.

Hessische Schlachtplatte

Pro Person
100 g Wellfleisch oder gekochter Schweinebauch, 1 Leber-, Blut- und Bratwurst (geräucherte Mettwurst), gekochtes Sauerkraut, evtl. 100 g Weckewerk (S. 103).

Gekochtes Schweinefleisch, erhitzte bzw. gebratene Würste auf frisch gekochtem Sauerkraut anrichten, Salzkartoffeln oder Kartoffelbrei dazu reichen.
Dazu paßt: Apfelwein, auf gut hessisch »Äppelwoi«.

Schlachtplatte auf Elsässer Art

Für das Sauerkraut: *1 große Zwiebel, 1 große Knoblauchzehe, 30 g Gänseschmalz, 1 kg Sauerkraut, 4 Wacholderbeeren, 1 Lorbeerblatt, Salz, weißer Pfeffer, ¼ l Weißwein (Riesling).*
Pro Person
150 g gepökeltes, geräuchertes Schweinefleisch, 100 g geräucherter, durchwachsener Speck, evtl. 1 gepökeltes Eisbein, etwa 1 kg (ausreichend für 6 Personen), 1 Paar Würstchen (Wiener oder Frankfurter).

Zwiebel fein hacken, Knoblauchzehe zerdrükken, in heißem Gänseschmalz dünsten, zerpflücktes Sauerkraut, Salz und Gewürze dazugeben und mit Wein aufgießen. Fleisch und Speck auf das Kraut legen und langsam gar köcheln lassen. Falls Eisbein verwendet wird, dieses gesondert in Wasser gar kochen. Gegen Ende der Garzeit die Würstchen zum Kraut geben und heiß werden lassen. Die Schlachtplatte mit hellem Bauernbrot servieren, als Getränk Bier oder trockener Weißwein.

Ostfriesischer Schlachtbraten
Sniertiebraa

1,5 kg frisches Schweinefleisch (24 Stunden abgehangen, von Nacken und Schulter), Salz, frisch gemahlener, schwarzer Pfeffer, 60 g Schweinefett, Wasser, 500 g Zwiebeln, 1 EL Mehl, 3 EL Sahne.

Das vorbereitete Fleisch mit Salz und Pfeffer einreiben, in Schweinefett von allen Seiten scharf anbraten, mit etwas Wasser ablöschen und 30 Minuten schmoren lassen. Nun die geschälten ganzen Zwiebeln hinzugeben und weitere 30–40 Minuten schmoren lassen. Das Fleisch herausnehmen und in Portionsstücke schneiden, die Sauce mit in Sahne verrührtem Mehl leicht binden. Mit Salzkartoffeln und süß-sauer eingelegtem Gemüse (Rote Bete, Kürbis, Gurken) servieren. Auch Apfel-, Birnen- oder Pflaumenkompott paßt dazu.

Kalte Schlachtplatte

Auf dieser vorwiegend in Norddeutschland beliebten Schlachtplatte können vertreten sein:

Grobe Landleberwurst,
Blutwurst mit Speckwürfeln,
geräucherter, durchwachsener Speck (evtl. vorher gekocht), Sülze.

Alle Wurst- und Fleischsorten auf Holztellern anrichten, mit Zwiebelringen und Radieschen garnieren. Dazu Bauernbrot oder Roggenbrötchen sowie Butter oder Griebenschmalz reichen und Senf dazustellen. Bier und Wacholderschnaps sind die richtige Ergänzung dieses deftigen Essens.

Kronfleischsuppe aus Franken

Kronfleisch, Zwiebeln, Lorbeerblatt, Piment- und Pfefferkörner, Salz, Essig, 1 l Wasser.

Kronfleisch von Häuten befreien, zusammen mit geschälten, in Ringe geschnittenen Zwiebeln, Gewürzen, Salz und Essig ca. 1 Stunde simmern (köcheln) lassen. Alles durch ein Sieb abseihen, in Suppentassen füllen und mit Schwarzbrot servieren.

Hinweis
Die Zutaten richten sich nach der Fleischmenge.

Kronfleisch vom Schwein

1 Krone vom Schwein, Salzwasser,
Suppengrün, Salz,
weißer, frisch gemahlener Pfeffer, Senf,
frisch geriebener Meerrettich, Brot.

Krone in kochendes Salzwasser legen, geputztes und zerkleinertes Suppengrün hinzugeben und alles 10–15 Minuten sprudelnd kochen lassen. Herausnehmen, auf Holztellern anrichten, zusammen mit Salz, Pfeffer, Senf, frisch geriebenem Meerrettich und Brot servieren.

Spanferkel auf bayerische Art

1 Spanferkel von 1–1,5 kg, Salz,
frisch gemahlener, schwarzer Pfeffer,
50 g Butter, ¼ l Bier.

Das vorbereitete Spanferkel – der Länge nach in zwei Hälften geteilt – waschen, abtrocknen, die Schwarte würfel- oder rautenförmig einschneiden. Von außen mit Salz, von innen mit Salz und Pfeffer einreiben. Auf den Rost des Backofens über die Fettpfanne mit etwas Wasser legen und von jeder Seite ca. 30 Minuten braten, dabei von Zeit zu Zeit mit flüssiger Butter und Bier einpinseln, damit die Kruste braun und knusprig wird. Das fertig gebratene Spanferkel mit Kartoffelknödeln und Weißkraut-Speck-Salat zu Tisch geben.

Variationen
Das Spanferkel kann auch in einer genügend großen Bratreine (Bräter) gebraten und dabei öfter mit Fleischbrühe übergossen werden, so daß eine gute Sauce entsteht.
Man kann es auch vorher mit einer Farce aus den durchgedrehten Innereien, Zwiebel, Semmelbröseln, Ei und Gewürzen füllen.

Westfälischer Schweinepfeffer

1 kg Schweinefleisch (Schulter), 2 EL Öl,
1 EL Essig, ⅛ l Schweineblut, 1 EL Mehl.
Für die Beize: *¾ l leichter Weißwein, ⅛ l Essig,*
1 große Zwiebel, 1 Lorbeerblatt,
je 6 Piment- und Pfefferkörner,
1 Stück Sellerie, einige Stengel Petersilie.

Das Fleisch in mundgerechte Würfel schneiden. Einen Tag in eine Beize aus den angegebenen Zutaten legen. Hierfür alle Zutaten aufkochen und abkühlen lassen. Am nächsten Tag das Fleisch herausnehmen und trockentupfen. In erhitztem Öl scharf anbraten. Mit abgesiebter Marinade aufgießen und weich schmoren. Kurz vor Ende der Garzeit das mit Essig und Mehl verrührte Schweineblut langsam unter Rühren hinzugeben. Die Sauce sollte dick, glatt und glänzend sein.
Dazu passen: Kartoffelklöße.

Schweinekopf in Riesling

1 Schweinekopf, Wasser, Weißwein (Riesling), Weinessig nach Bedarf, 2 große Zwiebeln, 2 Lorbeerblätter, 5 schwarze Pfefferkörner, 3 Wacholderbeeren, 8 Pimentkörner, etwas Zimtrinde, 1 Stange Lauch, 1 große Möhre, 1 Stück Sellerieknolle, etwas Zucker, Suppenwürze, rotbackige Äpfel (1 Stück pro Person), 1 Zitrone.

Den sauber »rasierten« Schweinekopf in einem großen Kochtopf mit einer Mischung aus 50% Wasser, 25% Weißwein und 25% Weinessig bedecken. Die in Scheiben geschnittenen Zwiebeln, die Gewürze sowie das geputzte, zerkleinerte Suppengrün und den Zucker in die Beize geben. Den Kopf mit einem Teller beschweren, damit er in der Beize bleibt, und 2–3 Tage, je nach Größe, an einem kühlen Platz stehen lassen.
Nun den Kopf aus der Beize nehmen, abtropfen lassen. Die Beize mit etwas Suppenwürze aufkochen und den Kopf wieder einlegen. Er muß bedeckt sein (eventuell etwas Wein nachgießen). 2–3 Stunden köcheln lassen. Danach sollte das Fleisch weich sein, aber noch »Biß« haben. Den Schweinekopf nun mit 2 Schaumlöffeln aus der Brühe heben und auf einer großen, erwärmten Platte anrichten. 10 Minuten vor Ende der Kochzeit pro Person einen entkernten, aber nicht geschälten Apfel in die Brühe legen und heiß werden lassen. Die abgetropften Äpfel rund um den Kopf legen, diesem ein Stück Zitrone ins Maul stecken.
Als Beilagen serviert man Salzkartoffeln oder Kartoffelknödel, Meerrettichsauce oder frisch geriebenen Meerrettich und Weinsauerkraut. Die Brühe wird gesondert zubereitet. (s. nachfolgendes Rezept).

Riesling-Brot-Suppe

Brühe vom Kochen des Schweinekopfs, Schwarzbrot, Schnittlauch.

Die Brühe absieben, das gekochte Gemüse pürieren und wieder zusammen mit der Brühe erhitzen, diese nochmals abschmecken und über auf Suppentassen oder -teller verteilte kleine Schwarzbrotwürfel füllen. Mit feingeschnittenem Schnittlauch bestreuen.

Thüringer Topfbraten

½ Schweinekopf, Innereien vom Schwein (Herz, Zunge, Nieren), 2 Zwiebeln, 1 Bund Suppengrün, 3 l Wasser, Salz, 1 Lorbeerblatt, 4 Nelken, 6 Pimentkörner, ⅛ l Weinessig, 1 P Saucenlebkuchen, 2 EL Pflaumenmus.

Alle Fleischteile gut abspülen, Herz und Nieren halbieren und von Adern, Harnsträngen und Fett befreien. Zusammen mit den halbierten Zwiebeln und dem geputzten, zerkleinerten Suppengrün in Salzwasser ca. 2 Stunden köcheln lassen. Danach ¾ l der Brühe absieben, Lorbeerblatt, Nelken, Piment und Essig zugeben und durchkochen. Durchsieben, dann die Sauce mit Lebkuchen andicken und mit Pflaumenmus abschmecken. Inzwischen das Kopffleisch ablösen, nur das magere in Streifen schneiden, desgleichen die Innereien und die vorher gehäutete Zunge. Die Streifen in der Sauce heiß werden lassen.
Dazu passen: Kartoffelklöße.

Saumeisen

Netzkoteletts

750 g Schweinebauch (Wammerl) ohne Schwarte, 750 g mageres Schweinefleisch (Schulter) ohne Schwarte, 1 Knoblauchzehe, 1 TL Salz, 1 TL schwarzer Pfeffer, 1 TL gemahlener Kümmel, etwas Zitronensaft, 1 großes Schweinenetz.

Das Fleisch zunächst durch die 8-mm-, dann durch die 5-mm-Lochscheibe drehen, mit dem zerdrückten Knoblauch, Salz und weiteren Gewürzen abschmecken. Das Schweinenetz ausbreiten, in Vierecke schneiden. Fleischballen formen und jeweils in ein Netzstück wikkeln, über Nacht auf einem Rost trocknen lassen, dann 2–3 Stunden kalträuchern. Bei Bedarf braten (halten sich bis zu 3 Wochen).

Panhas aus Westfalen

Fleisch- oder Speckreste,
1 l Wurstbrühe,
nach Belieben etwas Schweineblut,
200 g Weizenmehl oder 100 g Haferflocken,
50 g Buchweizenmehl,
Nelken, Piment, Salz,
Thymian, Majoran,
1–2 EL gewürfelte Zwiebeln.

Fleisch- oder Speckreste in die Wurstbrühe geben, mit Blut auffüllen, Mehl und Gewürze hineinstreuen und alles gut verrühren. Evtl. Weizen- oder Buchweizenmehl hinzufügen, damit eine feste Masse entsteht, die sich vom Topf löst. Alles in eine kalt ausgespülte Form geben, erkalten lassen, in Scheiben schneiden und in der Pfanne (ohne Fett) anbraten.
Dazu passen: Gemüse und Salzkartoffeln.

Pannas

Nach Onkel Arthur

Die bei der Herstellung von Kochwurst anfallende Fleischbrühe läßt sich gut zur Herstellung von Pannas, einer norddeutschen Spezialität, verwenden.
Je nach Bedarf wird Buchweizenmehl in die kochende Brühe eingerührt und auf mittlere Temperatur zurückgeschaltet. Frischen gewürfelten Speck untermischen und zu einem steifen Brei garen lassen. Mit Majoran, Thymian, Salz und schwarzem Pfeffer abschmecken. Falls die Masse zu fest wird, ggf. weitere Brühe hinzufügen. Den fertigen Brei in eine Schüssel gießen, Oberfläche glätten und an einem kühlen Ort fest werden lassen. In Scheiben schneiden und in der Pfanne von beiden Seiten knusprig braun braten.

Pfälzer Saumagen

Foto S. 139

1 Schweinemagen, Salz, 125 g fetter, geräucherter Speck, 2 große Zwiebeln, 125 g gekochte Kartoffeln, 500 g Schweinemett, 2 altbackene Brötchen, 3 Eier, Salz, Pfeffer, Majoran, gemahlener Kümmel, 1 EL Schweineschmalz, ⅛ l Weißwein aus der Pfalz.

Den Schweinemagen gründlich säubern, über Nacht wässern. Danach mehrmals dick mit Salz einreiben, um die Schleimhaut zu entfernen. Innen und außen gut abspülen. Speck in Würfel schneiden, in der Pfanne auslassen und die in Würfel geschnittenen Zwiebeln darin anrösten. Die geschälten, in Würfel geschnittenen Kartoffeln hinzufügen und ebenfalls anrösten. Die Pfanne vom Herd nehmen und das

Schweinemett, die inzwischen in wenig Wasser eingeweichten und wieder ausgedrückten Brötchen sowie die Eier unterkneten. Mit Salz und den Gewürzen abschmecken. Den Magen mit dieser Masse füllen – aber nicht zu voll, sonst platzt er! – und mit Küchengarn zunähen. In einem Bräter mit erhitztem Schweineschmalz rundherum leicht anbraten. Nach und nach etwas Wasser angießen und insgesamt 2 Stunden garen. Dann den Fond mit dem Wein lösen, nochmals aufkochen und als Sauce zum aufgeschnittenen Saumagen servieren. Oder den Saumagen nach dem Zunähen in Salzwasser langsam (2–3 Stunden) gar ziehen lassen und erst anschließend in Schweineschmalz rundherum vorsichtig braten.
Dazu passen: Weinsauerkraut und Bauernbrot.

Variation
Statt Brötchen 125 g geschälte, gegarte Kastanien zur Füllmasse geben.

Föhrer Blutpudding

200 g Hafergrütze, ¼ l Wasser,
125 g Nierenfett oder anderes Fett,
125 g Rosinen, 1 EL Zucker,
10 g gemahlener Piment, 5 g Thymian,
10 g Salz, ¼ l Schweineblut.

Die Grütze am Vorabend abspülen und im Wasser einweichen. Am nächsten Tag mit zerlassenem Fett, Rosinen, Zucker, Gewürzen, Salz sowie mit dem durch ein Tuch gesiebten Blut vermengen. In einer Puddingform im Wasserbad 2½ Stunden kochen. Den Pudding mit ausgebratenen Speckwürfeln und/oder Sirup essen. Die Puddingscheiben schmecken auch aufgebraten gut.

Wurstebrot aus Westfalen
Blutklüten

1 l Wurstbrühe,
etwas Schweineblut,
Speckwürfelreste,
150–200 g Roggenschrot oder Mehl,
Salz, Piment.

Wurstbrühe mit Schweineblut vermengen, Speckwürfel und so viel Roggenschrot hinzufügen, bis ein fester Teig entsteht. Danach würzen, in kleine Leinensäckchen füllen und vernähen. In weiterer Wurstbrühe rund 2 Stunden simmern (köcheln) lassen, nach dem Erkalten aus den Leinensäckchen nehmen, in Scheiben schneiden und in der Pfanne (ohne Fett) anbraten.
Dazu passen: geschmorte Apfelscheiben und gebratene Grieben.

Wurstebrei

1 l Wurstbrühe, Salz,
gemahlener, weißer Pfeffer,
1 Lorbeerblatt,
1 Prise Nelkenpulver,
100 g gekochter Speck,
150–200 g Graupen.

Wurstbrühe zum Kochen bringen, würzen, würfelig geschnittenen Speck hinzufügen und so viel Graupen unter ständigem Rühren hineinstreuen, daß ein fester Brei entsteht. Bei milder Hitze garen, gut ausquellen lassen.
Dazu passen: Kartoffeln und Gewürzgurken.

Gebackene Schweineschwarte süß-sauer

1 kg Schweineschwarte eines jungen Schweines, 2 Lorbeerblätter, 2 Nelken, 1 EL Salz, 2 EL Zucker, ⅛ l Zitronenessig, 3–4 EL Mehl.

Schweineschwarte knapp mit Wasser bedekken und ca. 1 Stunde garen lassen. Abgekühlt in 3–4 cm große Würfel schneiden und zusammen mit Lorbeerblättern, Nelken, Salz, Zukker, Zitronenessig und Wasser (Schwarten müssen bedeckt sein) so lange simmern (köcheln) lassen, bis die Schwarten ganz weich sind. Dabei gelegentlich umrühren und ggf. Wasser nachfüllen. Zum Schluß die Flüssigkeit fast ganz einkochen lassen. Danach mit Mehl bestäuben und süß-säuerlich abschmecken. *Dazu passen:* Schwarzbrot oder Salzkartoffeln.

Schweine-Knusperchen

1 Schweinemagen, Salzwasser, Öl zum Fritieren, evtl. Salz und Zitronensaft.

Den Magen innen und außen waschen, in Salzwasser 2 Stunden lang weich kochen, dann die Schleimhaut entfernen, den Magen abkühlen lassen und in kleine Stücke schneiden. Diese in der Friteuse in Öl knusprig braten, evtl. salzen und mit Zitronensaft beträufeln.

Hinweis
In Mexiko, woher das Rezept kommt, ißt man diese Knabberei zum Tequila.

Variation
Anstelle des gekochten Magens gekochte Schweineschwarte verwenden.

Fond

Knochenverwertung

Die zerhackten Schweineknochen (Beckenknochen, Schulterknochen, lange Röhrenknochen) in etwas Öl anbraten, mit Wasser bedekken und im Schnellkochtopf ca. 1 Stunde kochen lassen. Durch ein Sieb abseihen, die Flüssigkeit auf die Hälfte einkochen lassen, kalt stellen, entfetten und portionsweise einfrieren. Eignet sich als Saucengrundlage (Saucenfond).

Hinweis
Die genauen Rezeptangaben richten sich nach der Menge der Knochen.

Lombardische Mousse

¼ l Sahne, 3 EL Kakao, ¼ l Milch, 100 g Zucker, 100 g geriebene Schokolade (Vollmilch-Kuvertüre), 100 g gehackte Haselnüsse, 100 g Rosinen, ⅛ l starker, schwarzer Kaffee oder Espresso, 400 ml Madeira, 4 Nelken, 1 l frisches Schweineblut.

Sahne, Kakao, Milch und Zucker zusammen erwärmen, Schokolade, Haselnüsse und gewaschene Rosinen dazugeben. Alles abkühlen lassen. Mit dem ebenfalls kalten Kaffee, dem Madeira, den Nelken sowie dem durchgeseihten Blut vermischen. Alles im Wasserbad erhitzen und rühren, bis es dicklich wird. In Portionsschälchen füllen und abkühlen lassen (Nelken vorher entfernen).

Hinweis
Möglichst das Blut am Schlachttag verarbeiten.

Süßer Blutbrei aus der Schweiz

½ l Schweineblut, 1 Zimtstange,
500 g Sahne, 30 g Butter,
20 g Zucker, 20 g Weizenmehl,
etwas Vanillezucker.

In das Blut die Zimtstange geben und 1 Tag darin lassen, dann herausnehmen und das Blut mit der Sahne mischen. In einer Pfanne Butter zergehen lassen, Mehl dazugeben und rösten. Nach und nach nun die Blut-Mehl-Mischung hinzufügen. Wenn sie bindet, vom Herd nehmen und mit Zucker sowie Vanillezucker bestreuen. Gut durchrühren und sofort servieren.

Wellfleisch mit Sauerkraut
Zum Einkochen

1,5 kg rohes Sauerkraut,
nach Belieben Lorbeerblatt,
Kümmel,
Wacholderbeeren,
2 kg Wellfleisch.
Einkochgläser.

Das Sauerkraut roh, ungewürzt oder gewürzt, in Einkochgläser füllen, schichtweise mit dem rohen, portionierten Wellfleisch. Die Gläser, ohne Fleischbrühe oder Wasser einzufüllen, verschließen. Einkochen.
Einkochzeit: 120 Minuten + 60 Minuten bei 98 °C; *im Schnellkochtopf:* 25 Minuten.

Variation
Anstelle von Wellfleisch gepökelten oder geräucherten Speck, in Würfel geschnitten, oder geräucherte Schälrippchen zwischen das Kraut geben.

Schnitzel/Kotelett
Zum Einkochen

Schnitzel/Kotelett vom Schwein oder Kalb,
Salz, evtl. Pfeffer und/oder Paprikapulver,
Fett zum Braten.

Einkochgläser.

Die nicht zu dünnen Schnitzel/Koteletts salzen und nach Belieben würzen. Kotelettknochen evtl. kürzen. In heißem Fett von beiden Seiten braten. In Einkochgläser füllen und das Bratfett darübergeben. Einkochen.
Einkochzeit: 60 Minuten + 30 Minuten bei 98 °C; *im Schnellkochtopf:* 25 Minuten.

Gulasch
Zum Einkochen

Fleisch von Schwein, Rind,
Kalb oder Lamm.
Pro kg Fleisch: *50 g Fett und*
100 g Zwiebeln, Salz, Pfeffer,
Kümmel, Paprikapulver nach Belieben,
Fleisch- oder Knochenbrühe.

Einkochgläser.

Das Fleisch in gleich große Würfel schneiden, in heißem Fett anbraten, würfelig geschnittene Zwiebeln mit anrösten. Würzen nach Geschmack, sofort in Einkochgläser füllen, mit wenig heißer Brühe aufgießen. Die Gläser verschließen und einkochen.
Einkochzeit: 120 Minuten + 60 Minuten bei 98 °C; *im Schnellkochtopf:* 25 Minuten.

Verwendung
Vor dem Verzehr das Gulasch mit Saucenbinder oder Crème fraîche nach Belieben binden.

Gefüllte Eisbeine

Zum Einkochen

4 kleine Eisbeine,
Salz, 500 g Mett, Pfeffer,
Majoran.

Einkochgläser.

Die Eisbeine auslösen, waschen, trockentupfen, ausbreiten und mit Salz bestreuen. Das Mett mit Salz, Pfeffer und Majoran würzen, in 4 Portionen teilen, in die Mitte der Eisbeine geben. Diese zusammenrollen, befestigen, in vorbereitete Einkochgläser legen und einkochen.
Einkochzeit: 120 Minuten + 60 Minuten bei 98 °C; *im Schnellkochtopf:* 25 Minuten.

Hirn mit Ei

200 g Schweinehirn, 1 kleine Zwiebel,
1 EL Butter, 3 Eier,
etwas Zitronensaft, Salz,
frisch gemahlener, weißer Pfeffer,
1 Bund Petersilie.

Das Hirn mehrmals in warmem Wasser waschen, die Haut abziehen und evtl. Blutgefäße entfernen, anschließend das Hirn grob hakken. Die Zwiebel fein schneiden und in Butter hell anrösten. 2 ganze Eier und 1 Eiweiß verschlagen, das Eigelb aufheben. Verschlagene Eier mit dem Hirn zur Zwiebel geben und unter Rühren gar rösten, mit wenig Zitronensaft, Salz und Pfeffer würzen. Das Hirn anrichten, in die Mitte eine Vertiefung drücken und mit dem Eigelb füllen. Reichlich feingehackte Petersilie über das geröstete Hirn streuen.
Dazu paßt: knuspriges Weißbrot.

Hirnsuppe

100–150 g Schweinehirn, 50 g Butter,
1 kleine Zwiebel, 50 g Mehl, 1 l Fleischbrühe,
Salz, frisch gemahlener, weißer Pfeffer,
1 Prise Muskatblüte, 1 Eigelb, Petersilie.

Das Hirn wässern, häuten, evtl. Blutgerinnsel entfernen, dann fein hacken. Butter schmelzen, die feingehackte Zwiebel andünsten und das Mehl zugeben und anrösten. Mit heißer Brühe aufgießen, würzen und durchkochen lassen. Nun das Hirn zugeben und 5 Minuten kochen. Anschließend mit dem Eigelb legieren (nicht mehr kochen). Mit feingehackter Petersilie bestreut zu Tisch geben.

Saures Nierndl aus Bayern

3–4 Schweinenieren (ca. 500 g), Milch oder
Wasser, 1 Zwiebel, 50 g Butterschmalz,
1–2 EL Mehl, 1 EL Zitronensaft,
½ Tasse saure Sahne,
frisch gemahlener, schwarzer Pfeffer, Salz.

Gehäutete Nieren aufschlitzen, von den Harnsträngen befreien und 30 Minuten in Milch oder Wasser legen. Dann abtrocknen und in feine Scheiben schneiden. Die in Würfel geschnittene Zwiebel in Fett andünsten, Nieren dazugeben und unter ständigem Wenden braten, bis kein Blut mehr zu sehen ist. Mehl darüberstäuben und anrösten. Mit Wasser aufgießen und durchkochen, Zitronensaft und saure Sahne zugeben und mit Pfeffer und Salz abschmecken. Das Nierndl rasch servieren (vom zu langen Kochen oder Stehenlassen werden Nieren hart).
Dazu passen: Salzkartoffeln, Nudeln oder Semmelknödel.

Beuschel

300 g Lunge und 300 g Herz von Schwein oder Kalb, Salzwasser, 1 Zwiebel, 1 Bund Suppengrün, 1 Lorbeerblatt, 1 TL Pfefferkörner, 2 Nelken, Zitronensaft, 40 g Butterschmalz, 40 g Mehl, 1 TL Zucker, 2–3 EL Essig, ⅛ l saure Sahne.

Die vorbereiteten Innereien in reichlich Salzwasser oder in der Kesselbrühe mit Zwiebel, Suppengrün und Gewürzen weich kochen. (Das Herz braucht etwas länger.) Dann abtropfen lassen, nudelig schneiden, mit Zitronensaft beträufeln und warm stellen. Aus Fett und Mehl unter Zugabe von Zucker eine braune Mehlschwitze bereiten, mit Kochbrühe auffüllen und durchkochen lassen. Dann das Fleisch einlegen, mit Essig abschmecken und mit saurer Sahne vollenden.
Dazu passen: Semmelknödel, Nudeln oder Kartoffeln.

Variationen
Das Beuschel kann nach Belieben noch mit folgenden Zutaten (wahlweise) abgeschmeckt werden: Kapern, Senf, Pfeffer, Sardellenpaste, Zitronenschale, gehackte Essiggurke, Weißwein.

Herzgulasch

1 Schweineherz, 2 EL Öl, 1 große Zwiebel, 1 Lorbeerblatt, 1 EL edelsüßes Paprikapulver, 1 Schuß Weinbrand, ¼ l Fleischbrühe, Salz, weißer Pfeffer, 1 EL dunkler Saucenbinder, 4 EL saure Sahne oder Crème fraîche.

Das Herz halbieren, evtl. Adern entfernen, unter fließendem Wasser gut waschen. Trokkentupfen, in Würfel schneiden. Öl im Schnellkochtopf erhitzen, die gehackte Zwiebel und die Herzwürfel darin anrösten, Lorbeerblatt, Paprikapulver und Weinbrand zugeben, mit Fleischbrühe aufgießen, salzen und pfeffern. Im verschlossenen Schnellkochtopf 25 Minuten (oder im herkömmlichen Topf 1 Stunde) garen. Dann die Sauce mit Saucenbinder etwas andicken und zuletzt mit der sauren Sahne abschmecken.
Dazu passen: Salzkartoffeln oder Nudeln.

Gefüllter Schweinebauch

1 kg magerer Schweinebauch ohne Knochen, jedoch mit Schwarte, Salz, 75 g Butter, Fleischbrühe.
Für die Füllung: *je 75 g Möhre und Sellerieknolle, 50 g Butter, 250 g gemischtes Hackfleisch oder Kalbsbrät, Salz, weißer Pfeffer, 2 EL feingehackte Petersilie, 1 Ei, 2–3 EL Semmelbrösel.*

In den Schweinebauch eine Tasche einschneiden. Für die Füllung geputzte Möhre und Sellerie fein würfeln und in Butter dünsten, mit Hackfleisch oder Brät und den restlichen Zutaten vermengen. Den Schweinebauch innen salzen, danach füllen und zunähen. In Butter ringsherum anbraten, dann in einen Bräter legen und im Backofen bei ca. 200 °C 1–2 Stunden braten, dabei öfter mit Fleischbrühe begießen bzw. mit dem Bratfond beschöpfen. Nach dem Erkalten den gefüllten Schweinebauch in dünnen Scheiben aufschneiden.

Hinweis
Die Schwarte mit einem scharfen Küchenmesser rautenförmig vor dem Braten einritzen und evtl. Nelken in die Zwischenräume stecken.

Resteverwertung

Suppeneinlage aus Gerste: Blut und gekochte Rollgerste vermischen, mit Majoran, Thymian und Salz würzen, in einen Bratfolienbeutel füllen und kochen. Abgekühlt in Scheiben schneiden und als Suppeneinlage – beispielsweise für Kronfleischsuppe – verwenden.
Suppeneinlage aus Leberknödelteig: Leberknödelteig in ein Schweinenetz füllen und in einer Auflaufform backen, dann in Scheiben oder große Würfel schneiden und mit Suppe übergießen. 10 Minuten ziehen lassen, dann servieren.
Suppeneinlage aus Semmelknödelteig: Semmelknödelteig mit geräuchertem, durchgedrehtem Fleisch vermengen und als Auflauf in der Pfanne backen. Zum Verzehr in Scheiben oder große Würfel schneiden, mit kochender Suppe übergießen, 10 Minuten ziehen lassen, dann in Suppentellern servieren.
Kärtner Fleischkrapfen: Nudelteig wie Maultaschen mit geräuchertem, durch die 5-mm-Lochscheibe gedrehtem Fleisch füllen, in Salzwasser kochen und zu Sauerkraut servieren.
Fleischfüllung für Krapfen oder Buchteln: Einen festen Hefeteig ohne Fett, jedoch mit Milch, Eiern und Salz zubereiten. Für die Füllung geräuchertes Fleisch (z. B. Speck, Kasseler) kochen, abtropfen lassen und erst am nächsten Tag durch die 5-mm-Lochscheibe drehen. Aus dem Hefeteig Krapfen machen und mit der Fleischmasse füllen. Vor dem Servieren die im Dampf gegarten Krapfen auf dem Teller aufreißen und mit zerlassener Butter beträufeln. Dazu Sauerkraut reichen. Auch Buchteln (Rohrnudeln) können mit dieser Füllung zubereitet werden.

Sülzen

Eine hausgemachte Sülze mit Bratkartoffeln gehört zu den Spezialitäten vieler Landgasthöfe. Beim Schlachtfest können wir sie selbst aus den gelierenden Teilen des Schweins, wie Kopf, Schwanz, Füße, herstellen. Früher, als es weder Kühlschränke noch Gefriertruhen gab, war die Sülze eine der Möglichkeiten, Fleisch für kurze Zeit haltbar zu machen.
Je nachdem, ob wir eine »naturtrübe« Sülze wollen oder ein klares Aspik, müssen wir die Brühe mit Hilfe von Eiweiß klären.
Neben Essig kann etwas Alkohol, beispielsweise Weißwein, zur Sülze gegeben werden; sie schmeckt dann noch pikanter.

Herstellung von Aspik
Grundrezept

Schwarten, Kopfhäute, Füße, Sehnen vom Schwein (40%), Wasser (60%), 1 Möhre, ¼ Sellerieknolle, 10 Pfefferkörner, 1 Lorbeerblatt, 3 Nelken, 1 Eiweiß, Essig.

Alle angegebenen Zutaten 2–3 Stunden köcheln lassen. Die Brühe dann abkühlen, entfetten. Zum Klären das Eiweiß einschlagen, alles bis über 60 °C erhitzen und durch ein Tuch gießen. Mit Essig abschmecken.
Nach Belieben Weißwein oder Madeira hinzugeben.

Links oben und Mitte: *Därme putzen*
Unten: *Bratwürste füllen*

Rechts oben: *Füllen der Blutwurst von Hand*
Mitte: *Magen reinigen*
Unten: *Herstellen von Preßsack*

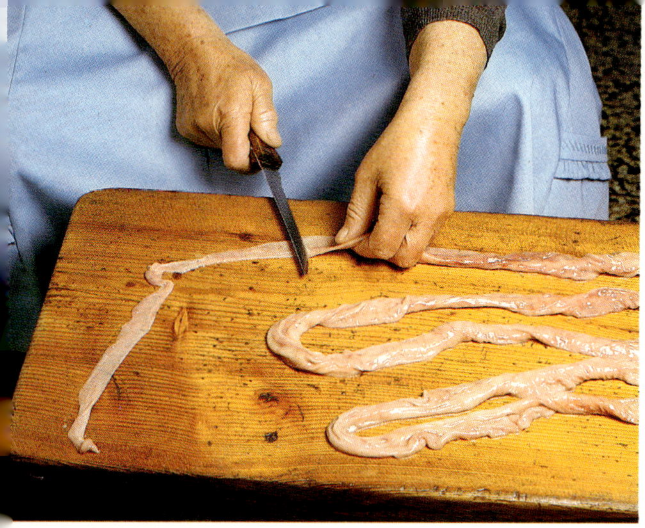

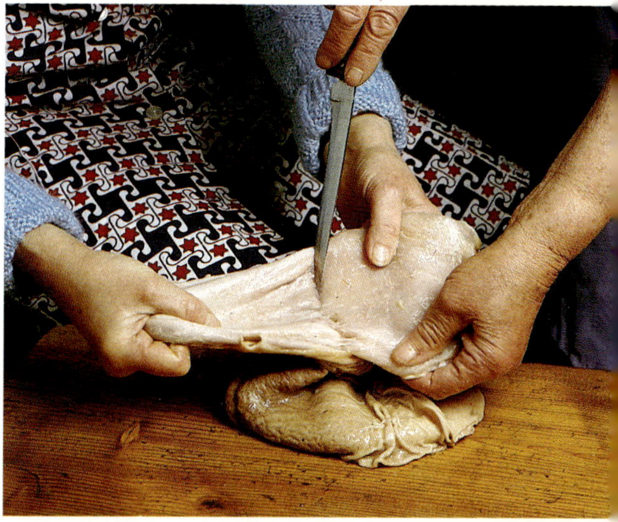

Sülze

Zum Einkochen

Entfettete Schwarten, Kopffleisch,
Zunge und 2,5 kg mageres Schweinefleisch,
Salzwasser, 2 Lorbeerblätter,
1 TL Muskatblüte (Macis),
4 Nelken, 2 halbierte, unbehandelte Zitronen,
etwas Essig und Weißwein.

Einkochgläser.

Alle Fleischteile 4 Tage in Salzwasser legen, dann in klarem Wasser weich kochen. Das Fleisch anschließend in Streifen oder kleine Würfel schneiden. Die Kochflüssigkeit mit den Gewürzen und Zitronenhälften einkochen lassen (6–8 Stunden). Abschmecken und erkalten lassen, die Brühe dann entfetten und wieder erwärmen, mit Essig und Wein abschmecken. Das Fleisch in Einkochgläser füllen, die sturzfähig sein sollten, mit der Brühe bedecken, verschließen und einkochen.
Einkochzeit: 60 Minuten + 30 Minuten bei 98 °C; *im Schnellkochtopf:* 25 Minuten.

Pikante Hausmachersülze

½ Schweinekopf, 1 Schweineschwanz,
2 Schweinefüße, 250 g Schwarte, 1½ l Wasser,
Salz, 1 Lorbeerblatt, 1 Zwiebel, 1 Bund
Suppengrün, 5–6 weiße Pfefferkörner,
⅛ l Weißwein, grüne Pfefferkörner (Dose).

Die Schweineteile mit Wasser und Salz aufkochen, abschäumen, Gewürze, kleingeschnittene Zwiebel und Suppengrün zugeben und alles ca. 3 Stunden köcheln lassen. Dann das Fleisch herausnehmen, kalt abspülen, von den Knochen lösen und kleinschneiden. Die abgesiebte Brühe erkalten lassen, das erstarrte Fett abnehmen. Das Fleisch auf Teller oder in Portionsförmchen verteilen. Die Brühe nochmals erhitzen und mit Weißwein abschmecken. Grüne Pfefferkörner über das Fleisch streuen, die Brühe über das Fleisch gießen und an einem kühlen Ort festwerden lassen.

Schweinekopfsülze auf norddeutsche Art

½ Schweinekopf, 1 Schweinepfote, 2 l Wasser,
1 Bund Suppengrün, 1 Zwiebel,
2 Lorbeerblätter, 4 Gewürzkörner (Piment),
4 weiße Pfefferkörner, Essig, Zucker, Salz,
Pfeffer, 2 Gewürzgurken.

Schweinekopf und -pfote in dem kalten Wasser aufsetzen, das zerkleinerte Suppengrün und die gewürfelte Zwiebel sowie Lorbeerblätter, Gewürz- und Pfefferkörner zugeben. Aufkochen, abschäumen, dann weiterkochen, bis das Fleisch weich ist und sich von den Knochen lösen läßt (2–2½ Stunden). Danach die Brühe absieben, mit Essig, Zucker, Salz und Pfeffer kräftig abschmecken. Die Gewürzgurken und das kalt abgespülte Fleisch in gleich große Würfel schneiden und in die Brühe geben. In eine kalt ausgespülte Form gießen und erstarren lassen. Während des Festwerdens einmal umrühren, damit sich die Würfel gleichmäßig verteilen.

Variationen
Die Brühe kann außer mit Essig, Zucker, Salz und Pfeffer noch mit 2 Schnapsgläsern Korn abgeschmeckt werden.
Anstelle von Gewürzgurken kann man auch beliebiges Sauergemüse (Mixed Pickles) kleingeschnitten in die Sülze geben.

Tellersülze auf schwäbische Art

Knöchlesulz

2 Schweineohren, 2 Schweinefüße,
500 g mageres Schweinefleisch,
evtl. 1 Schweinezunge, 2 l Wasser,
1 Bund Suppengrün, 2 Zwiebeln, Salz,
1 Lorbeerblatt, 6 weiße Pfefferkörner, 5 Nelken,
1 Stück unbehandelte Zitronenschale,
2 Essiggurken, 1–2 hartgekochte Eier,
Essig, 1 Prise Zucker.

Schweineohren, -füße, -fleisch und -zunge mit kaltem Wasser aufsetzen, zerkleinertes Suppengrün und Zwiebeln zugeben, einmal aufkochen und abschäumen. Dann Salz und die Gewürze zugeben und alles langsam weich kochen. In der letzten halben Stunde die Zitronenschale mitkochen. Die Brühe dann absieben und erkalten lassen. Das Fleisch und evtl. die Zunge kalt abspülen, von den Knochen lösen bzw. die Haut abziehen, portionieren und auf Teller legen. Mit Scheiben von Essiggurken und Ei garnieren. Die erstarrte Brühe entfetten, nochmals erwärmen, mit Essig und Zucker abschmecken, über das Fleisch gießen. An einem kühlen Ort festwerden lassen.

Schweinerolle in Aspik

1 Schweineschwarte (ca. 25 cm hoch,
35 cm lang), 500 g Schweinefleischscheiben,
Salz, frisch geriebene Muskatnuß,
gemahlener, weißer Pfeffer, 1 EL Senfkörner.
Für den Sud: *Zwiebelringe, Salz, Essig,*
Lorbeerblatt, Wasser.

Schwarte auf der Arbeitsfläche ausbreiten. Fleischscheiben mit Salz, Muskat, Pfeffer und Senfkörnern bestreuen, aufrollen, auf die Schwarte setzen, alles zusammenwickeln und mit Küchengarn befestigen. Sud aus den angegebenen Zutaten herstellen und mit so viel Wasser aufgießen, daß die Schwarte bedeckt ist. Ca. 2 Stunden simmern (köcheln) lassen. Schweinerolle in ein Gefäß geben, den abgeseihten Sud darübergießen, kühl stellen und alles fest werden lassen. Zum Servieren in ca. 1 cm dicke Scheiben schneiden.

Schweineschnitzel in Aspik

Für den Aspik: *2 Schweinepfoten,*
1 Bund Suppengrün, 1 Lorbeerblatt,
Salz, Eiweiß, Essig.
250 g gewürfelte Möhren, 250 g Erbsen,
1 EL Butter, 4 Schweineschnitzel (je 125 g),
250 g blätterig geschnittene Champignons,
1 TL Zitronensaft, Salz,
2 hartgekochte und in Scheiben
geschnittene Eier.

Schweinepfoten, Suppengrün und Lorbeerblatt aufkochen, salzen und 4 Stunden simmern (köcheln) lassen. Möhren und Erbsen garen. Das Fleisch von beiden Seiten in Butter anbraten, Champignons mit Zitronensaft vermischen und hinzufügen, salzen, und zugedeckt ca. 10 Minuten bei geringer Hitze garen. Das Fleisch in Würfel schneiden und mit den Champignons unter die Erbsen und Möhren mischen. Bratensaft zum Sud hinzufügen. Schweinepfoten aus dem Sud nehmen, diesen durchseihen und mit Eiweiß vermischen. Durch ein Tuch laufen lassen, mit reichlich Essig abschmecken. Etwas davon in eine mit kaltem Wasser gespülte Form gießen, erstarren lassen, mit Eischeiben belegen, darauf die Fleisch-Gemüse-Mischung geben, mit dem erkalteten Sud übergießen und erstarren lassen.

Pasteten, Terrinen und Galantinen

Leider wagen sich nur wenige Hausfrauen an ihre Zubereitung, obwohl sie, mit Sorgfalt hergestellt, eigentlich nicht mißlingen können. Pasteten aus Schweine- oder Lammfleisch werden nach eher deftig-rustikalen Rezepten zubereitet, während Geflügel- und Wildpasteten besonders feine Zutaten enthalten und sich deshalb hervorragend für festliche Essen eignen.
Unter Pasteten versteht man im allgemeinen Fleischfarcen, die in einer Teighülle aus Mürbeteig, Blätterteig oder Hefe-Brioche-Teig in länglichen oder runden Blechformen bzw. auf dem Backblech gebacken werden (*Krustenpasteten*). In eine mit Speck ausgekleidete, runde oder eckige Keramikform gefüllt und im Wasserbad gegart, wird die Pastete zur *Terrine*. Das Urrezept einer Terrine ist das Rillettes de porc (s. S. 78). *Galantinen* nennt man Pasteten, bei denen das entbeinte Fleisch samt Haut die Hülle für den Fleischteig bildet. Die Galantine wird in einem zur Fleischart passenden Fond gegart.
Die Fleischfarce kann auch in Einkochgläser gefüllt und darin eingekocht werden, wie beispielsweise die Kalbfleischpastete mit Pilzen (s. S. 120).

Informationen und Hinweise

Alle Zutaten und Geräte für die Herstellung der Fleischfarce sollten gut gekühlt sein, damit das Fleischeiweiß nicht während der Verarbeitung gerinnt und seine Bindekraft verliert. Also auch zwischen den einzelnen Arbeitsgängen die Zutaten und die Farce kühlen! Speck und Sahne können tiefgefroren verwendet werden; sie sorgen dann für die nötige Kälte.

Das geschnittene Fleisch vor der Verarbeitung salzen und würzen.

Die Messer von Fleischwolf oder Küchenmaschine müssen ausreichend scharf sein, um das Fleisch zu zerhacken, nicht zu zerquetschen. Küchenmaschinen schaffen Zerkleinern und Mischen in einem Arbeitsgang und sind deshalb besonders praktisch. Leider können aber nur kleinere Portionen darin verarbeitet werden, weil die Geräte bei längerem Gebrauch heißlaufen.

Wird das Fleisch anschließend an das Hacken durch ein Sieb gestrichen, erzielt man eine besonders feine Farce.

Zum Lockern und Binden des Fleischteiges dienen Weißbrot, Eier, Semmelbrösel und Sahne.

Die Einlagen für Pasteten werden entweder in Würfel geschnitten – beispielsweise Zunge, Leber, Speck – oder im ganzen in den Fleischteig gebettet, wie etwa Filets.

Zum Auskleiden der Terrinenform sollte nur frischer, fetter Speck ohne Schwarte, in ganz dünne, gleichmäßig breite Streifen geschnitten, verwendet werden.

Den Zwischenraum zwischen Teig und Farce kann man anschließend ans Backen mit einem pikanten Weingelee ausfüllen. Bei Terrinen gießt man das Gelee als Spiegel auf die Oberfläche (s. S. 74).

Weitere Hinweise – so zum Beispiel für die Entlüftung der Pastete – finden Sie in den entsprechenden Rezepten.

Madeira- oder Portweingelee
Für Pasteten

½ l entfettete Fleischbrühe,
⅛ l Madeira oder Portwein, 2 EL Weinessig,
8 Blatt weiße Gelatine.

Brühe mit Wein und Essig erhitzen. Die inzwischen nach Vorschrift eingeweichte und wieder ausgedrückte Gelatine hinzugeben und darin auflösen. Das Gelee etwas abkühlen lassen, dann zum Ausgießen der Terrine verwenden.

Leberpastete dänische Art

500 g Schweineleber, 250 g Rückenspeck ohne Schwarte, 2 Zwiebeln, 10 Sardellenfilets, 3 EL flüssige Butter, 2 Eier, 50 g Mehl, Salz, weißer Pfeffer, gemahlener Piment, 100 g Sahne.
Zum Auslegen und Belegen:
200 g durchwachsener Speck in dünnen Scheiben.

Vorbereitete Leber und gut gekühlten Speck in schmale Streifen schneiden, zusammen mit den geschälten, geviertelten Zwiebeln und den Sardellenfilets durch die feine Scheibe des Fleischwolfs drehen. Mit Butter, Eiern und Mehl vermengen und kräftig abschmecken. Sahne steifschlagen und darunterheben. Eine Kastenform mit einem Teil der Räucherspeckscheiben auslegen. Den Fleischteig einfüllen, glattstreichen und mit den restlichen Speckscheiben bedecken. Alufolie auf die Form legen, Ränder fest andrücken. Ca. 100 Minuten bei 200 °C/Gas Stufe 3 im Wasserbad in der Fettpfanne des Backofens garen. Anschließend 24 Stunden auskühlen und ruhen lassen. Dann auf eine Platte stürzen, die Speckscheiben entfernen und die Pastete beliebig garnieren. Die Speckscheiben eventuell in der Pfanne kroß braten und zur Pastete servieren.
Dazu passen: Roggenbrötchen oder Bauernbrot.

Schweinefleischterrine

700 g mageres Schweinefleisch,
480 g Rückenspeck ohne Schwarte,
20 g Pastetensalz (Mischung aus Salz mit je 1 Prise gemahlenem Thymian, Majoran, Muskat, Paprika, Nelken), einige Tropfen Tabascosauce, je 2 TL gehackter frischer oder je 1 TL gerebelter Thymian und Majoran,
3 gehackte Knoblauchzehen,
8 zerdrückte Wacholderbeeren,
1 Schweinefilet (430 g), Öl zum Braten,
40 g halbierte, geschälte Pistazien,
350 g frischer Speck (ohne Schwarte), in dünnen Scheiben, 2 Lorbeerblätter,
3 Wacholderbeeren, je 1 kleiner Zweig frische Petersilie und Thymian, Madeira- oder Portweingelee zum Ausgießen der Terrine (s. links oben).

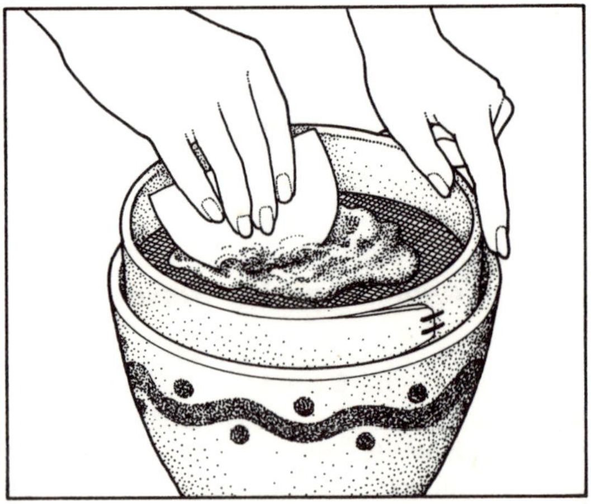

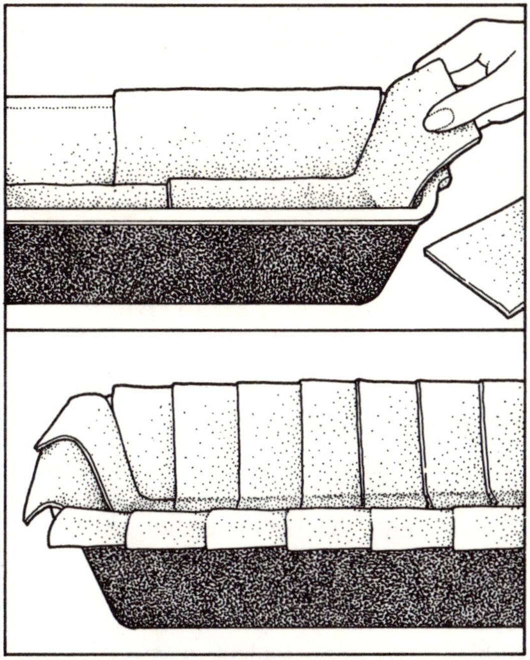

Das Schweinefleisch und den Speck in feine Streifen schneiden, mit dem Pastetensalz bestreuen und mit Tabascosauce beträufeln. Thymian, Majoran, Knoblauch und Wacholderbeeren darüber verteilen und alles mit Klarsichtfolie abdecken. Im Kühlschrank gut durchkühlen lassen. Dann das Fleisch zweimal durch die 3-mm-Lochscheibe drehen, den Speck nur einmal durchdrehen. Das durchgedrehte Fleisch in eine Schüssel geben, in Eiswasser stellen, den durchgedrehten Speck in kleinen Mengen gut unter das Fleisch arbeiten und dann die Masse nochmals durch ein feines Sieb streichen. Zwischen diesen Arbeitsgängen immer wieder Kühlphasen einlegen. Das vorbereitete Schweinefilet leicht mit etwas Pastetensalz einreiben und im heißen Öl von allen Seiten kurz anbraten. Dann aus der Pfanne nehmen und abkühlen lassen. Die halbierten Pistazien unter die Fleisch-Speck-Farce mischen. Die Terrine mit Speckscheiben auskleiden und etwa die Hälfte der Farce einfüllen. Das Schweinefilet darauflegen und mit der restlichen Farce bedecken. Die Form auf einem Tuch mehrmals aufklopfen, die überhängenden Speckteile darüberklappen und mit 1 oder 2 Speckscheiben abdecken. Die Oberfläche mit Lorbeerblättern, Wacholderbeeren und Kräuterzweiglein garnieren. Die Terrine mit dem Deckel verschließen und 50–55 Minuten bei 80 °C Wassertemperatur im Wasserbad (Fettpfanne des Backofens) garen. Die erkaltete Terrine mit Madeira- oder Portweingelee begießen und im Kühlschrank festwerden lassen.

Schweinegalantine

1 ganze Schweineschulter ohne Knochen,
1 gekochte Schweinezunge,
500 g Schweinebauch, 400 g Kalbfleisch,
1 große Knoblauchzehe, Salz, weißer Pfeffer,
je ½ TL frisch geriebene Muskatnuß und
abgeriebene Schale von 1 unbehandelten
Zitrone, 1 Bund Petersilie,
50–100 g paprikagefüllte Oliven.
Für die Sülze: *2 Schweinefüße, 1¼ l Wasser,*
1 Zwiebel, 1 Bund Suppengrün, 2 Nelken,
6 weiße Pfefferkörner, ¼ l trockener Weißwein.

Die Schweineschulter aufschneiden, ausbreiten, rechteckig zurechtschneiden. Die Fleischabschnitte, die Zunge und die beiden anderen Fleischarten würfeln und zweimal durch den Fleischwolf drehen (8-mm- und 5-mm-Lochscheibe). Mit zerdrücktem Knoblauch, Salz und den Gewürzen abschmecken, gehackte Petersilie sowie Oliven hinzufügen, gut untermengen, dann den Fleischteig beiseite stellen.

Inzwischen die gespaltenen Schweinefüße mit Wasser aufsetzen, halbierte Zwiebel, zerkleinertes Suppengrün und Gewürze zugeben, aufkochen, abschäumen und langsam simmern (köcheln) lassen, bis das Fleisch der Schweinefüße gar ist. Nun die Brühe absieben, den Weißwein hinzugießen. Die Schweineschulter mit der Füllmasse bestreichen, zusammenrollen und mit Küchengarn umwickeln. In die Brühe einlegen und darin 4–5 Stunden langsam köcheln lassen. Nach Bedarf während des Kochens noch heißes Wasser nachgießen. Das Fleisch dann in der Brühe etwas abkühlen lassen, herausnehmen, mit einem Brett und Gewicht beschweren und kühl stellen. Anschließend mit der entfetteten Brühe, die nochmals warm gemacht wurde, nach Belieben glasieren. Kalt, in Scheiben geschnitten, servieren.

Schmalz und Schmalztöpfe

Eines der ältesten Nahrungsfette ist das Schmalz, das neben der Butter früher in keinem Bauern- oder Bürgerhaus ausgehen durfte. Es wird aus Fettgeweben des Schweines – Flomen, Bauch- oder Rückenspeck – durch Ausschmelzen gewonnen. Die zurückbleibenden Gewebereste nennt man Grieben oder Grammeln. Physiologisch gesehen handelt es sich bei Schweineschmalz um naturreines, nicht chemisch behandeltes Nahrungsfett mit einem hohen Gehalt an fettlöslichen Vitaminen und essentiellen Fettsäuren. Dadurch ist Schmalz vom Körper praktisch vollständig verwertbar. Es kann als Brotaufstrich, zum Kochen, Braten, Backen und Fritieren genommen werden. Mit geklärter Butter (Butterschmalz) vermischt, ergibt es ein vorzügliches Backfett. Schweineschmalz mit Zusätzen wie Äpfeln, Zwiebeln und Gewürzen ist heute so »stadtfein« geworden, daß wir es in Schlemmerlokalen und auf Partybuffets als Brotaufstrich antreffen. Vor allem Männer »stehen« auf Griebenschmalz oder Schmalzfleisch zu kernigem Schwarzbrot.

Informationen und Hinweise

Schmalz nimmt leicht Fremdgerüche an, deshalb im Kühlschrank gut abdecken!

Rillettes sind eine französische Spezialität: mageres Schweinefleisch, das in Schweineschmalz, mit viel Gewürzen abgeschmeckt, konserviert wird. Eine Scheibe davon auf frischem Landbrot, mit einem roten Landwein, schmeckt köstlich. Rillettes halten sich im Kühlschrank ohne Bedenken mehrere Wochen.

Ebenfalls aus Frankreich kommt die Sitte, Geflügelfleisch in Fett einzulegen. Davon mehr im Kapitel »Geflügel« (s. S. 167 ff.).

Die beim Auslassen des Fetts entstandenen Grieben sollten Sie in einer Kartoffelpresse ausdrücken, bis sie ganz trocken sind. Danach lassen sie sich für Bratkartoffeln oder Gebäck verwenden, beispielsweise für die aus Österreich-Ungarn stammenden Grammelpogatschen. Und – man höre und staune! – sogar Weihnachtsplätzchen kann man damit backen.

Schweineschmalz

Foto S. 139

Grundrezept

Schweineflomen würfelig schneiden oder durch die grobe Lochscheibe des Fleischwolfs drehen. Dann in einem großen Topf unter Umrühren bei geringer Hitze auslassen. Sobald die Grieben goldgelb sind, das Fett durch ein Haarsieb in Steinguttöpfe oder Gläser gießen, verschließen und kühl und dunkel aufbewahren. Im Kühlschrank oder Keller hält sich das Schmalz mehrere Monate.

Variationen
Nach Belieben können während des letzten Drittels der Auslaßzeit Zwiebelwürfel und Apfelstücke sowie Gewürze hinzugegeben werden. Gesalzen wird das Schmalz erst auf dem Brot. Da die Zusätze leicht schimmeln, verdirbt das Schmalz schneller und muß deshalb bald verbraucht werden.

Schweineschmalz mit Äpfeln und Zwiebeln

1 kg Schweineflomen, 400 g Zwiebeln, 400 g Äpfel, 1 TL gehackter Majoran, 1 TL gehackter Beifuß (Kräuter frisch oder getrocknet).

Schweineflomen durch die 8-mm-Scheibe drehen. Zwiebeln würfeln, geschälte Äpfel in kleine Stücke teilen. Schweineflomen in einem Topf langsam auslassen, sobald sich Grieben goldgelb färben, Zwiebelwürfel hinzugeben, goldbraun anrösten, danach Apfelstücke sowie Gewürze hinzufügen und bei geschlossenem Topf ca. 30–40 Minuten köcheln lassen. Alles in Steinguttöpfe abfüllen, fest werden lassen und kühl aufbewahren.

Hinweis
In Niedersachsen ißt man gern Harzer mit Griebenschmalz: Man streicht das Schweineschmalz mit Äpfeln und Zwiebel auf Graubrot und belegt es mit Harzer Käse.

Fettmischung

3 kg ausgelassenes Schweinefett, 2 kg Butterschmalz.

Die Fette zusammen schmelzen, in Steinguttöpfe gießen, fest werden lassen, zubinden und kühl aufbewahren.

Verwendung
Die Fettmischung eignet sich besonders gut als Ausbackfett für Schmalzgebäck, aber auch für Hefeteig, Gemüse sowie zum Braten von Fleisch.

Schweineschmalz mit Grieben und gehackten Nüssen

500 g Schweineflomen, 100 g gehackte Nüsse (Haselnüsse, Walnüsse) oder Mandeln.

Die Flomen durch die 10-mm-Lochscheibe drehen. Erhitzen und die Grieben leicht bräunlich werden lassen. Dann die Haselnüsse zugeben und ebenfalls leicht anrösten. Alles in Steinguttöpfe abfüllen, fest werden lassen und kühl aufbewahren.

Variationen
Mit getrockneten Kräutern, wie Majoran, Bohnenkraut oder Thymian, gibt man dem Schweineschmalz einen besonderen Geschmack.

Zwiebelschmalz

1 kg Schweineflomen, 40 g Öl, 500 g Zwiebeln.

Die Flomen durch eine 10-mm-Lochscheibe drehen und in einem Topf bei geringer Hitzezufuhr auslassen. In einer Pfanne das Öl erhitzen und die Zwiebelwürfel knusprig braun braten. Flomenfett durch ein Sieb abseihen und geröstete Zwiebeln darunter heben. In Steinguttöpfe abfüllen, fest werden lassen und an einem kühlen Ort aufbewahren. Erst vor der Verwendung salzen.

Speckschmalz

500 g fetter, geräucherter Speck, 500 g frischer Speck, 2 große Zwiebeln, 1 EL Majoran.

Speck fein würfelig schneiden und zusammen mit ebenfalls feinwürfelig geschnittener Zwiebel und Majoran in einem Topf bei geringer Hitzezufuhr auslassen. Alles in Steinguttöpfchen abfüllen und fest werden lassen.

Schmalzfleisch

500 g fettes Schweinefleisch (Bauchfleisch), 400 g Schweineflomen, 1 EL Salz, 1 EL Majoran, 1 Msp Macis, ½ TL grobgestoßener, weißer Pfeffer, 1 Msp gemahlener Koriander.

Fleisch und Flomen durch eine 10-mm-Lochscheibe drehen und in einem Topf bei geringer Hitzezufuhr auslassen. Gewürze hinzufügen, sobald das Fett geschmolzen und das Fleisch etwas angeröstet ist, in Steinguttöpfe abfüllen und fest werden lassen.

Frühstücksfleisch

Zum Einkochen

Einkochgläser.

Reste von durchwachsenem Fleisch wie Schweinenacken und Schweinebauch (mit Schwarten) lassen sich gut zu Frühstücksfleisch verarbeiten. Das Fleisch grob würfelig schneiden oder in dickere Scheiben schneiden, aufrollen, würzen, in Einkochgläser füllen und einkochen.

Einkochzeit: 90 Minuten bei 98 °C; *im Schnellkochtopf:* 25 Minuten.

Würzvorschläge

1. Mit Salz, gemahlenem, schwarzem Pfeffer bestreuen, mit abgespülten, grünen Pfefferkörnern vermischen.
2. Mit Senf bestreichen und Senfkörner zwischen die einzelnen Fleischlagen streuen.
3. Mit Tomatenketchup bestreichen.
4. Mit gemahlenem, schwarzem Pfeffer bestreuen, mit Worcestersauce beträufeln.
5. Mit Apfel-Zwetschgen-Chutney bestreichen.

Eingemachtes Schweinefleisch auf französische Art

Rillettes de porc

1 kg mageres Schweinefleisch bester Qualität (ohne Knochen und Schwarte) und 500 g Schweinefett (oder 1,5 kg Schweinebauch), 1 EL Salz, 1 TL gemahlener, weißer Pfeffer, je ½ TL Nelken-, Muskat- und Ingwerpulver, Schweineschmalz zum Abdecken.

Steinguttöpfchen oder Einkochgläschen.

Das Fleisch in kleine Würfel schneiden und in dem heißgemachten Fett 4–5 Stunden auf kleinster Kochstufe simmern (köcheln) lassen, dann Salz und Gewürze zugeben und eine weitere Stunde simmern lassen. (Falls Bauchfleisch verwendet wird, dieses in kleine Würfel schneiden, zunächst auslassen und dann ebenfalls simmern lassen.) Anschließend kräftig im Topf rühren, bis das Fleisch faserig zerfällt. Das Fleisch nun in kleine Steinguttöpfchen oder Einkochgläschen abfüllen, die Oberfläche nach dem Erkalten mit heißem Schmalz versiegeln. Töpfchen oder Gläser verschließen und kühl aufbewahren. Vor dem Verzehr die Fettschicht entfernen.

Variationen
Anstelle von Ingwer kann man auch Thymian, Rosmarin, Majoran oder Salbei (gerebelt oder gemahlen) zum Rillettes geben.
Auch mit zerdrücktem Knoblauch und mildem Paprikapulver kann es gewürzt werden.

Griebenplätzchen

200 g möglichst trockene Grieben,
150 g Zucker, 200 g Mehl,
1 Ei, 1 P Vanillinzucker,
1 Prise Salz,
je 1 TL Zimt und Nelkenpulver,
evtl. etwas Rum.

Die Grieben durch die 8-mm-Lochscheibe drehen und mit den übrigen Zutaten zu einem Mürbeteig verkneten. Diesen 30 Minuten in den Kühlschrank legen, dann auf bemehlter Arbeitsplatte messerrückendick ausrollen und Plätzchen ausstechen. Auf mit Backpapier belegtem Blech im vorgeheizten Backofen bei 200 °C/Gas Stufe 3 ca. 15 Minuten backen.

Griebengebäck
Grammel-Pogatschen

160 g feingehackte Grieben, 160 g Mehl,
15 g Hefe, 3 EL Milch, 2 EL saure Sahne, 1 Ei,
1 EL Weißwein, Salz, 1 Ei zum Bestreichen.

Grieben mit Mehl vermischen, Hefe in lauwarmer Milch gehen lassen. Mit allen anderen Zutaten zu einem Teig verarbeiten. Den Teig dreimal ausrollen und jedesmal auf 3 Teile zusammenschlagen. Danach 30 Minuten zugedeckt an einem warmen Ort gehen lassen. Abermals ausrollen, kleine runde Plätzchen ausstechen, auf ein ungefettetes Backblech legen und nochmals 30 Minuten gehen lassen. Mit dem Messerrücken kreuzweise an der oberen Seite etwas einkerben, mit verquirltem Ei bestreichen und bei ca. 200 °C/Gas Stufe 3 ca. 15 Minuten goldgelb backen.

Griebenknödel

500 g gekochte Kartoffeln, Salz, frisch
geriebene Muskatnuß, 200 g Speisestärke,
½ l Milch, 200 g Schweine- oder Gänsegrieben,
Salzwasser, geröstete Semmelbrösel.

Die Kartoffeln noch heiß durch die Presse drücken oder erkaltet in eine Schüssel reiben. Salz, Muskat und Speisestärke darunterkneten, mit der heißen Milch überbrühen und einen geschmeidigen Teig daraus kneten. Ca. 50 g schwere Stücke abnehmen, flachdrücken, in die Mitte jeweils 1 Teelöffel Grieben geben und Knödel formen. In leicht gesalzenem Wasser einmal aufkochen und dann langsam gar ziehen lassen (ca. 20 Minuten). Abgetropft, mit gerösteten Semmelbröseln bestreut, servieren.

Griebennudeln

500 g Mehl, 1 P Trockenhefe, 30 g Zucker, ¼ l Milch, 120 g möglichst trockene Grieben, 40 g Butter, ½ TL Salz, 2 Eier, Schweineschmalz.

Mehl zunächst warm stellen, in die Mitte eine Vertiefung drücken. Hefe, Zucker und 3–4 Eßlöffel Milch hineingeben und gehen lassen. Alles vermischen, und abermals gehen lassen. Grieben, Butter, Salz und Eier hinzufügen, gut vermischen, gehen lassen, bis der Teig etwa zur doppelten Menge aufgegangen ist. Mit der Hand kleine Kugeln formen. Eine Reine fingerdick mit Schweineschmalz (Griebenschmalz mit Zwiebeln) ausfetten, Kugeln hineinsetzen und im vorgeheizten Backofen bei 180 °C 35–40 Minuten backen.

Süße Griebentorte

250 g möglichst trockene Grieben, 250 g Mehl, 100 g Zucker, 1 Eigelb, 1 Ei, Saft und Schale von 1 unbehandelten Zitrone, je 1 Messerspitze Zimt- und Pimentpulver, 1 EL Rum, 1 knappe Tasse Johannisbeerkonfitüre.

Die Grieben sehr fein wiegen oder durch die 8-mm-Lochscheibe drehen, dann mit den übrigen Zutaten (außer der Konfitüre) auf der Arbeitsplatte zu einem glatten Teig verkneten. Gut durcharbeiten, dann 1 Stunde kühl ruhen lassen. ⅔ des Teigs in eine mit Backpapier ausgelegte Springform legen, am Rand etwas hochdrücken. Mit der Konfitüre bestreichen. Aus dem restlichen Teig dünne Rollen formen, wie ein Gitter über die Konfitüre legen. Ca. 1 Stunde bei 175–200 °C/Gas Stufe 2–3 backen.

Herzhafte Griebentorte

400 g Porree, 2 EL Öl, gemahlener, weißer Pfeffer, Salz, 250 g möglichst trockene Grieben, 250 g Mehl, 1 Ei, evtl. 2 EL Sahne, 100 g geriebener Allgäuer Emmentaler.

Den geputzten, gewaschenen Porree quer in 1 cm breite Streifen schneiden, in Öl andünsten, mit wenig Wasser, Pfeffer und Salz 10 Minuten garen, dann erkalten lassen. Die Grieben sehr fein hacken oder durch die 8-mm-Lochscheibe drehen. Die Grieben mit Mehl, Ei, 1 Teelöffel Salz und der Sahne gut verkneten, den Teig dann 1 Stunde kühl ruhen lassen. ⅔ des Teigs in eine mit Backpapier ausgelegte Springform legen, am Rand etwas hochdrücken. Mit dem Porree belegen, den Käse darüber streuen. Aus dem restlichen Teig dünne Rollen formen, wie ein Gitter über den Porree legen. Ca. 1 Stunde bei 175–200 °C/Gas Stufe 2–3 backen.

Schinken und Speck

Das wertvollste Stück vom Schwein ist der Schinken, hierunter versteht man sowohl das frische Fleisch der Schweinekeule als auch das, was man aus dem frischen Fleisch herstellt, nämlich rohen, gekochten oder geräucherten Schinken. Aber nicht jedes Stück, das Schinken genannt wird, ist auch vom Schinken, also von der Schweinekeule. Die Schweineschulter läßt sich zum sogenannten Vorderschinken verarbeiten, aus dem Schweinerücken kann man beispielsweise Lachsschinken herstellen. Für geräucherten Speck nimmt man z. B. mageren Schweinebauch oder Rückenspeck.

Schinken- und Speckspezialitäten

Gekochter Schinken
Ausgelöste Schinkenkeule vom Schwein wird mild gepökelt, kurz geräuchert, in Tücher gewickelt oder in eine Kochschinkenform gepreßt, und gegart, d. h. je nach Größe 2–3 Stunden geköchelt.

Gekochter Vorderschinken
Ausgelöste Schweineschulter wird mild gepökelt, kurz geräuchert, in Tücher gewickelt und gegart.

Kasseler Rippenspeer
Wird aus dem Schweinerücken hergestellt, nur mild gepökelt und leicht geräuchert, ggf. nach dem Räuchern noch gegart.

Katenschinken
Große Schinken älterer Schweine werden ca. 6 Wochen trocken- und ca. 1 Woche naßgepökelt. Nach 2–3 Tagen Abtropfzeit räuchert man sie 3–4 Wochen.

Knochenschinken
Die ganze Schweinekeule mit Speck, Schwarte und eingewachsenem Röhrenknochen (jedoch ohne Haxe) pökeln, lagern, trocknen und räuchern. Danach bis zu 3 Monate reifen lassen. Im Haushalt auf Grund der langen Reifezeit nur schwer realisierbar.

Rollschinken
Der Röhrenknochen und die Schwarte des Schweineschinkens müssen ganz entfernt werden. Durch das Auslösen des Knochens fehlt dem Fleisch der natürliche Halt. Man rollt das Fleisch zusammen, wickelt es in ein grobmaschiges Netz oder umwickelt es mit Küchengarn, danach folgen Pökeln und Räuchern.

Lachsschinken
Man verwendet nur das beste, innere Kernfleischstücke aus Kotelettsträngen junger, kräftiger Schweine. Das Fleisch muß gänzlich mager, sehnen- und hautfrei sein. Es wird mit einer dünnen Speckscheibe umwickelt, eingeschlagen in Naturdarm oder Folie, mild gepökelt und so lange geräuchert, bis eine intensive Rötung entsteht.

Nuß-, Maus- oder Blasenschinken
Magerer, milder Schinken aus der Nuß des Schweines. Fast ohne Fett, die Schwarte bis auf eine dünne Fettschicht wegschneiden. Pökeln, trocknen, in eine entsprechend große Schweineblase einfüllen und 2–3 Tage räuchern.

Dörrfleisch
Magerer Schweinespeck oder Bauchspeck ist durchwachsener Speck vom Schweinebauch oder Hüftrücken. Wird einige Tage gepökelt und dann kurz angeräuchert.

Fetter Speck
Rückenspeck vom Schwein wird gepökelt und geräuchert.

Rückenspeck
Ist fetter Speck von der Fettabdeckung des Kotelettstranges. Kann frisch, gesalzen oder geräuchert verwendet werden.

Schinkenspeck
Magere Schweinehüfte mit Schwarte wird gepökelt und geräuchert.

Frühstücksspeck (Bacon)
Englische Spezialität, magerer Bauchspeck wird gepökelt und leicht geräuchert. Bekannt durch »bacon und eggs«.

Geeignete Fleischstücke zur Schinkenherstellung

Folgende Fleischteile von Schlachttieren, Wild, Geflügel und Wildgeflügel eignen sich zur Schinkenherstellung.

Schlachtvieh

Schwein

Hinterkeule (Schweineschlegel): Im Ganzen, mit und ohne Knochen oder zerteilt in Oberschale, Unterschale, Schinkenspeckstück (Frikandeau), Nuß.

Geeignet für: Geräucherter, roher Schinken.

Schweineschulter: Im Ganzen, entbeint.

Geeignet für: Gekochter Schinken.

Kotelettstrang: Im Ganzen, ausgelöst.

Geeignet für: Mild geräucherter Lachsschinken.

Rind

Hinterkeule: Zerteilt in Hüfte, Oberschale, Unterschale, Kugel.

Geeignet für: Geräucherter oder luftgetrockneter Schinken.

Lamm/Hammel/Schaf

Hinterkeule: Im Ganzen, mit und ohne Knochen.

Geeignet für: Geräucherter, roher Schinken.

Ziege

Hinterkeule: Im Ganzen, mit und ohne Knochen, *ohne jedes* Fett.

Geeignet für: Geräucherter, roher Schinken.

Wild

Kaninchen und Hase

Eignen sich auf Grund des geringen Fleischanteils der Hinterkeule und der Brust nicht zur Schinkenherstellung, da das Fleisch durch das Räuchern zu zäh wird. Andererseits ergeben die beiden ausgelösten Rückenteile (Hasenfilets) eine ganz vorzüglich schmeckende »Schinken«-Delikatesse.

Hirsch/Reh

Hinterkeule: Im Ganzen, mit und ohne Knochen.

Geeignet für: Geräucherter, roher Schinken.

Wildschwein

In allen Teilen verwendbar wie Schwein.

Gams

Verwendbar wie Reh. (Es gibt allerdings Kenner, die der Meinung sind, daß weder Dauerwurst noch Schinken von der Gams besonders schmackhaft sind).

Geflügel und Wildgeflügel

Pute, Gans, Huhn, Ente

Ausgelöstes Brustfleisch und Schlegel.

Geeignet für: Geräucherter, roher »Schinken«.

Alles übrige Geflügel bzw. Wildgeflügel eignet sich auf Grund des geringen Fleischanteils bei Hinterkeule und Brust nur bedingt zur Schinkenherstellung. Das Fleisch wird durch den Räuchervorgang zäh.

Geräucherte Schweinebacke
Wird mild gesalzen und kurz geräuchert. Ist eine norddeutsche Spezialität.

Paprikaspeck
Entschwarteter Rückenspeck wird mit Salz sowie Rosenpaprikapulver gewürzt.

Aufbewahrung von geräucherten, rohen Schinken

Der beste Aufbewahrungsort für geräucherte, rohe Schinken ist die Speisekammer. Wer einen kühlen, nicht zu trockenen Keller (Temperatur 10 °C) besitzt, kann auch dort die Schinken aufbewahren. Lassen Sie die Fenster geöffnet und hängen Sie Fliegengitter davor. Achten Sie darauf, daß stets ein wenig Luftbewegung im Kellerraum herrscht.
Schinken sollten nur hängend aufbewahrt werden, damit rundherum Luft an sie herankommen kann; denn wenn das Fleisch irgendwo aufliegt, wird es schimmelig. Der gleiche Effekt entsteht auch, wenn die Temperaturen im Keller zu hoch sind.
Ein äußerliches Grauwerden der Schinken (durch Salzaustritt) kann gelegentlich vorkommen. In beiden Fällen muß das Fleisch z. B. mit einer Wurzelbürste etwas feucht abgerieben und abgetrocknet werden.
Man kann die Schinken locker in Leinentücher hüllen, um sie gegen Fliegen zu schützen, besser ist es jedoch, ein Fliegengitter vor die Fenster oder die Kellertür zu hängen.
Wer nicht über einen Kellerraum verfügt, muß einen anderen geeigneten Aufbewahrungsort finden. Vielleicht läßt sich ein ehemaliges Kinderzimmer umfunktionieren, ein Garagenraum, der nicht mehr für die Unterbringung eines Autos benutzt wird, oder aber Sie können einen Geräteschuppen, ein Gartenhäuschen oder ähnliches als Aufbewahrungsort neu einrichten. Wichtig ist jedoch, daß der Raum kühl, trocken und luftig ist und mit sorgfältig angebrachtem Fliegengitter ausreichenden Schutz vor Insekten usw. bietet.

Herstellung von gekochten Schinken

Im Vergleich zu geräucherten, rohen Schinken ist die Herstellung von gekochten Schinken einfacher.
Zunächst verläuft die Zubereitung in der beschriebenen Weise: Die entsprechend zurechtgeschnittenen Fleischstücke werden vorgesalzen, gepökelt, in eine Lake gelegt und gewässert oder gespritzt, wie im Kapitel »Pökeln« (s. S. 35 ff.) beschrieben. Die Pökelzeit, Salzschärfe und die Dauer des Wässerns richten sich nach der Schinkenart.
Die zum Kochen bestimmten Fleischstücke werden nun entweder mit Küchengarn umwickelt oder in ein Küchenhandtuch fest eingeschlagen oder in eine Kochschinkenform gepreßt und in einen entsprechend großen Kochtopf in heißes Wasser gelegt. Das Wasser sollte heiß sein, damit sich die Poren des Schinkens möglichst rasch schließen. Je nach Fleischgröße – pro kg Fleisch ca. 1½ Stunden – simmern lassen.

Hinweis
Man kann den Schinken nach dem Pökeln und Wässern noch ½ Tag zum Abtropfen aufhängen und vor dem Kochen ca. 1 Stunde räuchern. Der Schinken erhält dann eine hellbraune Schicht.

Aufbewahrung von gekochten Schinken

Die Aufbewahrung von gekochtem Schinken ist etwas problematisch: Gekocht hält er sich im Kühlschrank ca. 1 Woche. Tiefgekühlt, wieder aufgetaut und abermals gekocht, verliert er sehr an Geschmack. Man kann längere Aufbewahrungsfristen erzielen, wenn man den Schinken nach dem Wässern und Abtrocknen nicht sogleich kocht, sondern entweder im Kühlschrank oder Tiefgefriergerät aufbewahrt und stückweise nach Bedarf herausnimmt und kocht. Diese Methode macht eine gute Vorratshaltung möglich. Wenn man nicht allzu überraschend angekündigten Besuch erwartet, kann man den Schinken auftauen (mit einem Mikrowellengerät verkürzt sich die Auftauzeit erheblich!), ca. 2 Stunden simmern lassen und danach seinen Gästen ein leckeres Gericht servieren. Gekochten Schinken kann man auch in Gläsern oder Dosen einkochen (s. S. 28).

Bayerisches Surfleisch

5 kg Schweinefleisch (ohne Knochen),
250 g Kochsalz, 25 g Rohrzucker,
kleingeschnittene Knoblauchzehen,
4 EL zerdrückte Wacholderbeeren,
1 kg geschälte, halbierte Schalotten.

Schweinefleisch in 500–1000 g große Stücke schneiden. Von allen Seiten mit einem Teil der Mischung aus Kochsalz, Zucker und Knoblauch einreiben. Den Boden des Pökelgefäßes ebenfalls mit Kochsalz, Wacholderbeeren und Schalotten auslegen, Schweinefleisch einschichten und zwischen jede Lage und obenauf jeweils Kochsalz, Wacholderbeeren und Schalotten schichten. Fleisch fest einschichten, mit einem Brett beschweren und zugedeckt in einem Pökelraum (6–8 °C) 8–10 Tage pökeln lassen. Nach 4–5 Tagen prüfen, ob sich so viel Saft gebildet hat, daß das Fleisch bedeckt ist. Ggf. mit Lake (s. S. 39 f.) aufgießen. Danach aus der »Sur« (Lake) nehmen und ohne weitere Vorbereitungen wie Schweinebraten zubereiten.

Hinweise
Das »Surfleisch« benötigt eine kürzere Bratzeit als »normaler« Schweinebraten.
»Surfleisch« sollte nicht länger als 6 Wochen in der »Sur« bzw. Lake liegen. Andernfalls nimmt das Fleisch zuviel Salzschärfe auf. Man kann das Fleisch aber auch vor dem Braten unter fließend kaltem Wasser waschen oder für mehrere Stunden wässern, der Salzgehalt läßt sich so vermindern.

Pökelfleisch auf Friesenart

5 kg Schweinefleisch (ohne Knochen,
von der Schulter oder Keule),
250 g Pökelsalz, 25 g Rohrzucker,
150 g Schalotten,
2 Lorbeerblätter, 4 Nelken,
4 Wacholderbeeren.

Schweinefleisch in 500–1000 g große Stücke schneiden. Von allen Seiten mit einer Mischung aus Pökelsalz und Rohrzucker gut einreiben. Den Boden des Pökelgefäßes ebenfalls mit der Pökelsalzmischung bestreuen, Schweinefleisch einschichten, mit einem Brett beschweren und zugedeckt in einem Pökelraum (6–8 °C) 8–10 Tage pökeln lassen. Nach 4–5 Tagen prüfen, ob sich so viel Saft gebildet hat, daß das Fleisch bedeckt ist. Ggf. mit Lake

(s. S. 39 f.) aufgießen. Danach aus der Pökel (Lake) nehmen, unter fließend kaltem Wasser abwaschen und in einem Sud aus reichlich Wasser, geschälten, halbierten Schalotten und Gewürzen ca. 3 Stunden simmern (köcheln) lassen. In Scheiben schneiden und servieren.
Dazu passen: frisch geriebener Meerrettich, Senf und Salzkartoffeln.

Gepökeltes Schweinefleisch in der Folie

Kunscht-Häwwel-Flääsch

Zu diesem Gericht, das aus Ilbesheim/Pfalz stammt, serviert man Sauerkraut und »Gequellte« (Pellkartoffeln). Es heißt »Kunscht-Häwwel-Flääsch«, weil es im Gegensatz zur sonst üblichen Gepflogenheit nicht in einem irdenen Topf gegart wird.

1 kg Schweinekamm, gepökelt,
1 Knoblauchzehe,
schwarzer Pfeffer,
Koriander,
Majoran,
Nelken,
Piment,
Muskatnuß (alle Gewürze fein gestoßen oder gemahlen),
300 g Zwiebeln, 1 Lorbeerblatt,
0,3 l herber Weißwein (Riesling).

Das Fleisch mit zerquetschtem Knoblauch und der Gewürzmischung einreiben. Die geschälten Zwiebeln in Ringe schneiden und mit dem Lorbeerblatt zum Fleisch in einen großen Folienschlauch geben, dazu den Weißwein. Den Schlauch nach Vorschrift verschließen und das Fleisch darin 2 Stunden bei 220 °C/Gas Stufe 3 im Backofen schmoren.

Gepökelte Koteletts

5 kg Schweinekoteletts,
250 g Pökelsalz,
25 g Rohrzucker.
6grädige Lake:
pro l Wasser 48 g Pökelsalz.

Schweinekoteletts in Scheiben hacken und vom Rückenmark befreien. Jedes Kotelett mit einer Mischung aus Pökelsalz und Rohrzucker gut einreiben. Den Boden des Pökelgefäßes mit Salzmischung bedecken, das Fleisch hineinschichten, zwischen jede Lage und zum Abschluß ebenfalls etwas von der Salzmischung streuen, mit einem Brett beschweren und zugedeckt in einem Pökelraum (6–8 °C) ca. 20 Stunden pökeln lassen. Danach den ausgetretenen Fleischsaft abgießen und durch ein Sieb abseihen.
In der Zwischenzeit das Wasser für die Lake zusammen mit dem Pökelsalz erhitzen, kurz vor dem Siedepunkt in ein Gefäß zum Abkühlen abgießen. Lake um die gleiche Menge des ggf. hinzugefügten Fleischsaftes reduzieren. Die Lake etwa fingerbreit über das Fleisch gießen und 12–14 Tage (je nach Dicke der Stücke) pökeln lassen. Alle 2–3 Tage das Fleisch wenden und kontrollieren, ob die Lake in Ordnung ist. Ggf. Schaum abschöpfen oder Lake erneuern. Nach dem Pökeln Koteletts wie gewohnt braten oder tiefgefrieren.

Variation
Man kann sie auch 1–2 Stunden in klarem Wasser wässern, dabei das Wasser 2–3mal erneuern. Die Koteletts trockentupfen, durch jede Scheibe Küchengarn ziehen und mit einer Schlaufe versehen. 4–6 Stunden zum Trocknen aufhängen, danach je nach Bedarf 2–4 Tage kalträuchern.

Gepökelte Schweinezunge

1 Schweinezunge (ca. 400 g), 20 g Pökelsalz, 3 g Zucker.
4grädige Lake: *pro l Wasser 32 g Pökelsalz.*

Schweinezunge zunächst 10 Minuten in 50 °C warmes Wasser legen, danach rund 45 Minuten abkühlen lassen. Mit der Mischung aus Pökelsalz und Zucker gut einreiben, in ein Pökelgefäß legen und ca. 20 Stunden in einem Pökelraum (6–8 °C) pökeln lassen. Danach den ausgetretenen Fleischsaft abgießen.
In der Zwischenzeit das Wasser für die Lake zusammen mit dem Pökelsalz erhitzen, kurz vor dem Siedepunkt in ein Gefäß zum Abkühlen gießen. Die Lake etwa fingerbreit über das Fleisch gießen und ca. 6 Tage darin pökeln lassen. Nach 3 Tagen die Zunge wenden. Ggf. Schaum abschöpfen oder Lake erneuern. Nach dem Pökeln die Zunge 1–2 Stunden wässern, danach kochen.

Hinweis
Auch Kalbs- oder Rinderzunge kann man auf diese Weise zubereiten.

Gepökelter Schweinespeck

1 kg Schweinespeck (vom Rücken), 50 g Salz.

Schweinespeck in passende Stücke schneiden, jedes Stück von allen Seiten gleichmäßig mit Salz einreiben, in ein Pökelgefäß schichten und in einem Pökelraum (6–8 °C) ca. 6 Tage darin belassen. Täglich die Speckstücke wenden und mit wenig Salz nachsalzen. Danach 6–10 Tage kalträuchern. Soll der Speck roh sein, 8–10 Tage trockenpökeln und danach nur 3 Tage kalträuchern.

Paprikaspeck

1 kg Rückenspeck,
80–100 g Salz,
2–3 EL edelsüßes Paprikapulver.

Rückenspeck bei ca. 4 °C 3–5 Tage im Kühlschrank aufbewahren. Danach mit der Hälfte des Salzes gut einreiben und 1 weitere Woche im Kühlschrank belassen. Nun mit dem restlichen Salz einreiben und nochmals 5–7 Tage kühl liegen lassen. Den Speck mit leicht angewärmtem Wasser abspülen, ca. ½ Stunde kalt wässern, am oberen Ende Küchengarn durchziehen und eine Schlaufe binden, den Speck daran aufhängen und so lange an einem luftigen Ort aufbewahren, bis er trocken ist. Danach in längliche Stücke schneiden. Nun Paprikapulver mit wenig heißem Wasser verrühren, die Speckstücke von allen Seiten damit einpinseln und je nach Wunsch 1–2 Tage kalträuchern.

Hinweise
Anstelle von Paprikapulver kann man den Speck auch mit Currypulver oder mit etwas grobgestoßenem Pfeffer würzen.
Falls beim Wässern das Salz zu stark ausgewaschen wurde, sollte nachgesalzen werden.

Links: *Abziehen eines Hasen, S. 152*
Rechts: *Auslösen einer Rehkeule, S. 151*

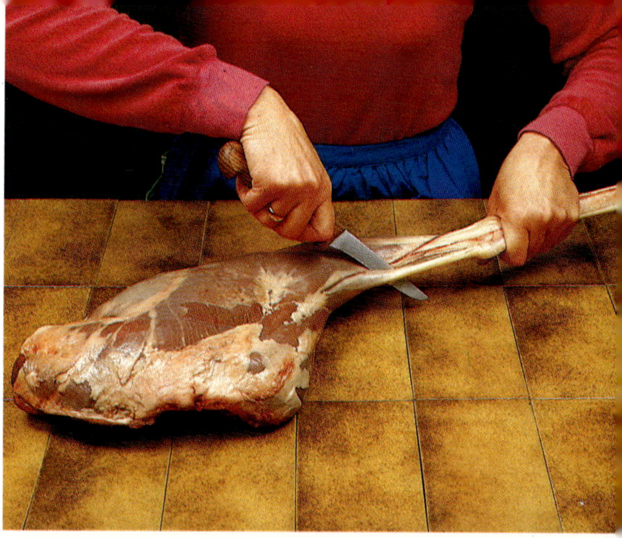

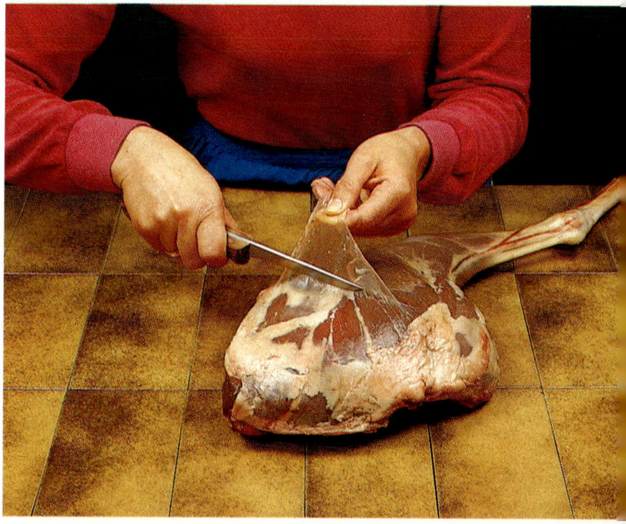

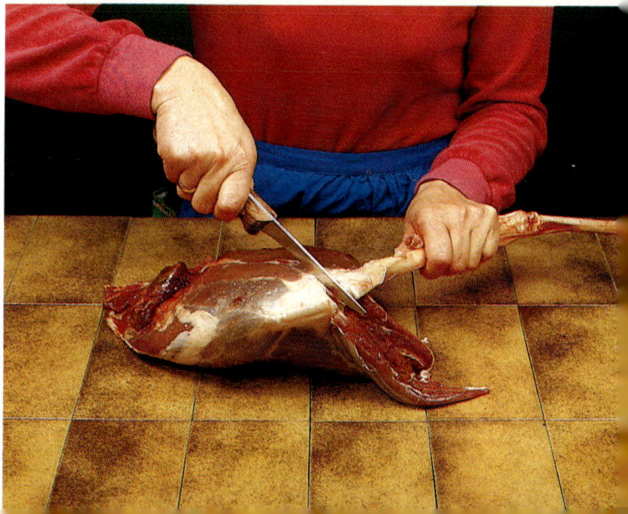

Frühstücksspeck auf dänische Art

3 kg durchwachsener Bauchspeck vom Schwein,
150 g Pökelsalz,
15 g Rohrzucker.
10grädige Lake:
pro l Wasser 80 g Pökelsalz.

Den Bauchspeck mit einer Mischung aus Pökelsalz und Rohrzucker von allen Seiten gut einreiben. Den Boden des Pökelgefäßes mit Salzmischung bedecken. Bauchspeck hineinschichten und zum Abschluß etwas von der Salzmischung darüberstreuen.
Das Wasser zusammen mit dem Pökelsalz für die Lake erhitzen und kurz vor dem Siedepunkt in ein Gefäß zum Abkühlen gießen. Die Lake fingerbreit über das Fleisch gießen und 3–4 Tage darin belassen. Herausnehmen, trockentupfen und das Fleisch mit einer Schlaufe versehen. Für 3–4 Stunden zum Trocknen aufhängen, danach zweimal 5–6 Stunden kalträuchern. In einen entsprechend großen Topf geben und bei 80 °C ca. 1 Stunde simmern lassen. Zum Abkühlen 12 Stunden zwischen zwei Brettern pressen und zum Verzehr dünn aufschneiden.

Englischer Rauchspeck

5 kg Schweinefleisch von jungen Tieren (Bauchlappen, Seitenstücke, ohne Knochen),
250 g Pökelsalz, 25 g Zucker.
6grädige Lake:
pro l Wasser 48 g Pökelsalz.
Gewürze im Leinensäckchen:
2 zerdrückte Knoblauchzehen,
1 TL zerdrückte Wacholderbeeren.

Fleisch in 250–300 g große Stücke schneiden, mit einer Mischung aus Pökelsalz und Zucker von allen Seiten gut einreiben. Den Boden des Pökelgefäßes mit Salzmischung bestreuen, das Fleisch hineinschichten, zwischen jede Lage und zum Abschluß ebenfalls etwas von der Salzmischung darüberstreuen. Das Fleisch mit einem Brett beschweren und zugedeckt in einem Pökelraum (6–8 °C) ca. 20 Stunden pökeln lassen. Danach den ausgetretenen Fleischsaft abgießen und durch ein Sieb abseihen.
In der Zwischenzeit das Wasser für die Lake zusammen mit dem Pökelsalz erhitzen, dabei die im Leinensäckchen gebundenen Gewürze hinzufügen. Kurz vor dem Siedepunkt in ein Gefäß zum Abkühlen gießen. Lake um die gleiche Menge des ggf. hinzugefügten Fleischsaftes reduzieren. Die Lake etwa fingerbreit über das Fleisch gießen und 10–12 Tage pökeln lassen. Danach in warmem Wasser mehrere Stunden gründlich wässern, kalt nachspülen und durch leichtes Klopfen zu flachen Stücken formen. An einer Seite Küchengarn durchziehen und mit einer Schlaufe versehen. 4–5 Tage zum Trocknen aufhängen, danach 4–6 Tage kalträuchern.

Julschinken

2 kg ausgelöster Schweineschinken,
100 g Pökelsalz, 10 g Rohrzucker,
2 TL grobgestoßener, schwarzer Pfeffer,
1 EL gerebelter Thymian.
8grädige Lake: *pro l Wasser 64 g Pökelsalz.*
Gewürze im Leinensäckchen:
2 Lorbeerblätter,
1 zerdrückte Knoblauchzehe.
2 EL Senf, 1 TL Zucker, 1 Eigelb,
3–4 EL Semmelbrösel.

Den Schweineschinken mit einer Mischung aus Pökelsalz, Rohrzucker, Pfeffer und Thymian von allen Seiten gut einreiben. Den Boden des Pökelgefäßes mit Salzmischung bedecken, Schweinefleisch hineinschichten und zum Abschluß ebenfalls etwas von der Salzmischung darüberstreuen. Mit einem Brett beschweren und zugedeckt in einem Pökelraum (6–8 °C) ca. 20 Stunden pökeln lassen. Danach den ausgetretenen Fleischsaft abgießen und durch ein Sieb abseihen.
In der Zwischenzeit das Wasser für die Lake zusammen mit dem Pökelsalz erhitzen, dabei die im Leinensäckchen gebundenen Gewürze hinzufügen. Kurz vor dem Siedepunkt in ein Gefäß zum Abkühlen gießen. Lake um die gleiche Menge des ggf. hinzugefügten Fleischsaftes reduzieren. Die Lake fingerbreit über das Fleisch gießen, ca. 18 Tage pökeln lassen. Alle 2–3 Tage das Fleisch wenden und kontrollieren, ob die Lake in Ordnung ist. Ggf. Schaum abschöpfen oder Lake erneuern. Anschließend 12 Stunden wässern, dabei das Wasser 2–3mal erneuern. Das Fleisch mit Küchengarn paketähnlich verschnüren und mit einer Schlaufe versehen. Ca. 8 Stunden zum Trocknen aufhängen, danach 3–4 Stunden kalträuchern. In einen Topf mit kaltem Wasser aufsetzen und langsam gar ziehen lassen. (Dauert je nach Schinkengröße bis zu 5 Stunden.) Wenn die Fleischtemperatur im Innern 77 °C erreicht hat, den Schinken herausnehmen und die Schwarte abschneiden. Diese Seite zunächst mit einer Mischung aus Senf, Zukker und Eigelb, danach mit Semmelbröseln bestreuen. Im vorgeheizten Backofen bei ca. 200 °C 20–30 Minuten hellbraun backen, dabei mit austretendem Fett übergießen. Nach dem Garen erkalten lassen und aufschneiden.
Dazu passen: Toast- oder Weißbrot sowie leicht gesüßter Senf.

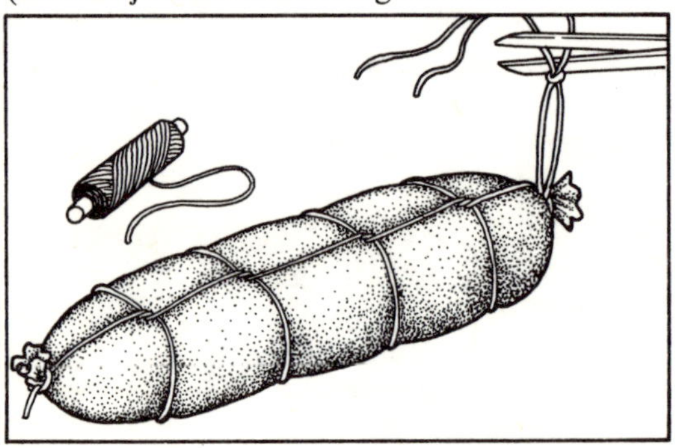

Weiterverwendung von geräucherten Schinken

Schinken im Sud: Einen nach Vorschrift geräucherten und gewaschenen Schinken über Nacht in kaltem Wasser wässern. Danach im Einweichwasser langsam zum Kochen bringen und ca. 4 Stunden simmern (köcheln) lassen. Noch warm aufschneiden. Man kann den Schinken aber auch kalt servieren (dann benötigt er lediglich eine Garzeit von ca. 3 Stunden) und zugedeckt im Sud erkalten lassen.

Schinken in Brotteig: Einen nach Vorschrift geräucherten und gewaschenen Schinken über Nacht in kaltem Wasser wässern, in Brotteig einhüllen und im Backofen ca. 3 Stunden backen.

Marinierter Schinken: Einen nach Vorschrift geräucherten und gewaschenen Schinken (ca. 3 kg) einige Stunden in kaltem Wasser wässern. Einen Sud aus Rotwein, Estragon, Salbei, Majoran, geriebener Zitronenschale oder Zitronenschalenpulver, Zwiebelringen, Mohrrübenwürfeln, Pfefferkörnern, Nelken und Lorbeerblättern herstellen, über den Schinken gießen, daß er bedeckt ist, und über Nacht marinieren lassen. Am nächsten Tag mit dem Sud und evtl. zusätzlicher Fleischbrühe zugedeckt 3–4 Stunden simmern (köcheln) lassen.

Würste

Kochwürste
Sie werden aus teilweise oder ganz vorgekochtem Muskelfleisch, Innereien, ggf. Blut, Speck und Schwarten hergestellt. Man läßt sie in Wurstbrühe gar ziehen. Zu diesen preiswerten Wurstsorten gehören z. B. Blut- und Leberwürste, Rotwürste, Sülzwürste. Zur besseren Haltbarkeit und Geschmacksverbesserung können Blut- und Leberwürste nach dem Brühen und Abtrocknen einige Tage lang kaltgeräuchert werden.

Brühwürste
Sie werden aus rohem Muskelfleisch, Speck und manchmal auch Innereien, oft unter Verwendung von Pökelsalz, ggf. Bindemitteln, hergestellt und müssen in heißem Wasser gar ziehen; dabei werden sie schnittfest. Zu den Brühwürsten gehören z. B. Fleischwurst, Bierschinken, Mortadella, Gelbwurst, Fleischkäse.

Rohwürste
Sie werden aus rohem Muskelfleisch und Speck ohne Bindemittel hergestellt und nach dem Trocknen (Reifen) auch roh verzehrt. Durch den Wasserverlust beim Trocknen, die Verwendung von besonders trockenem, magerem Fleisch und von Pökelsalz sind sie sehr haltbar (»Dauerwürste«). Zu den Rohwürsten gehören z. B. Salami, Cervelat- und Mettwurst, Landjäger, Grill- und Bratwürste (falls nicht gebrüht).

Kochwürste

Leberwurst

Wie bei allen Wurstsorten ist auf peinliche Sauberkeit und frisches Material zu achten.
Die Leberwurst enthält neben 20–30 Prozent Leber auch Magerfleisch und bis zu 50 Prozent Fett. Die Leber gibt der Wurst den typischen Geschmack und sollte deshalb sorgfältig und möglichst frisch verarbeitet werden. Die Gallengänge werden entfernt. Die Leber kann fein durchgedreht, roh oder ganz leicht abgebrüht verwendet werden. Sie darf aber nicht zu sehr gekocht werden, da sie dann an Bindefähigkeit verliert.
Das Magerfleisch (Knochenputz, Abfallschnitt-Stücke, Herz, Lunge) wird nur leicht gebrüht, damit die Bindung des Eiweißes erhalten bleibt.
Sehr wichtig ist, das Fett ohne Schwarten ebenfalls nur leicht zu brühen, damit die Struktur erhalten bleibt und das Fett sich in der fertigen Wurst nicht absetzt.
Die abgewogenen, gebrühten Zutaten werden durchgedreht und gewürzt. Soll die Leberwurst rosa aussehen, muß Nitritsalz verwendet werden. Die Zwiebeln sollen gedünstet und durchgedreht (6–8 mm Lochscheibe) verwendet werden. An Gewürzen bieten sich Majoran, Pfeffer, Thymian, Zimt, Nelken, Muskat, Macis, Kardamom und Ingwer an. Anschließend wird Kesselbrühe zugegeben, bis eine gut breiige Masse entsteht.
Abgefüllt wird Leberwurst in Naturdärme, Cellophandärme, Dosen oder Gläser.
Gekocht wird die Leberwurst bei 75–80 °C, keinesfalls höher. Die Kochzeit beträgt bei

Wurst im Darm ca. 40 Minuten, bei Dosen oder Gläsern ist sie länger, weil die Kerntemperatur mindestens 70 °C erreichen sollte. Je nach Größe muß man mit 90–120 Minuten rechnen.
Sehr wichtig ist die Abkühlung der Leberwurst. Sie wird dafür in warmes Wasser gelegt und kaltes Wasser langsam nach und nach zugefügt, bis sie erkaltet ist. Dabei soll sie bewegt werden, damit sich das Fett nicht absetzt. Die Leberwurst in Därmen kann auch goldgelb geräuchert werden (ca. 1 Tag).
Feine Streichleberwurst sollte kühl aufbewahrt, aber möglichst nicht eingefroren werden, da sie dabei grießlig wird. Zum Einfrieren eignet sich jedoch die einfache Leberwurst, die evtl. auch Schwartenbrei enthält und warm gegessen wird.

Hausmacher Leberwurst

2 kg Schweinefleisch (Bauchfleisch ohne Schwarte, Kopffleisch, Knochenfleisch),
1 kg Schweineleber, 500 g Zwiebeln,
100 g Bratfett, 60 g Salz,
1 TL gemahlener, schwarzer Pfeffer,
½ TL Muskatpulver,
1 EL Majoran oder 1 TL Ingwerpulver.

Einkochgläser oder Weißblechdosen.

Das Schweinefleisch in Stücke schneiden und in leicht gesalzenem Wasser halbweich kochen. Leber, in Scheiben, ebenfalls in das kochende Wasser geben und kurz überbrühen. Geschälte, grobgeschnittene Zwiebeln im Bratfett glasig dünsten. Nun alle 3 Zutaten durch die 5-mm-Lochscheibe drehen, mischen, mit Salz und den Gewürzen abschmekken. Die Masse in Gläser oder Dosen geben und 60 Minuten bei 80 °C simmern (köcheln) lassen. Danach in warmes Wasser (ca. 40 °C) geben, langsam kaltes Wasser nachfüllen und während des Abkühlvorganges die Dosen oder Gläser bewegen, damit sich das Fett gleichmäßig verteilt.

Verwendung
Entweder frisch zu Kraut und Kartoffeln oder als Brotaufstrich.

Grobe Hausmacher Leberwurst

600 g Schweineleber,
900 g Wamme (auch Backe),
400 g Schweinefleisch (Schulter),
300 g Schwartenbrei,
400 ml Kesselbrühe,
100 g gedünstete Zwiebeln, 70 g Salz,
½ TL gemahlener, schwarzer Pfeffer,
3 EL Majoran, 1 Msp Muskatpulver,
1 Msp Ingwerpulver.

Schweinedärme (28/30).

Die Leber von den Gallengängen befreien und ebenso wie Wamme und Schweinefleisch in große Würfel schneiden und durch die 8-mm-Lochscheibe drehen. Mit Schwartenbrei, Kesselbrühe und den Gewürzen gut vermischen, in Schweinedärme (28/30) füllen, in beliebiger Länge abbinden. Im Kessel bei 80 °C 50 Minuten simmern (köcheln) lassen. Danach in warmes Wasser (ca. 40 °C) geben, kaltes Wasser nachfüllen und während des Abkühlvorganges die Wurst bewegen, damit sich das Fett gleichmäßig verteilt.

Variation
Die Wurst kann auch in Dosen oder Gläser gefüllt werden, dann 2 Stunden in Wasser bei 80 °C simmern (köcheln) lassen.

Pfälzer Leberwurst

600 g Schweineleber, 900 g Schweinefleisch (Kopf), 1,5 kg Wamme (auch Bauchspeck oder Speck), 300 ml Kesselbrühe, 300 g gedünstete Zwiebeln, 70 g Salz, ½ TL gemahlener, schwarzer Pfeffer, 1 Msp Muskatpulver, 3 EL Majoran, 1 TL Thymian.

Schweinedärme (28/30).

Leber von den großen Gallengängen befreien, in Stücke schneiden und im Kessel brühen. Kopffleisch und Wamme ebenfalls brühen. Leber, Fleisch und Zwiebeln durch die 8-mm, dann durch die 5-mm-Lochscheibe drehen, salzen, würzen, Kesselbrühe hinzufügen und alles gut mischen. In Schweinedärme (28/30) füllen, in beliebiger Länge abbinden und im Kessel bei 80 °C ca. 50 Minuten simmern (köcheln) lassen. Danach in warmes Wasser (40 °C) geben, kaltes Wasser nachfüllen und während des Abkühlvorganges die Wurst bewegen, damit sich das Fett gleichmäßig verteilt.

Variation
Diese Wurst kann auch 24 Stunden leicht kaltgeräuchert werden.

Leberwurst zum Kochen

300 g Schweineleber, 1,4 kg Schweinefleisch (Wamme, Backe), 1 kg Speckwürfel, 200 g gedünstete Zwiebeln, 300 g Schwartenbrei (mittelfein) (s. S. 97 f.), 60 g Salz, 1 EL Majoran, ½ TL Thymian, je 1 Msp Macis und Ingwerpulver.

Schweinedärme (28/30).

Leber in größere Stücke schneiden, in der Kesselbrühe bei 80–90 °C so lange simmern (köcheln) lassen, bis beim Hineinstechen kein Blut mehr austritt. Ebenso Schweinefleisch in der Kesselbrühe kochen. Beides abkühlen lassen und durch die 8-mm-Lochscheibe, zusammen mit den Zwiebeln, drehen. Das so vorbereitete Fleisch und die Leber mit dem Schwartenbrei, Salz und den Gewürzen gut vermischen. In Schweinedärme füllen, jeweils nach etwa 10 cm doppelt abbinden und in der Kesselbrühe bei 80 °C 40 Minuten simmern (köcheln) lassen. Abkühlen wie Hausmacher Leberwurst.

Verwendung
Zum Verzehr im Sauerkraut erwärmen.

Hausmacher Leberwurst auf schlesische Art

3 kg Schweinebauch, 2 große, gedünstete Zwiebeln, 750–900 g Schweineleber, Salz, 3 EL Majoran, 1 TL gemahlener, schwarzer Pfeffer, 3 TL Nelkenpulver.

Einkochgläser.

Schweinebauch gut weichkochen und die Schwarte wegschneiden. Das Fleisch in 3–4 cm große Würfel schneiden. Zusammen mit den Zwiebeln zweimal durch die 6–8-mm-Lochscheibe drehen. Rohe Schweineleber ebenfalls zweimal durch die 6-mm-Lochscheibe drehen. Fleisch, Leber und Gewürze gut vermischen, sofort in Gläser füllen und einkochen.
Einkochzeit: 120 Minuten + 60 Minuten bei 98 °C; *im Schnellkochtopf:* 25 Minuten.

Sardellen-Leberwurst

750 g rohe Schweineleber, 500 g gekochtes Kalbfleisch, 1 kg gekochtes, fettes Schweinefleisch, 250 g entgrätete Sardellen, 500 g frischer Speck, 66 g Salz, frisch gemahlener, weißer Pfeffer und Majoran nach Geschmack.

Därme oder Einkochgläser.

Leber, Kalbfleisch, Schweinefleisch und Sardellen durch die 5-mm-Lochscheibe drehen, den Speck in feine Würfel schneiden. Alles gut vermengen und abschmecken. In Därme füllen und in 20 cm Abstand abbinden, dann wie andere Leberwürste kochen (s. S. 91 f.) oder in Gläser füllen und einkochen.
Einkochzeit: 120 Minuten + 60 Minuten bei 98 °C; *im Schnellkochtopf:* 25 Minuten.

Gutsleberwurst

1 kg Schweineleber, 2 kg gebrühtes Schweinefleisch (600 g Kamm, 1,4 kg Wamme), 100 g Zwiebeln, 1 EL Öl, 60 g Salz oder Pökelsalz (falls die Gutsleberwurst rosa sein soll), ½ TL gemahlener, weißer Pfeffer, 3 EL Majoran, 1 Msp gemahlener Zimt, 1 Msp gemahlene Nelken.

Einkochgläser oder Weißblechdosen.

Leber von den großen Gallengängen befreien, durch die 5-mm-Lochscheibe drehen, das gebrühte Fleisch, zusammen mit den in Öl gedünsteten Zwiebeln, zunächst durch die 8-mm-, dann durch die 5-mm-Lochscheibe drehen. Mit Salz und Gewürzen gut mischen, in Gläser oder Dosen füllen und 2 Stunden bei 80–90 °C im Wasser simmern (köcheln) lassen. Danach in warmes Wasser (ca. 40 °C) geben, kaltes Wasser nachfüllen und während des Abkühlvorganges die Dosen bewegen, damit sich das Fett gleichmäßig verteilt.

Variation
Die zubreitete und abgeschmeckte Fleischmischung in Schweinedärme (28/30) füllen, ca. 1 Stunde bei 80 °C im Metzelsuppenkessel simmern (köcheln) lassen, danach abkühlen, wie oben beschrieben.

Rote Leberwurst

2 kg Schweinefleisch (½Wamme, ½ Fett), 400 g gekochtes Schweinefleisch, (kann Abfallfleisch sein), 600 g rohe Schweineleber, 100 g gedünstete Zwiebeln, 60 g Pökelsalz, 1 TL Zucker, ½ TL gemahlener, schwarzer Pfeffer, ½ TL Ingwerpulver, 1 Msp Muskatpulver, ½ TL Thymian.

Cellophanhüllen (8 cm Durchmesser und ca. 20 cm Länge).

Fleisch und Leber zunächst durch eine 8-mm-Lochscheibe, dann zusammen mit den gedünsteten Zwiebeln durch die 5-mm-Lochscheibe drehen. Mit Pökelsalz, Zucker und Gewürzen abschmecken. Die Masse in Cellophanhüllen abfüllen, verschließen und bei 80 °C ca. 40 Minuten simmern (köcheln) lassen. Danach in warmes Wasser (ca. 40 °C) geben, kaltes Wasser nachfüllen und während des Abkühlvorganges die Wurst bewegen.

Variation
Die gleiche Fleischmasse in Schweinedärme (26/28) füllen, simmern (köcheln) und abkühlen lassen, danach 24 Stunden kalträuchern.

Blutwurst

Die hausgemachte Blutwurst gilt wie die Leberwurst als Spezialität.
Das Blut wird beim Schlachtvorgang in einem sehr sauberen Gefäß aufgefangen und mit dem Schneebesen, unter Hinzufügen von Eiswürfeln oder Schnee, kalt gerührt. Dabei bleibt das Fibrin (ein Bestandteil des Blutes) am Schneebesen hängen. Bei der Verarbeitung des Blutes gilt der Grundsatz der Sauberkeit ganz besonders, da das Blut ein guter Nährboden für Bakterien ist. Es sollte daher unmittelbar am Schlachttag verarbeitet werden.
Das Fleisch für die Blutwurst besteht aus Schweinebauch, -backe, -herz oder Putzstükken. Es wird in die kochende Kesselbrühe gegeben und 5–10 Minuten bei 70–80 °C gebrüht. Leber verfeinert den Blutwurstgeschmack.
Die Blutwurst bekommt ihre schnittfeste Konsistenz durch den Schwartenbrei. Dieser wird folgendermaßen gewonnen: Die Schwarten werden gebrüht, in Streifen geschnitten und erst durch die gröbere, 8-mm-, dann zweimal durch die feinere 5-mm-Lochscheibe gedreht. Es wird dabei die heiße Kesselbrühe (s. S. 21) zugegeben, so daß alles in angekühltem Zustand eine gut breiige Konsistenz aufweist.
Die Würzung der Blutwurst ist sehr entscheidend für den Geschmack. Soll sie ein rotes Aussehen haben, kann Nitritsalz verwendet werden. Aber eigentlich ist das schwarze Aussehen für die hausgemachte Blutwurst typisch.
Die Zwiebeln werden, wie bei der Leberwurst, gedünstet und durchgedreht (6–8-mm-Lochscheibe) verwendet. Typische Gewürze sind Majoran, Thymian, Pfeffer, Nelkenpulver, Zimt und Piment.
Abgefüllt wird in Naturdärme, Dosen oder Gläser. Zum Brühen legt man die Blutwürste kurz in die kochende Kesselbrühe ein und bewegt sie dabei, damit sich die Speckwürfel nicht auf einer Seite absetzen. Die Temperatur wird sogleich auf 75–85 °C gesenkt. Die Wurst im Darm braucht ca. 40 Minuten, um eine Kerntemperatur von 75 °C zu erreichen, Wurst in Dosen oder Gläsern braucht je nach Größe mindestens 90–120 Minuten. Die Gläser und Dosen sollte man in den Einkochtopf schichten, diesen mit warmem Wasser auffüllen, aufkochen und bei 75–80 °C 90–120 Minuten simmern (köcheln) lassen.
Abgekühlt wird, wie bei der Leberwurst, in warmem Wasser, dem nach und nach kaltes Wasser zugegeben wird. Die Wurst wird dabei wieder bewegt. Sie kann dann auch 1 Tag kaltgeräuchert werden.

Herstellung von Speckwürfelchen

1 große Speckseite in der Kesselbrühe bei 80–90 °C 20–30 Minuten simmern (köcheln) und abkühlen lassen. Dann mit einem großen Messer senkrecht längs und quer, danach waagerecht schneiden. Die so entstandenen Würfelchen sollten höchstens 1 cm Seitenlänge aufweisen; dadurch lassen sie sich besser bei der Wurstherstellung verarbeiten.

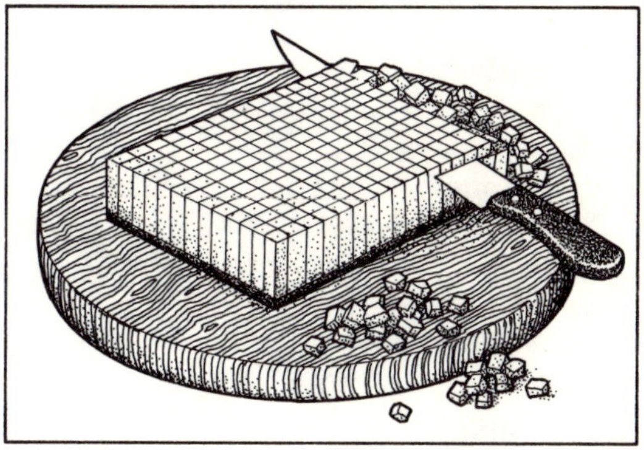

Thüringer Blutwurst

*1,5 kg Speckwürfel, 500 g Schweinefleisch (Schulter, Bauch), 800 g Herz,
300 g Schwartenbrei, 65 g Pökelsalz,
½ TL gemahlener, schwarzer Pfeffer,
3 EL Majoran, je 1 Msp gemahlene Nelken,
Pimentpulver, Zimt, 150 ml Blut.*

Weißblechdosen.

Das Fleisch in der Kesselbrühe in ca. 30 Minuten fast weich kochen, etwas abkühlen lassen, in ca. 2 cm große Würfel schneiden, mit Speckwürfeln und Schwartenbrei mischen, Salz, Gewürze und Blut hinzufügen und alles gut vermengen. In Dosen füllen und bei 80 °C 2 Stunden simmern (köcheln) lassen. Danach in warmes Wasser (ca. 40 °C) geben, kaltes Wasser nachfüllen und während des Abkühlvorganges die Dosen bewegen, damit sich das Fett gleichmäßig verteilt.

Variation
Die Wurst in Schweinedärme füllen, danach in der Kesselbrühe bei 80 °C 40 Minuten simmern (köcheln) lassen. Abkühlen, wie oben beschrieben.

Thüringer Rotwurst

Foto S. 139

*2 kg Schweinefleisch
(Schulter, Wamme und Herz),
60 g Schweineleber,
900 g Schwartenbrei, 65 g Salz,
½ TL gemahlener, weißer Pfeffer,
1 EL Majoran, ½ TL Thymian,
je 1 Msp Muskatpulver,
Nelkenpulver, Zimt,
150 ml Blut.*

Weißblechdosen.

Das Fleisch in die kochende Kesselbrühe geben und fast weich kochen, dann in ca. 2 cm große Würfel schneiden. Die Leber mit Zwiebeln und Schwartenbrei durch die 5-mm-Lochscheibe drehen. Mit Salz, Gewürzen und Blut gut vermischen, in Dosen füllen und 2 Stunden bei 80 °C simmern (köcheln) lassen. Danach in warmes Wasser (ca. 40 °C) geben, kaltes Wasser nachfüllen und während des Abkühlvorganges die Dosen bewegen, damit sich das Fett gleichmäßig verteilt.

Variation
Die Wurst kann man auch in Därme oder einen Schweinemagen füllen, in der Kesselbrühe kochen und danach 24 Stunden kalträuchern.

Thüringer Grützwurst

*1 kg Gerstengrütze (Graupen), 2 l Kesselbrühe,
400 g Rückenspeck, 800 g Zwiebeln,
gemahlener, schwarzer Pfeffer und gemahlenes Piment, Bohnenkraut, Majoran,
2 l Schweineblut, evtl. Salz.*

Die Gerstengrütze in Kesselbrühe bei 200 °C im Backofen ausquellen lassen. Speck und Zwiebeln würfeln, Speck auslassen, Zwiebeln darin andünsten. Mit Grütze und Gewürzen vermengen, abgekühlt mit dem Schweineblut verrühren, evtl. nachsalzen. Die Masse in einer feuerfesten Form bei 220 °C ca. 30 Minuten backen.

Verwendung
In Scheiben geschnitten zu Wirsing essen.

Variation
Die Masse in Naturdärme füllen und die Würste 30 Minuten kochen.

Einfache Blutwurst

1 l Blut, 250 g Speckwürfel, 30 g Salz,
1 EL Majoran, ½ TL Thymian.

Schweinedärme.

Alle angegebenen Zutaten vermischen und in Schweinedärme füllen. Dabei gibt man zunächst die vorbereitete Mischung in einen Topf mit Ausgießer, beispielsweise in einen Milchtopf, spreizt jeweils die Därme mit den Fingern einer Hand und läßt die Mischung in den Darm einlaufen oder setzt einen entsprechenden Trichter auf den Darm (Foto S. 69). Mit Küchengarn etwa alle 10 cm fest abbinden. Darüber im Abstand von 1–2 cm das Ende der nächsten Wurst abbinden. So lange in der beschriebenen Weise fortfahren, bis die Mischung aufgebraucht ist. In der Kesselbrühe bei 80 °C 40 Minuten simmern (köcheln) lassen. Danach in warmes Wasser (ca. 40 °C) geben, kaltes Wasser nachfüllen und während des Kühlvorganges die Wurst bewegen, damit sich das Fett gleichmäßig verteilt. Erst jetzt die Würste zwischen den kurzen Verbindungsstücken trennen.

Zungenwurst

1,5 kg Schweinefleisch,
60 g Pökelsalz,
je 200 g Schweinezunge und Schweineherz,
350 g Rückenspeck, 350 g Schwarte,
1½ l Schweineblut, ¼ l Milch,
¼ l Kesselbrühe,
1 EL Zucker,
je 1 TL Piment, Zimt und Majoran,
100 g frischer Speck, in Scheiben.

Dickdarm oder großer Kunstdarm
(10 cm Durchmesser).

Das Fleisch grob würfeln und über Nacht, mit Pökelsalz bestreut, stehen lassen. Am nächsten Tag Zunge, Herz, Speck und Schwarte kochen. Herz und Speck danach kleinwürfelig schneiden. Gepökeltes Fleisch und Schwarte grob durchdrehen, mit Herz- und Speckwürfeln, Blut, Milch und Kesselbrühe vermischen und mit Zucker sowie den Gewürzen abschmecken. Die gekochte Zunge dicht mit Speckscheiben umwickeln. Dickdarm oder großen Kunstdarm mit der Masse füllen, in die Mitte die umwickelte Zunge stecken. Nicht zu straff füllen und zubinden. Rund 2 Stunden bei 80 °C kochen.

Sülzwurst

Das Charakteristische an der Sülzwurst sind die gelierenden Bestandteile, also Schwarten und Schwartenbrei. Je frischer das Fleisch und die Schwarten als Bindemasse sind, desto besser ist die Qualität der Wurst. Die Schwarten müssen bei der Zerkleinerung kochend heiß sein. Zur Sülzwurst gehören der beliebte weiße und rote Preßsack (Schwartenmagen); streng genommen werden auch die Rotwürste, also Thüringer Rotwurst und Thüringer Blutwurst, dazu gerechnet, die unter Blutwurst aufgeführt sind.

Herstellung von Schwartenbrei

Die jeweils anfallenden Schwarten in der Kesselbrühe brühen, danach in Streifen schneiden, erst durch die 8-mm-, danach durch die 5-mm-Lochscheibe drehen. Bei Bedarf ein zweites Mal durch die 5-mm-Lochscheibe drehen; so wird der Schwartenbrei noch feiner.

Die so vorbereiteten Schwarten mit gleicher Gewichtsmenge heißer Kesselbrühe gut vermischen. Ggf. kann man den Schwartenbrei mit der elektrischen Küchenmaschine besonders fein mixen.

Hinweis
Schwartenbrei eignet sich für alle Wurstsorten, die besonders fest werden sollen, so z. B. für Preßsack, Blutwurst oder für einfachere Leberwurst. Schwartenbrei dient dabei gewissermaßen als „Aspik-Ersatz".

Weißer Preßsack

Schwartenmagen

1,7 kg Schweinefleisch (Kopf, Nacken, Wamme), 100 g Schwarten, 200 g gedünstete Zwiebeln, 600 g Schwartenbrei, 500 ml Kesselbrühe (aus dem Kessel entnehmen), 50 ml Essig, 60 g Salz, ½ TL gemahlener, schwarzer Pfeffer.

Plastikhüllen.

Schweinefleisch in der Kesselbrühe ca. 30 Minuten weich kochen und in 2 cm große Würfel schneiden. Die Schwarten in der Kesselbrühe nicht zu weich kochen, mit den Zwiebeln durch die 8-mm-Lochscheibe drehen. Alle vorbereiteten Zutaten, zusammen mit Schwartenbrei, Essig, Salz und Pfeffer gut vermischen. Die Masse in Plastikhüllen füllen, abbinden und bei 80 °C 2 Stunden in der Kesselbrühe simmern (köcheln) lassen. Abkühlen wie üblich (überprüfen!). Damit der Preßsack auch fest und in Form gebracht wird, an einem besonders kühlen Ort aufbewahren und mit einem Brett beschweren oder zwischen 2 Brettern pressen.

Hinweis
Schmeckt besonders gut mit frischen Zwiebelringen und etwas Essig.

Roter Preßsack

Schwartenmagen

2 kg Schweinefleisch (Kopf mit Schwarten), 150 g gedünstete Zwiebeln, 900 g Schwartenbrei, 75 g Pökelsalz, ½ TL gemahlener, schwarzer Pfeffer, 3 EL Majoran, je 1 Msp Nelken- und Pimentpulver, 100 ml Schweineblut, bis zu 600 ml Kesselbrühe.

Plastikhüllen.

Das Kopffleisch in der Kesselbrühe ca. 30 Minuten weich kochen. Das Fleisch in ca. 2 cm große Würfel schneiden. Die Schwarten in der Kesselbrühe nicht zu weich kochen, danach mit den Zwiebeln durch die 8-mm-Lochscheibe drehen. Fleischwürfel mit Schwartenbrei, Salz, Gewürzen, Schwarten-Zwiebel-Mischung und Blut gut vermischen. Nach Bedarf mit so viel Kesselbrühe (bis zu ca. 600 ml) auffüllen, daß ein nicht zu dickflüssiger Wurstbrei entsteht. Nun in Plastikhüllen füllen und abbinden. In der Kesselbrühe bei 80 °C 2 Stunden simmern (köcheln) lassen. Abkühlen wie üblich (überprüfen!!). Damit der Preßsack auch fest und in Form gebracht wird, an einem besonders kühlen Ort aufbewahren und mit einem Brett beschweren oder zwischen 2 Brettern pressen.

Hinweis
Falls Magen, Blase oder weite Naturdärme zur Verfügung stehen, kann roter oder weißer Preßsack natürlich auch in diese eingefüllt werden, wie früher allgemein üblich.

Brühwürste

Brühwurst ist eine feine Wurst, hergestellt aus einem feinen Fleischteig. Sie darf für den Brühvorgang nur sehr langsam erwärmt werden, damit das eingearbeitete Eis und Fett sich nicht mehr absetzt. Damit Eis und Fett gut gebunden werden, muß das Fleisch sehr fein zerkleinert sein, damit durch die Oberflächenvergrößerung eine Bindung des Eiswassers erfolgen kann. In der Metzgerei geschieht dies beim sogenannten Cuttern. Das geht im Haushalt nicht, da die notwendigen Geräte dafür nicht vorhanden sind. Deshalb wird das Fleisch mit sehr scharfen Messern entsprechend oft durch den Fleischwolf gedreht, bereits zerschlagene Eiswürfel zugefügt und mit durchgedreht. Damit die Bindung noch besser wird, hat sich, anschließend daran, ein 15 Minuten langes Rühren in der Küchenmaschine bewährt. Es entsteht so ein sehr feiner Fleischteig; Wasser und Fett sind auf diese Weise gut eingebunden.

Vergleichbar ist dieser Vorgang, man nennt ihn emulgieren, mit der Herstellung von Mayonnaise, wobei ebenfalls Fett (Öl) bindig eingerührt wird.

Der so entstandene Fleischteig sollte schnell weiterverarbeitet werden. Man kann aus einem Grundbrät, durch verschiedene Zusätze, unterschiedliche Würste herstellen. Für diesen Zweck kann durch die große Lochscheibe (8–10 mm) helles oder dunkles Fleisch gedreht werden, oder auch Speck. Dieses wird dann gut unter das Brät gemischt. Man kann auch mit den Gewürzen variieren; z. B. Senfkörner, Pistazien, Oliven, grüne Pfefferkörner zugeben – der Phantasie sind keine Grenzen gesetzt.

Dieser feine Fleischteig kann in Cellophanhüllen, Gläser oder Dosen gefüllt werden. Anschließend erfolgt der Brühvorgang.

Sehr wichtig ist, daß nur sehr langsam erwärmt wird, damit das Eiweiß gerinnen kann und dabei Wasser und Fett, fein verteilt, einschließt. Es hat sich bewährt, innerhalb von 90 Minuten auf 70 °C zu erhitzen und dann 30 Minuten diese Temperatur zu halten. Die Würste im Cellophandarm werden ebenfalls in Wasser erhitzt. Brühwurst in Gläsern oder Dosen wird genauso, jedoch getrennt von denen im Cellophandarm, im Wasserbad erhitzt. Es sollte nach dem Brühvorgang kein Fett und kein Wasser abgesetzt sein. Abgekühlt wird wieder sehr langsam, dabei soll kaltes Wasser, unter etwas Bewegen der Würste, langsam nachgegossen werden.

Brühwurst muß sorgfältig hergestellt werden! Sie ist nicht dazu geeignet, am Schlachttag »nebenbei« gemacht zu werden. Denn wenn ein ganzes Schwein verarbeitet werden muß, kann man dieser Wurst nicht genügend Aufmerksamkeit zuwenden. Wir raten deshalb, die Zutaten vorzubereiten, einzufrieren und nach der »Erholung« vom Schlachtfest sich dieser Wurst zu widmen. Eine wohlschmekkende, schnittfeste Aufschnittwurst ist der Lohn der Mühe.

Schweine-Brühwurst

1,3 kg Schweineschulter ohne Schwarten,
700 g zerstoßenes Eis,
40 g Pökelsalz,
2 TL Zucker,
½ TL feingemahlener, weißer Pfeffer,
1 Prise Muskatpulver, 1 Prise Kardamom,
4 gehäufte TL Senfkörner.

Cellophanhüllen (5 cm Kaliber) oder
¼ l Einkochgläser.

Schweinefleisch in grobe Würfel schneiden und im Gefriergerät 3–4 Stunden gut anfrieren lassen. Das Fleisch dreimal durch die 8-mm-Lochscheibe drehen, abermals in das Gefriergerät geben und, bis zur Weiterverarbeitung, darin aufbewahren. Inzwischen die Eiswürfel in einem Stoffbeutel oder zwischen sauberen Küchentüchern zerkleinern. Dann das leicht angefrorene Fleisch rasch mit Pökelsalz vermischen und zusammen mit dem Eisschnee durch die 5-mm-Lochscheibe drehen. Diese Fleischmasse ebenfalls rasch mit Zucker, Pfeffer, Muskat und Kardamom bestreuen und ein zweites Mal durch die 5-mm-Lochscheibe drehen. (Die Lochscheibe zwischendurch evtl. von Sehnen befreien.) Senfkörner dazugeben, danach die Masse (anstatt des professionellen Cutterns) in der Küchenmaschine ¼ Stunde lang kräftig rühren, um eine gute Emulgierung zu erreichen. In Cellophanhüllen oder Einkochgläser abfüllen. Sehr wichtig ist, daß das nachfolgende Brühen sehr langsam erfolgt, d. h. daß innerhalb von 2 Stunden das Wasser 72 °C erreichen muß. Nach 15 Minuten langsam abkühlen lassen.

Bierwurst

1,5 kg Schweineschulter mit Fett, aber ohne Schwarte, 500 g Eiswürfelchen, 40 g Pökelsalz, 2 TL Zucker, gemahlener, weißer Pfeffer, Muskatpulver, Kardamom und Ingwerpulver nach Geschmack, 2 EL Senfkörner.

Cellophandärme (Kaliber 50 mm).

Das Fleisch in Würfel von ca. 3 cm schneiden und im Gefriergerät etwas anfrieren lassen, dann dreimal durch die 8-mm-Lochscheibe drehen und bis zur Verwendung wieder ins Gefriergerät geben. Die Eiswürfel zwischen Küchentüchern zerkleinern. Das Fleisch mit dem Pökelsalz bestreuen und zusammen mit dem Eis zweimal durch die 5-mm-Lochscheibe drehen. Zucker und Gewürze zugeben und die Masse in der Küchenmaschine 15 Minuten lang kräftig rühren. In Cellophandärme abfüllen und langsam brühen, wie unter »Schweine-Brühwurst« beschrieben.

Variationen
Schinkenwurst: Senfkörner weglassen und ca. 250 g kleine Würfel von Rückenspeck in die Masse einarbeiten.
Oder statt Senfkörnern grüne Pfefferkörner aus dem Glas bzw. eingelegte, kleine Champignonscheiben zur Wurstmasse geben.

Wiener Würstchen in Dosen

1 kg Kalbfleisch, 1 kg fettes Schweinefleisch (Bauch), 44 g Pökelsalz, 8–10 Schalotten, 1 EL Butter, 750 g Eiswürfelchen, gemahlener, weißer Pfeffer, Macis (Muskatblüte), Zucker, Fleischbrühe (nach Bedarf).

Saitlinge (18/20) und Weißblechdosen.

Die beiden Fleischsorten in 3–4 cm große Würfel schneiden, salzen und für 2 Stunden ins Gefriergerät geben. Die geschälten, feingehackten Schalotten in Butter dünsten und abgekühlt, zusammen mit dem Fleisch, zweimal durch die 3-mm-Lochscheibe drehen. Dabei immer wieder Eiswürfelchen untermischen. Die Gewürze zur Fleischmasse geben. Die Fleischmasse nach Bedarf mit Fleischbrühe gut durchrühren, so daß eine geschmeidige Masse entsteht. In Saitlinge füllen und je nach Dosengröße (etwas niedriger) paarweise abbinden. Wie Schweine-Brühwurst (s. Rezept S. 100) brühen, anschließend kalträuchern. Die Würstchen in die Dosen geben, mit Wasser bis 3 cm unter den Rand aufgießen, verschließen und einkochen.
Einkochzeit: 60 Minuten + 30 Minuten bei 98 °C; *im Schnellkochtopf:* 25 Minuten.

Variation
Anstelle des Kalbfleisches kann mageres Schweinefleisch verwendet werden, anstelle von Macis dann gemahlenen Kümmel zugeben.

Mortadella

1,5 kg mageres Rindfleisch,
500 g mageres Schweinefleisch,
500 g Rückenspeck ohne Schwarte,
700 g Eiswürfelchen,
50 g Pökelsalz,
2 TL Zucker, gemahlener, weißer Pfeffer, Ingwerpulver, Kardamom, Macis (Muskatblüte) nach Geschmack,
je 150 g Rückenspeck und gekochter Schinken in kleinen Würfeln,
50 g geschälte Pistazien.

Cellophandärme (Kaliber 50 mm).

Die Wurstmasse vorbereiten wie für Bierwurst, jedoch Speck- und Schinkenwürfel sowie grobgehackte Pistazien zuletzt, erst vor dem Einfüllen in die Därme, unterheben. Brühen, wie unter »Schweine-Brühwurst« (s. S. 100) beschrieben.

Hausmacher Stadtwurst
Fleischwurst

1,2 kg mageres Rindfleisch,
400 g mageres Schweinefleisch,
4 TL Pökelsalz,
1–2 TL gemahlener, weißer Pfeffer,
1–2 TL Ingwerpulver,
1 TL Macis (Muskatblüte),
1 TL Knoblauchpulver,
100–200 ml Wasser oder Brühe,
3–4 Eier.

Ringdarm.

Das Fleisch in 3 cm große Würfel schneiden und für 1 Stunde ins Gefriergerät geben, dann durch die 8-mm-Scheibe, anschließend durch die 5-mm-Scheibe des Fleischwolfs drehen. Pökelsalz und Gewürze daruntermengen. Flüssigkeit und Eier versprudeln, dann eßlöffelweise unter den Fleischteig geben, dabei mit dem Handmixer kräftig rühren. Die Masse in einen Ringdarm füllen, abbinden und brühen. Die Würste dazu in einen Topf mit kaltem Wasser legen, beschweren, damit sie bedeckt bleiben, und die Temperatur innerhalb von 90 Minuten auf 70 °C erhitzen, dann 30 Minuten diese Temperatur halten. Langsam durch Zugießen von kaltem Wasser abkühlen, dabei die Würste ab und zu bewegen.

Bayerischer Leberkäse

Schweinskäse

750 g mageres Rindfleisch oder Rindfleisch und Schweinefleisch 1:1, 750 g Rückenspeck ohne Schwarte, 300 ml Wasser oder Brühe, 1,2 kg mageres Schweinefleisch, 66 g Pökelsalz, 1 TL Zucker, 1 TL gemahlener, weißer Pfeffer, je 1 Msp Ingwerpulver und Macis (Muskatblüte), 1 TL Majoran.

Aluformen.

Fleisch und Speck in 3 cm große Würfel schneiden, diese für 1 Stunde ins Gefriergerät geben, dann zweimal durch die 8-mm-Lochscheibe drehen, mit heißem Wasser oder Brühe aufgießen und verrühren. Mit Pökelsalz und den Gewürzen abschmecken, in Aluformen füllen und bei 120–140 °C backen.

Hinweis
Wird die Fleischmasse vor dem Backen mit dem Handmixer kräftig durchgerührt, wird sie besonders bindig.

Variation
2–3 Eier, 60–100 g Mehl und evtl. etwas Milch zur Fleischmasse geben.

Fränkischer Leberkäse I

Foto S. 139

50 g durchwachsener Räucherspeck, 1 große Zwiebel, 500 g mageres Rindfleisch, 500 g Schweinebauch, 200 g Schweineleber, ½ l Milch, 80–100 g Mehl, 2 Eier, Salz, gemahlener, weißer Pfeffer, Majoran, Muskatpulver, Nelkenpulver.

Aluformen.

Den Speck in Würfel schneiden und glasig ausbraten, die gehackte Zwiebel darin andünsten. Fleisch und Leber, gut vorgekühlt, zweimal durch die 5-mm-Lochscheibe drehen. Speck und Zwiebel sowie Milch, Mehl und Eier daruntermengen, abschmecken. Alles in der Küchenmaschine fein pürieren. Die Masse in 1 oder 2 Aluformen füllen, mit Alufolie verschließen und in der mit Wasser gefüllten Fettpfanne bei 100 °C ca. 90 Minuten garen. Dann den Foliendeckel entfernen und bei großer Oberhitze oder unter dem Grill die Oberfläche bräunen. Oder 2 Stunden bei 150 °C im Backofen backen.

Fränkischer Leberkäse II

500 g Rindfleisch,
500 g Rückenspeck ohne Schwarte,
400 g Schweineleber,
¼ l Kesselbrühe oder Wasser,
200 g feine Speckwürfel,
Salz,
gemahlener, weißer Pfeffer,
Macis (Muskatblüte),
Ingwer, Majoran.

Aluformen.

Fleisch, Speck und Leber gut vorkühlen. Fleisch und Speck zweimal durch die 5-mm-Lochscheibe drehen, dann mit heißer Brühe oder Wasser aufgießen. Die Leber ebenfalls fein mahlen, die Speckwürfel brühen und zur Masse geben. Mit Salz und Gewürzen abschmecken. Die Masse in 1 oder 2 Aluformen füllen, mit Alufolie verschließen und bei 75 °C in der mit Wasser gefüllten Fettpfanne garen und anschließend bei 120 °C fertig backen. Oder 1 Stunde bei 100 °C, eine weitere bei 150 °C im Backofen backen.

Hessisches Weckewerk

600 g gekochtes Schweinefleisch (Wellfleisch), evtl. ein Teil davon gekochte Lunge, 400 g gekochte Schwarten, 4 altbackene Brötchen, Milch, Salz, weißer Pfeffer, Majoran, gemahlener Kümmel nach Geschmack, etwas Schweineschmalz, 2 EL Semmelbrösel.

Gekochtes Schweinefleisch und Schwarten in große Würfel schneiden, danach durch die 5-mm-Lochscheibe drehen. Inzwischen die Brötchen in warmer Milch einweichen, ausdrücken und mit der Fleischmasse vermengen. Die Fleischmasse kräftig abschmecken. Eine Auflauf- oder Kastenform mit Schmalz ausstreichen, mit Semmelbröseln ausstreuen. Den Fleischteig einfüllen und glattstreichen. Im Backofen bei 200 °C ca. 30 Minuten backen. Der Teig kann aber auch in Einkochgläser gefüllt und eingekocht werden.
Einkochzeit: 60 Minuten + 30 Minuten bei 98 °C; *im Schnellkochtopf:* 25 Minuten.

Rohwürste

Brat- und Kochwürste (aus rohem Fleisch)

Zu dieser Gruppe gehören z. B. Mettwürste, Schweins- oder Kalbsbratwürste. Allen gemeinsam ist die Herstellung aus rohem Fleisch und Speck. Sie können entweder roh gebraten bzw. gegrillt oder zunächst gebrüht und dann gebraten werden. Bei Brat- und Kochwürsten ist auch Kalträucherung bzw. Lufttrocknung möglich. Sie sind dann mehrere Wochen haltbar.
Frische Mettwürste aus rohem Brät (z. B. Zwiebelmettwurst) und nicht gebrühte Grillwürste sollten schnell verbraucht werden, es sei denn, sie werden sofort nach der Herstellung eingefroren oder in Dosen haltbar gemacht. Dies gilt auch für alle Würste, die mit frischen Kräutern zubereitet wurden.
Würste zum Braten oder Grillen werden grundsätzlich in Naturdärme (Schweinedünndärme oder Schaf-Saitlinge, Kaliber 26/28) abgefüllt. Die bayerischen Schweinsbratwürstel werden in Därme Kaliber 18/20 abgefüllt.

Hinweise
Einen entsprechend dünnen Wurstfülltrichter (Füllansatz) für die eigene Maschine kaufen!
Gekochte Mettwurst füllt man auch in Cellophanhüllen, Gläser oder Dosen.

Rostbratwürste

1 kg mageres Schweinefleisch (Schulter), 600 g mageres Rindfleisch (z. B. Blatt), 400 g frischer Schweinespeck (oder fettes Wammerl ohne Schwarte), 40 g Salz, 1 EL gemahlener, weißer Pfeffer, 1 EL gemahlener Kümmel.

Saitlinge (22/24).

Fleisch und Speck durch die 8-mm-Lochscheibe drehen. Mit Salz und Gewürzen vermischen, in Saitlinge füllen und ca. 20 cm lang abdrehen – nicht abbinden! 20 Minuten in heißem Wasser brühen. So essen oder als Bratwürste zubereiten.

Bratwürste

1,2 kg Schweinenacken,
1,2 kg Schweinebauch,
600 g Schweinespeck,
60 g Salz, 1 EL Majoran,
knapp ¼ TL schwarzer Pfeffer
(halb grob, halb fein geschrotet),
grobgeschrotete Senfkörner nach Belieben,
evtl. 4 cl Wodka oder Korn.

Saitlinge (22/24).

Schweinenacken, Schweinebauch und Speck durch die 8-mm-Lochscheibe drehen. Die Masse mit Salz und Gewürzen vermischen und in Saitlinge füllen, ca. 15–20 cm lang abdrehen – nicht abbinden!

Verwendung
Eignen sich warm zum Braten oder Grillen oder zum Kochen in Essigsud mit Zwiebeln und Wurzelgemüse. Passen kalt, nach dem Braten oder Kochen, zum Beispiel zu Kartoffelsalat.

Grobe Bratwürste

2,4 kg Schweinefleisch
(½ Nacken, ½ fettes Wammerl)
ohne Schwarte,
600 g frischer Speck, 60 g Salz,
½ TL gemahlener, weißer Pfeffer,
knapp 1 Msp Muskatpulver,
3 EL Majoran,
abgeriebene Schale von
1 unbehandelten Zitrone,
3 EL Senfkörner,
etwas Milch.

Saitlinge (22/24).

Fleisch und Speck durch die 10-mm-Lochscheibe drehen, mit Salz und Gewürzen sowie Milch, nach Bedarf, vermischen. In Saitlinge füllen und 20 cm lang abdrehen.

Verwendung
Als Bratwürste in der Pfanne braten und zu Kartoffelsalat reichen oder, gekocht im Sud, mit Brezeln servieren.

Fränkische Hausmacher Bratwurst

3 kg durchwachsener Schweinebauch,
ohne Schwarte, 3 Eier, ⅛ l Wein, 66 g Salz,
6 g Pfeffer, 2 g Majoran, 3 Msp Ingwer.

Darm (26/28).

Schweinebauch durch dic 8-mm-Lochscheibe drehen. Eier, Wein und Gewürze zum Fleisch geben und bindig mengen. Wurstmasse in einen Darm füllen und 20 cm lang abbinden.

Schweinsbratwürstel

2,7 kg gemischtes Schweinefleisch
(½ Wamme, ½ Nacken),
300 g Schweinefett (Flomen),
¼ l Wasser, 60 g Salz,
1 TL Ingwerpulver, 5 EL Majoran,
1 TL gemahlener Koriander,
1 TL gemahlener, weißer Pfeffer.

Saitlinge (18/20).

Fleisch und Fett zunächst durch eine 8-mm-, dann durch die 5-mm-Lochscheibe drehen. Wasser, Salz und die Gewürze hinzufügen, alles gut vermengen, in Saitlinge füllen und 8–10 cm lang abdrehen.

Verwendung
Eignen sich vor allem zum Braten und Grillen auf dem Rost.

Variationen
Paprikawürstchen: Anstelle von Ingwer, Majoran und Koriander 2–3 Eßlöffel edelsüßes Paprikapulver zum Fleischteig geben.
Kümmelwürstchen: Zum Würzen 2–3 Eßlöffel ganze Kümmelkörner, 1 Eßlöffel Majoran und 1 Teelöffel weißen, gemahlenen Pfeffer verwenden.
Beide Wurstarten in Saitlinge (18/20) füllen und 15–20 cm lang abdrehen. Sie sind ebenfalls zum Braten und Grillen geeignet.

Blaue Zipfel aus Franken

Foto S. 121

2 kg gemischtes Schweinefleisch (Wamme und Nacken),
1 kg Schweinefett (Flomen),
60 g Salz,
½ TL gemahlener, schwarzer Pfeffer,
knapp ¼ TL Muskatpulver,
abgeriebene Schale von 1 unbehandelten Zitrone,
3 EL Majoran,
1 Msp gemahlenes Piment.

Saitlinge (22/24).

Fleisch und Fett durch die 8-mm-Lochscheibe drehen, mit Salz und den Gewürzen abschmecken, in Saitlinge füllen und ca. 20 cm lang abdrehen.

Verwendung
Blaue Zipfel im Sud mit Zwiebeln, Lorbeerblatt, Pfefferkörnern, Pimentkörnern, Essig und Salz bei 80 °C etwa 30 Minuten simmern (köcheln) lassen.

G'schwollene

Hausgemachte Kalbsbratwürste

1 kg Schweinefleisch ohne Schwarte,
2 kg Kalbfleisch, abgeriebene Schale von 1 unbehandelten Zitrone, Salz,
gemahlener, weißer Pfeffer,
4 Eier, Milch nach Bedarf,
Schweineschmalz zum Braten.

Saitlinge.

Das in Würfel geschnittene Fleisch zweimal durch die 5-mm-Lochscheibe drehen, würzen. Eier und so viel Milch darunterrühren, daß eine halbfeste Fleischmasse entsteht. Diese mit dem Handmixer so lange schlagen, bis sie zart und bindig ist. Dann in Saitlinge füllen, Würste abbinden und in nur leise simmerndem Wasser garziehen lassen. Danach in der Pfanne in Schweineschmalz goldbraun braten.

Lungauer

Variation I
3 kg gemischtes Schweinefleisch (Wamme, Backe, Abfallstücke), 700 g Schweinefett, 300 g gewürfelter, geräucherter, fetter Schweinespeck, 80 g Salz,
½ TL schwarzer, gemahlener Pfeffer,
½ TL gemahlenes Piment,
Knoblauchsalz.

Variation II
2 kg Schweinefleisch (Wamme, Backe, Abfallstücke), 1 kg mageres Rindfleisch, 1 kg Schweinefett, 80 g Salz, schwarzer, gemahlener Pfeffer, Knoblauchsalz,
½ TL Piment.

Schweinedärme (28/30).

Fleisch und Fett durch die 8-mm-Lochscheibe drehen. Speck, Salz und Gewürze zugeben, gut vermischen. In Schweinedärme abfüllen und 20–30 cm lang abbinden. Danach 24 Stunden kalträuchern.

Hinweise
Lungauer Wurst eignet sich besonders zur Resteverwertung von Abfallfleisch, weil hier die Fleischanteile beliebig sein können.
Zum Verzehr in Gemüse kochen oder auch nur in Wasser oder saurem Sud. Können kalt oder warm gegessen werden.

Hirnwurst

100 g Schweinehirn, 100 g trockenes Weißbrot, etwas Fleischbrühe, 1 kleine Zwiebel, 1 EL Butter, 100 g Schweinemett, Muskatpulver, gemahlenes Piment, Salz.

Evtl. Naturdärme.

Hirn wässern, Weißbrot in Brühe einweichen. Zwiebel fein hacken und in Butter hell andünsten. Die Haut des Hirns abziehen und das Hirn mit dem Mett verhacken, mit dem ausgedrückten Weißbrot und der durch ein Sieb gedrückten Zwiebel vermengen, abschmecken. Die Masse frisch braten oder in Naturdärme füllen und braten.

Gekochte Mettwurst

3 kg Schweinefleisch (Schulter) ohne Schwarten, 60 g Salz, ½ TL gemahlener, weißer Pfeffer, 1 Msp Muskatpulver, 0,1 l Rum.

Einkochgläser oder Weißblechdosen.

Das Schweinefleisch durch die 8-mm-Lochscheibe drehen, mit Salz, Gewürzen und Rum gut vermischen. In Dosen oder Gläser füllen und 2 Stunden bei 100 °C kochen lassen. Danach in warmes Wasser (ca. 40 °C) geben, kaltes Wasser nachfüllen und während des Abkühlvorganges die Dosen bewegen, damit sich das Fett gleichmäßig verteilt.

Rohe Zwiebelmettwurst

500 g durchwachsenes Schweinefleisch (Nacken oder mageres Bauchfleisch), 200 g Zwiebeln, 10 g Salz, gemahlener, weißer Pfeffer nach Belieben.

Cellophanhüllen.

Fleisch in Würfel, Zwiebel in Viertel schneiden, beides durch die 5-mm-Lochscheibe drehen. Mit Salz und Pfeffer abschmecken. Die Masse in Cellophanhüllen abfüllen und in beliebiger Länge Würste abbinden. Möglichst frisch als Brotaufstrich verzehren.

Feine, rohe Streichmettwurst

500 g durchwachsenes Schweinefleisch (Nacken oder mageres Bauchfleisch), 4 cl eiskalter Korn oder weißer Rum, 10 g Salz, gemahlener, weißer Pfeffer, evtl. 2 EL feingehackte, frische Gartenkräuter.

Cellophanhüllen oder Steinguttöpfchen.

Gewürfeltes Fleisch im elektrischen Zerkleinerer unter Zugabe des Alkohols fein hacken, die weiteren Zutaten gut untermengen. In die Hüllen oder Töpfchen füllen, ab- bzw. zubinden und im Kühlschrank aufbewahren. Bald verbrauchen.

Dauerwurst

Für Dauerwurst ist nur bestes Fleisch, möglichst ohne Sehnen, zu verwenden. So wird beispielsweise gutes Muskelfleisch von Schwein und Rind und kerniger Rückenspeck, evtl. auch Schulterspeck, dafür genommen. Rindfleisch ist ersetzbar durch Hirsch-, Reh-, Schaf- oder Ziegenfleisch, welches peinlich vom Fett befreit wurde.

Das Fleisch wird, getrennt nach Fleischart, in große Würfel (3–4 cm Seitenlänge) geschnitten und im Gefriergerät angefroren.

Die Würzung der Dauerwurst ist sehr wichtig: Die Wurst soll nicht zu salzig sein, sich aber lange halten. Salz ist notwendig für die Konservierung. Ausreichend sind 28 g Salz pro kg Masse, in der wärmeren Jahreszeit sollten 30 g Salz pro kg Masse genommen werden. Das Salz soll unbedingt feinkörnig sein, damit es sich leichter auflöst und nicht zu Tropfenbildung führen kann. Am besten ist das fertig käuflich Nitritsalz geeignet, das die Umrötung erleichtert und damit verhindert, daß die Wurst grau und unansehnlich wird. Ist die Wurst grau, mag sie niemand mit Appetit essen! Die übrigen Gewürze müssen von bester Qualität sein, denn es erfolgt keine Konservierung, und die Wurst soll sich lange halten. Deshalb ist Sauberkeit oberstes Gebot, sowohl bei Zutaten wie auch Geräten.

Notwendig ist die Zugabe von etwas Zucker oder Honig, bis zu 3 g pro kg Masse. Damit wird nicht nur das Aroma abgerundet, sondern vor allem der Vorgang der Umrötung gefördert, weil eine leichte Zunahme der Säuerung erfolgt: Der pH-Wert wird durch eine geringe Milchsäurebildung gesenkt. Dieses ist ein wichtiger Vorgang bei der Rohwurstherstellung.

Auch die Zugabe von Alkohol, z. B. Rum, Cognac, Korn, Wacholderschnaps oder Rotwein, fördert die Farbbildung und den Geschmack; es genügen 1–2 Eßlöffel pro kg Masse.

Die Verarbeitung muß schnell erfolgen. Das in Würfel geschnittene, angefrorene Fleisch – also Schweinefleisch, Rindfleisch, Rückenspeck – wird abgewogen und gemischt. Die trockenen Gewürze – außer den grobkörnigen, wie Senfkörner und ganze Pfefferkörner – werden miteinander vermischt und ebenfalls gut unter die angefrorenen Fleischwürfel gemengt. Dann erst werden die flüssigen Gewürze zugefügt und die Masse wieder gut vermischt. Nun wird durchgedreht mit einer Lochscheibe nach Wahl, je nachdem, ob die Wurst grob oder fein werden soll. Danach werden die körnigen Gewürze, z. B. Senfkörner oder Pfefferkörner, gut untergemengt.

Abgefüllt wird die Rohwurstmasse wegen der Sterilität am besten in Kunstdärme, z. B. Naturindärme.

Das Kaliber kann man selber wählen (6–8 cm Durchmesser). Für die kleineren »Hauswürste« sind jedoch auch Naturdärme geeignet, wie Saitlinge Kaliber 28 mm. Die Därme müssen gewässert werden und sollen ohne Luft, sehr fest gefüllt werden.

Nun beginnt der Prozeß des Umrötens und der Trocknung. Dafür sollte die Wurst bei 18–22 °C luftig hängen. Es genügen 1–2 Tage. Danach kann geräuchert werden, größere Würste ca. 8 Tage, bis sie goldgelb sind, »Hauswürste« 1–2 Tage. Aber auch eine luftgetrocknete Wurst kann entstehen; dafür muß sie in einem luftigen, kühlen, möglichst dunklen Raum bei 15–18 °C ca. 4 Wochen hängen. Die Aufbewahrung der Rohwurst sollte ebenfalls in einem solchen Raum bei Temperaturen bis 15 °C erfolgen.

Cervelatwurst

1 kg bestes, mageres Schweinefleisch (Lende),
1 kg mageres Rindfleisch,
1 kg Rückenspeck ohne Schwarte,
80 g Pökelsalz (oder 78,5 g Salz und 1,5 g Salpeter), 2 TL Zucker,
1 TL gemahlener, schwarzer Pfeffer,
1 Msp Kardamom, 3 EL Cognac,
2 EL weiße Pfefferkörner.

Naturindärme.

Das Fleisch und den Speck in 3–4 cm große Würfel schneiden und 3–4 Stunden im Tiefkühlgerät anfrieren lassen. Pökelsalz, Zucker, Gewürze und Cognac unter das Fleisch mischen, durch die 8-mm-Lochscheibe drehen, Pfefferkörner von Hand untermischen und absolut luftfrei in Naturindärme füllen. 3 Tage bei 20 °C reifen lassen. So lange kalträuchern, bis die Würste goldgelb sind.

Variation
Man kann auch in Schweinedärme (28 mm Durchmesser) in beliebiger Länge abfüllen, dabei jede Wurst vorn und hinten abbinden.

Braunschweiger Streichmettwurst

700 g gutes, mageres Rindfleisch,
1,5 kg Speck und Schweinebauch ohne Schwarten,
700 g festes Schweinefleisch,
75 g Pökelsalz (74 g Salz und 1 g Salpeter),
1 TL Honig,
½ TL gemahlener, weißer Pfeffer,
½ TL edelsüßes Paprikapulver,
¼ TL gemahlener Piment, 3 EL Rum.

Naturindärme.

Fleisch und den Speck in 3–4 cm große Würfel schneiden und 3–4 Stunden im Gefriergerät anfrieren lassen. Durch die 8-mm-Lochscheibe drehen, mit Pökelsalz, den Gewürzen und dem Rum vermischen und noch zweimal durch die 5-mm-Lochscheibe drehen. In Naturindärme füllen. 2 Tage reifen lassen und so lange kalträuchern, bis die Würste goldgelb sind.

Westfälische Schlackwurst I

1 kg gutes, mageres Schweinefleisch (Schulter, Lende),
400 g mageres Rindfleisch,
1 kg Rückenspeck ohne Schwarte,
75 g Pökelsalz,
½ EL Zucker,
½ TL feingemahlener, schwarzer Pfeffer,
½ TL grobgemahlener, schwarzer Pfeffer,
1 Msp Kardamom,
3 EL Rum,
3 EL Senfkörner.

Naturindärme.

Fleisch und Speck in 3–4 cm große Würfel schneiden und 3–4 Stunden im Gefriergerät anfrieren lassen. Pökelsalz, Zucker und Gewürze unter die Fleischwürfel mischen und durch die 8-mm-Lochscheibe drehen. Rum hinzufügen, nochmals durch die 8-mm-Lochscheibe drehen. Senfkörner von Hand einarbeiten und in Naturindärme absolut luftfrei abfüllen. 3 Tage bei 20 °C reifen lassen. So lange kalträuchern, bis die Würste goldgelb sind.

Westfälische Schlackwurst II

2 kg gutes Schweinefleisch (Schulter, Lende), 1 kg Rückenspeck, 90 g Pökelsalz, 6 g Zucker, 7 g feingemahlener, schwarzer Pfeffer, 6 g grobgeschroteter, schwarzer Pfeffer, 10 g Senfkörner, 1 Msp Kardamom, 3 EL Rum.

Naturindärme.

Fleisch und Speck in 3–4 cm große Würfel schneiden und im Gefriergerät anfrieren. Durch die 5-mm-Lochscheibe drehen und mit den übrigen Zutaten gut mischen. In 5 cm Naturindärme füllen, 2 Tage reifen lassen, kalträuchern, bis die Haut bräunlich wird.

Grobe Dauerwurst

1,5 kg gutes, mageres Schweinefleisch, 600 g gutes, mageres Rindfleisch, 900 g Rückenspeck ohne Schwarte, 80 g Pökelsalz, 2 TL Honig, 1 TL feingemahlener, schwarzer Pfeffer, 1 TL grobgemahlener, schwarzer Pfeffer, 2 EL Rum.

Naturindärme.

Fleisch und Speck in 3–4 cm große Würfel schneiden und 3–4 Stunden im Gefriergerät anfrieren lassen. Zunächst nur das Rindfleisch durch die 8-mm-Lochscheibe, dann durch die 5-mm-Lochscheibe drehen. Pökelsalz, Honig, Gewürze und Rum mit durchgedrehtem Rindfleisch unter die Schweinefleisch- und Speckwürfel mischen. Alles durch die 12–14-mm-Lochscheibe drehen. Absolut luftfrei in Naturindärme füllen. 3 Tage bei 20 °C reifen lassen, danach 1 Woche kalträuchern.

Westfälische Plockwurst

1 kg gutes, mageres Schweinefleisch, 1 kg mageres Rindfleisch, 1 kg Rückenspeck ohne Schwarte, 80 g Pökelsalz, 2 TL Honig, 1 TL gemahlener, schwarzer Pfeffer, 5 EL Senfkörner, 2 EL schwarze Pfefferkörner, 3 EL Gin.

Naturindärme.

Fleisch und Speck in 3–4 cm große Würfel schneiden und 3–4 Stunden im Gefriergerät anfrieren lassen. Rindfleisch durch die 8-mm-Lochscheibe, dann durch die 5-mm-Lochscheibe drehen. Mit dem übrigen Fleisch, den Speckwürfeln, Pökelsalz, Honig und Pfeffer vermischen, alles durch die 8-mm- oder die 10-mm-Lochscheibe drehen. Senf- und ganze Pfefferkörner und Gin von Hand gut untermischen. In Naturindärme füllen. 3 Tage bei 20 °C reifen lassen, dann goldgelb kalträuchern.

Luftgetrocknete Wurst

1 kg mageres Schweinefleisch (Schulter oder Keule), 1 kg sehnen- und fettfreies Rindfleisch (z. B. Blatt), 1 kg Schweinerückenspeck ohne Schwarte, 85 g Pökelsalz, knapp ½ TL schwarzer Pfeffer (halb grob, halb fein geschrotet), 1 TL Zucker, grobgeschrotete Senfkörner nach Belieben.

Schweinedärme (28/30).

Das Fleisch in Würfel schneiden, anfrieren lassen. Danach durch die 10-mm-Lochscheibe drehen, in Schweinedärme abfüllen, 25–30 cm lang abbinden und bei 12–14 °C, kühl und trocken, so lange lufttrocknen lassen (3–4 Wochen), bis die Wurst schnittfest ist.

Pfeffersäckchen

1,2 kg Rindfleisch, 1,8 kg Schweinefleisch,
75 g Pökelsalz, 9 g Zucker,
1 TL gemahlener, schwarzer Pfeffer,
1 Msp Ingwer,
3 EL eingelegte, grüne Pfefferkörner.

Naturindärme.

Das Fleisch in 3–4 cm große Würfel schneiden und 3–4 Stunden im Gefriergerät anfrieren lassen. Danach durch die 8-mm-Lochscheibe drehen. Pökelsalz und Zucker mit schwarzem Pfeffer und Ingwer mischen, unter die Fleischmasse heben und zweimal durch die 5-mm-Lochscheibe drehen. Dann die mit heißem Wasser abgewaschenen Pfefferkörner einarbeiten. In Naturindärme füllen. 1 Tag reifen lassen und so lange kalträuchern, bis die Würste goldgelb sind.

Kärntner Hauswurst

1 kg mageres Rindfleisch (ohne jegliches Fett),
1 kg Schweinefleisch (Lende),
1 kg Rückenspeck ohne Schwarte,
1 Knoblauchzehe, ⅛ l Wasser, 80 g Salz,
½ TL schwarzer, gemahlener Pfeffer,
½ TL Pökelsalz, 1 TL Zucker,
¼ TL gemahlenes Piment, 1 cl Gin.

Schweinedärme (24/26).

Fleisch durch die 8-mm-Lochscheibe drehen, Speck in kleine Würfel schneiden. Knoblauchzehe reiben, mit Wasser vermischen und ca. 3 Stunden ziehen lassen. Danach zusammen mit dem Fleisch und Speck sowie mit Salz, Gewürzen und Gin vermengen. In Schweinedärme füllen, ca. 20 cm lang abbinden und ca. 20 Stunden, kühl gestellt, reifen lassen. Dann 1 Woche kalträuchern.

Rind und Kalb

Allgemeine Beschreibungen

Das Rind – betrachtet man es kulturhistorisch – hat schon früh eine beachtliche Karriere gemacht: Ob als Jagdobjekt in Höhlenzeichnungen festgehalten, als Gottesdarstellungen im alten Ägypten verehrt oder als Stierkult mit dem Tanz ums Goldene Kalb in Palästina, stets fand das Rind besondere Anerkennung. Die alten Römer hingegen ließen es nicht nur in Sagen und Erzählungen lebendig werden, sondern sie wußten Rind- und Kalbfleisch kulinarisch durchaus zu schätzen.
Heutzutage betrachten wir das Rind weitaus nüchterner, und zwar vorwiegend unter dem Gesichtspunkt wirtschaftlicher Nutzbarkeit: Kühe sind als Milchlieferanten geschätztes Zuchtvieh. Rindfleisch ist reich an Eiweiß und Eisen und für die menschliche Ernährung besonders empfehlenswert.
Da in privaten Haushalten heutzutage wohl nur äußerst selten ein Rind und nur vereinzelt Kälber geschlachtet werden, sehen wir im vorliegenden Buch davon ab, auf diese Schlachttiere ausführlicher einzugehen. Vielleicht hat der eine oder andere von Ihnen aber die Gelegenheit, Rind- oder Kalbfleisch in größeren Mengen günstig zu beschaffen. Für diesen Fall finden Sie in den nachfolgenden Rezepten einige Anregungen, wie Sie dieses Fleisch für ihre Vorratshaltung verarbeiten können. Warenkundliche Tips sowie Zubereitungshinweise für Innereien von Rind und Kalb runden das Kapitel ab.

Rindfleisch ist das Fleisch sowohl von Ochsen als auch von Färsen (weibliche Tiere, die noch nicht gekalbt haben), Kühen, Jungbullen und Bullen. Es zeichnet sich durch seine sattrote Farbe und einen angenehm frischen Fleischgeruch aus.
Kalbfleisch stammt vom Fleisch junger Saugkälber (unabhängig vom Geschlecht), die nicht älter als 3 Monate sein dürfen. Das Fleisch weist eine hellrosa Farbe auf und sollte auf der Schnittfläche leicht feucht sein. Es braucht – genau wie Schweinefleisch – nicht

abzuhängen, denn die Reifung ist nach 2–3 Tagen abgeschlossen. Wegen seines geringen Fettgehaltes ist Kalbfleisch leicht verdaulich und gut für die Ernährung von Kleinkindern, Senioren und Kranken geeignet.

Fleischeinteilung

Rind

Nacken (Hals, Kamm, Halsgrat) (1)
Geeignet zum Schmoren, für Gulasch, als Hackfleisch.

Schulter (Bug) (2)
Bratenstück am Vorderviertel, bestehend aus drei Teilen: dicker Bug, Schaufelstück (Schild, Blatt), falsches Filet (Schulterfilet). Preiswertes Bratenfleisch vom Vorderviertel. Gut geeignet für Sauerbraten.

Hohe Rippe (Hochrippe, Zwischenrippenstück) (3)
»Mit Knochen« oder »ohne Knochen« angeboten, geeignet zum Kochen, das Fleisch junger Tiere als Braten, zum Grillen und für Steaks.

Roastbeef (Rostbraten, Lendenbraten) (4)
Geeignet zum Braten, zum Kurzbraten, Grillen und für Fondue.

Filet (Lende, Lungenbraten) (5)
Zartestes und teuerstes Stück vom Rind, zum Braten oder Kurzbraten geeignet.

Spannrippe (Quer-/Flachrippe, Zungenstück, Zungengrat, Siegelstück) (6)
Geeignet zum Kochen, Braten, Schmoren, für Gulasch, Sauerbraten, Eintöpfe, Hackfleisch.

Brust (7)
Bestehend aus zwei Teilstücken: Bruststpitze, Brustkern. Geeignet zum Kochen und als Pökelfleisch.

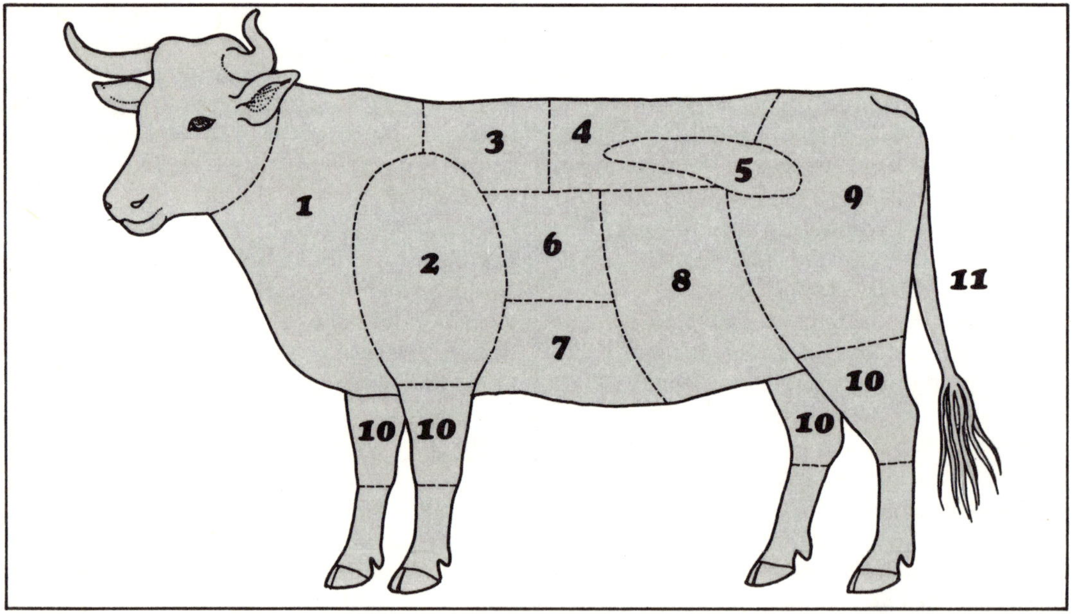

Energiewerte und Inhaltsstoffe von Rindfleisch

In 100 g sind enthalten	kJ	kcal	Eiweiß in g	Fett in g	Wasser in g
Blume	1009	241	17,4	18,5	63,3
Blut	323	77	17,8	0,1	80,5
Brust	1082	259	16,0	21,1	61,1
Bug	606	145	20,8	6,2	71,8
Fehlrippe	974	233	18,6	17,0	65,0
Filet	509	122	19,2	4,4	75,1
Herz	536	128	16,8	6,0	75,5
Hirn	549	131	10,4	9,6	78,1
Hochrippe	955	228	18,6	16,5	63,7
Kamm	582	139	19,4	6,2	73,0
Keule	643	154	21,0	7,1	71,0
Leber	570	136	19,7	3,1	69,9
Lunge	433	103	18,1	2,9	77,5
Milz	440	105	18,5	2,9	76,7
Niere	491	117	16,6	5,1	76,1
Oberschale	528	126	20,6	4,3	73,8
Roastbeef	753	180	20,6	10,2	68,2
Schwanz	793	190	20,1	11,5	66,8
Spannrippe	1150	275	18,1	21,9	59,1
Zunge	893	213	16,0	15,9	66,8

Nach S. W. Souci, W. Fachmann, H. Kraut: Die Zusammensetzung der Lebensmittel, Nährwert-Tabellen 1981/82, Wissenschaftliche Verlagsgesellschaft mbH, Stuttgart 1981 und K. Diem und C. Lentner, Documenta Geigy: Wissenschaftliche Tabellen, Stuttgart 1975

Dünnung (Flanke, Bauchlappen, Nabel) (8)
Geeignet zum Kochen, für Gulasch oder Hackfleisch.

Keule (9)
Bestehend aus vier Teilstücken: Oberschale, Unterschale (Schwanzstück), Kugel, Blume (Hüfte). Geeignet zum Braten und für Rouladen, z. T. auch als Kurzbratstücke.

Beinscheiben (Vorderhesse, Hinterhesse) (10)
In Scheiben geschnitten, geeignet als Kochfleisch.

Ochsenschwanz (11)
Geeignet zum Kochen, Braten und Schmoren. Man verwendet ihn für Suppe, serviert ihn in Madeirasauce oder als Ragout.

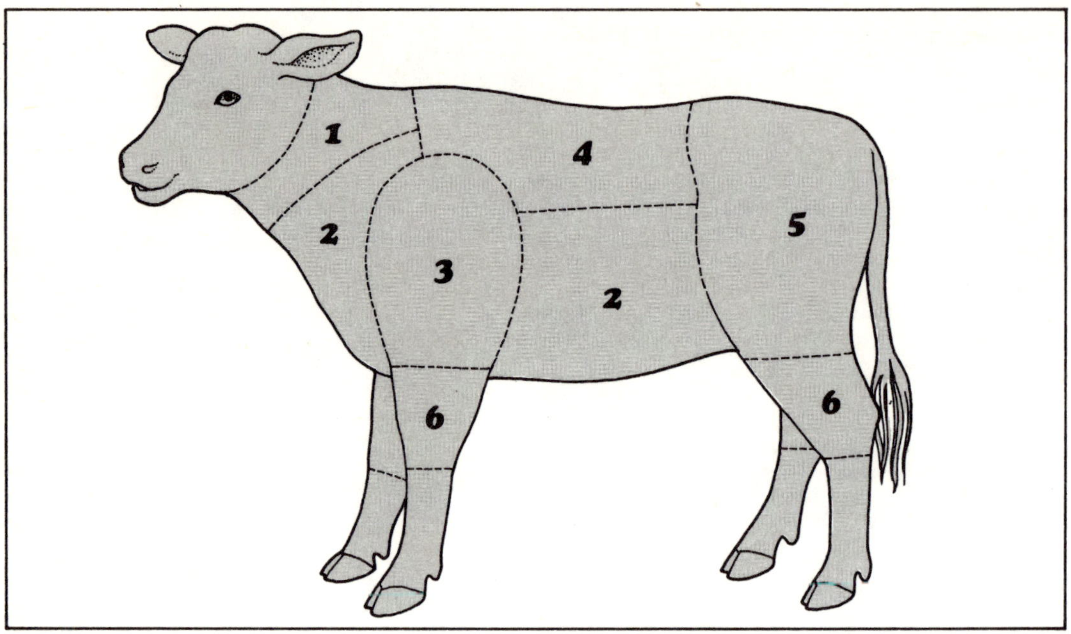

Kalb

Hals (1)
Geeignet zum Kochen, für Eintöpfe.

Brust mit Dünnung/Flanke (2)
Geeignet zum Braten, für »gefüllte Kalbsbrust«, Gulasch, Frikassee, Ragout und eine gute Brühe.

Schulter (Bug, Schaufel, Blatt) (3)
Geeignet zum Braten, für Geschnetzeltes, Ragout, Frikassee.

Rücken (Nierenstück) (4)
Besteht aus Nacken und Kotelettstück. Das Filet wird herausgetrennt. Filet zum Braten und Kurzbraten geeignet, der ausgelöste Rükken zum Braten, für Schnitzel, Koteletts oder Steaks.

Keule (Schlegel) (5)
Bestehend aus vier Teilstücken: Oberschale (langes Frikandeau), Unterschale (kurzes Frikandeau), Blume (Hüfte), Kugel. Geeignet zum Braten, für Schnitzel, Geschnetzeltes, Gulasch oder Rouladen.

Haxen (6)
Geeignet zum Braten, Schmoren, Grillen und Kochen, für eine gute Brühe.

Innereien

Bries
Thymusdrüse vom Kalb, bestehend aus zwei Teilen, der Nuß und der Gurgel. Kalbsbries ist 250–300 g schwer. Bei jungen Kälbern ist diese Drüse stark ausgeprägt, beim Rind ist sie zu-

Energiewerte und Inhaltsstoffe von Kalbfleisch

In 100 g sind enthalten	kJ	kcal	Eiweiß in g	Fett in g	Wasser in g
Bauch	556	132	21,0	4,8	72,9
Bries	436	104	17,2	3,4	77,7
Brust	569	136	18,6	6,3	73,7
Bug	475	114	20,5	2,9	75,2
Filet	422	101	20,6	1,4	76,7
Hals	453	108	20,1	2,5	76,0
Haxe	433	103	20,9	1,6	76,1
Herz	490	117	15,9	5,1	77,0
Hirn	475	114	10,1	7,6	80,4
Keule	431	103	20,7	1,6	76,2
Kotelett	492	118	21,1	3,1	74,5
Leber	564	135	19,2	4,1	71,2
Lunge	394	94	17,5	2,2	79,2
Milz	438	105	18,2	3,0	77,3
Niere	552	132	16,7	6,4	75,0
Zunge	539	129	17,1	6,2	77,4

Nach S. W. Souci, W. Fachmann, H. Kraut: Die Zusammensetzung der Lebensmittel, Nährwert-Tabellen 1981/82, Wissenschaftliche Verlagsgesellschaft mbH, Stuttgart 1981 und K. Diem und C. Lentner, Documenta Geigy: Wissenschaftliche Tabellen, Stuttgart 1975

rückgebildet, somit zu zäh und zu fett. Bries wird paniert, als Ragout zubereitet oder für Pasteten, Saucen und als Zutat für warme Salate verwendet. Vor der Zubereitung 1–6 Stunden in kaltem, 2–3mal erneuertem Wasser wässern. Adern und Häute wegschneiden, Bries blanchieren, zwischen zwei Brettchen leicht pressen, mit einem Gewicht beschweren und über Nacht in einem kühlen Raum aufbewahren. Danach aufschneiden und nach Rezept weiterverarbeiten. Die Nuß z. B. mit Streifen von geräuchertem Speck, gepökelter Zunge oder geräuchertem Schinken spicken und braun dünsten.

Euter

Galt früher als ausgesprochene Spezialität: Wässern, überbrühen, mit Zwiebeln, Suppengrün und Lorbeerblatt in Salzwasser weich garen. Erkaltet in Streifen schneiden, mit Salz bestreuen, in Ei und Semmelbröseln wenden und in erhitzter Butter hellgelb backen. Dazu Senfsauce reichen oder als Beilage zu Gemüse reichen.

Flomen

Nierenfett von Kalb und Rind, wird hauptsächlich zur Herstellung von Pasteten verwendet.

Gekröse
Dabei handelt es sich um die faltige Aufhängung von Magen und Darm, Gekröse sehr gut waschen, wässern und in Salzwasser mit Zwiebeln und Pfefferkörnern weich garen und in feine Streifen schneiden. Gekröse wieder ins Kochwasser geben, mit etwas Speisestärke und eiskalter Butter binden, mit Essig, Zitronenschale, Zucker und Muskat abschmecken und ca. 15 Minuten ziehen lassen.

Herz
Kalbsherz besteht aus magerem, zartem, aber festem, hellbräunlichem Muskelfleisch. Es wiegt 400–500 g und eignet sich zum Grillen oder für Ragout. Rinderherz hingegen sieht kräftig braun aus, kann bis zu 1,5 kg wiegen und wird vorwiegend geschmort, dabei gut durchbraten lassen.

Hirn
Kalbshirn, das besonders gut schmeckt, kann man backen, als Auflauf, Pudding oder als Salat zubereiten. Zuvor in sprudelnd kochendes Salzwasser (mit einem Schuß Essig) ca. 2 Minuten einlegen, mit kaltem Wasser abschrecken, so läßt sich die Haut vom Hirn leichter abziehen. Hirn hat einen »weichen Biß« und ähnelt gestocktem Eiweiß. Rinderhirn ist weniger geeignet, da es hart und faserig ist.

Kronfleisch
Zwerchfell vom Rind, eignet sich vorzüglich zur Zubereitung als Tellerfleisch.

Kutteln
Vormagen von Kalb und Rind, bestehend aus Netzmagen, Pansen, Blättermagen und Labmagen. Schmeckt am besten vom Kalb oder Jungrind. Bekannt als Kuttelfleck oder Saure Kutteln (Kaldaunen). Empfehlenswert ist die Zubereitung wie Gekröse. Oder: In erhitzter Butter und glasig gedünsteten Zwiebeln anrösten, mit Tomatenmark und Kümmel würzen, mit Rotwein ablöschen und mit wenig Speisestärke binden. Zu Salzkartoffeln reichen.

Leber
Diese Innerei eignet sich nicht nur zum Braten oder Grillen, sondern schmeckt auch sauer eingelegt vorzüglich. Die helle, braunrote Kalbsleber ist in ihrer Gewebestruktur fein und locker. Rinderleber ist größer und hat eine braunrote Farbe.
Kalbsleber und Jungrindleber schmecken gleichermaßen sehr gut. Vor der Zubereitung sorgfältig häuten, von Adern und Sehnenbändern befreien. Rinderleber in Milch einlegen, dadurch schmeckt sie milder.
Kalbsleber bei schwacher Hitze zugedeckt braten. Leber stets nach dem Braten salzen, andernfalls wird sie hart. Zum Tiefgefrieren nicht gut geeignet.

Lunge
Besonders beliebt ist Kalbslüngerl, eine süddeutsche Spezialität, bei der die Lunge, vielfach auch mit Kalbsleber und -herz zusammen, gekocht wird. Vor der Zubereitung in saurem Gewürzsud weich garen, danach von Adern und Häuten befreien.

Milz
Eignet sich besonders zur Wurstherstellung (z. B. Briesmilzwurst) oder als Suppeneinlage. Vor dem Zubereiten aus der muskulösen, zähen Haut herausschaben.

Nieren
Kalbsnieren sind besonders zart, ihr Fleisch ist hell und mit einer Fettschicht behaftet. Rin-

dernieren bestehen aus zahlreichen Lappen, sie wiegen ca. 500 g. Kalbsnieren werden vor der Zubereitung am besten halbiert, Rindernieren geviertelt. Nieren häuten und die inneren Fettgewebe sowie Röhren herausschneiden.
Möglichst nur Nieren von jungen Tieren und dann auch kurz nach dem Schlachten verwenden, andernfalls schmecken sie zu streng oder harnig. Empfehlenswert ist es, Nieren reichlich zu wässern oder in Milch/Buttermilch zu legen. Kalbsnieren nicht zu lange schmoren, andernfalls werden sie zäh. Rindernieren jedoch lange und sanft schmoren, bis sie gar sind. Erst nach dem Schmoren oder Braten salzen. Nieren eignen sich, gesäubert und in Scheiben geschnitten, gut zum Tiefgefrieren.

Zunge
Rinderzungen wiegen zwischen 1–2 kg, Kalbszungen, die besonders schmackhaft sind, wiegen 600–800 g. Sie eignen sich zum Wursten, Pökeln und Räuchern, ebenso zum Einkochen. Zum Tiefgefrieren sind sie gut bis mäßig zu verwenden.

Schinkenspezialitäten vom Rind

Rinderrauchfleisch
Fleisch bester Mastrinder oder Bullen wird mit einer Salzmischung und Rotwein eingerieben, gepökelt, getrocknet und in Schweine- oder Rinderblasen verpackt, danach 3–4 Tage kaltgeräuchert.

Rindersaftschinken
Magere, saftige Rindfleischteile naßpökeln, in Tücher schlagen und kochen.

Informationen und Hinweise

Schlachtfrisches Rindfleisch ist zäh. Vor der Weiterverarbeitung sollte es zum Einkochen 3–5 Tage, zum Pökeln 8–10 Tage abhängen.

Rohes Rindfleisch nicht länger als 2 Tage im Kühlschrank lagern, danach rasch verarbeiten.

Aus Wamme, Schnauze und Füßen läßt sich sogenanntes Rindsgar zubereiten: Zusammen mit Lorbeerblättern, Pfefferkörnern, Zitronenschale und Essigwasser (½ Essig, ½ Wasser) weich garen, erkalten lassen und in große Würfel schneiden. In geschlagenem Eiweiß und Semmelbröseln wenden und in Butter goldbraun ausbacken.

Rindfleisch läßt sich auf die beschriebene Weise pökeln (s. S. 35 ff.). Gepökeltes Rindfleisch vor dem Kochen in eine Mischung aus Milch und Wasser legen, dadurch wird das Fleisch besonders mürbe.

Zum Pökeln von Rindfleisch eignet sich eine Gewürzmischung aus gerebeltem Thymian, zerstoßenen Wacholderbeeren, zerdrückten Pfefferkörnern und Lorbeerblättern. Beliebte Stücke: gepökelte Ochsenzunge und Rauchfleisch (roher, luftgetrockneter Rinderschinken). Wer einen kräftigen Fleischgeschmack haben möchte, sollte das Fleisch in Pergamentpapier einschlagen und 8–14 Tage kalträuchern.

Rezepte

Rind

Luftgetrockneter Schinken auf Emsländer Art

Nach Onkel Arthur

Für die Lake: *10 l Wasser,*
3 kg Pökelsalz,
400 g Zucker.
5 kg Rindfleisch von der Keule,
ohne Knochen.

Die Pökellake aus den angegebenen Zutaten herstellen, aufkochen, abschäumen und erkalten lassen. Das Rindfleisch in das Pökelgefäß legen und vollkommen mit Lake bedecken. Unter öfterem Wenden mindestens 21 Tage in der Lake pökeln. Hin und wieder kontrollieren, ob die Lake in Ordnung ist. Ggf. Schaum abschöpfen oder Lake erneuern. Danach Rindfleisch 24 Stunden wässern, dabei einmal das Wasser erneuern. Mit Küchengarn umwickeln, mit einer Schlaufe versehen und hängend über einem Gefäß abtropfen lassen. (Ein elektrischer Ventilator beschleunigt den Trocknungsvorgang.) 2–3 Wochen in einem trockenen, luftigen Raum bis zur Schnittfestigkeit hängen lassen.

Hinweise

Man kann den luftgetrockneten Schinken nach dem Trocknen auch 1–2 Tage kalträuchern, er bekommt so ein besonderes Aroma und schmeckt dann besonders kräftig.
Rinderrollschinken läßt sich nach der beschriebenen Art lufttrocknen.

Nagelholz auf Emsländer Art

Nach Onkel Arthur

5 kg Rindfleisch von der Keule, ohne Knochen,
250 g Pökelsalz, 25 g Rohrzucker.
6grädige Lake: *pro l Wasser 48 g Pökelsalz.*

Rindfleisch mit einer Mischung aus Pökelsalz und Rohrzucker von allen Seiten gut einreiben. Den Boden des Pökelgefäßes mit Salzmischung bedecken, Rindfleisch hineinschichten und zum Abschluß etwas von der Salzmischung darüberstreuen, mit einem Brett beschweren und zugedeckt in einem Pökelraum (6–8 °C) ca. 20 Stunden pökeln lassen. Danach den ausgetretenen Fleischsaft abgießen und durch ein Sieb abseihen.
In der Zwischenzeit das Wasser für die Lake, zusammen mit dem Pökelsalz, erhitzen und kurz vor dem Siedepunkt in ein Gefäß zum Abkühlen gießen. Lake um die gleiche Menge des ggf. hinzugefügten Fleischsaftes reduzieren. Die Lake etwa fingerbreit über das Fleisch gießen und 21 Tage pökeln lassen, dabei mehrmals wenden und kontrollieren, ob die Lake in Ordnung ist. Ggf. Schaum abschöpfen oder Lake erneuern. Anschließend 12 Stunden wässern, dabei das Wasser 2–3mal erneuern. Trockentupfen, mit Küchengarn umwickeln und mit einer Schlaufe versehen. 4–6 Stunden zum Trocknen aufhängen, danach 8–10 Tage kalträuchern.

Variation

Zu den beliebtesten gepökelten und luftgetrockneten Rinder-Spezialitäten zählt das »Bündner Fleisch«. Die Herstellung im häuslichen Bereich ist sehr zeitaufwendig und nur mit viel Ausdauer zu bewerkstelligen.
Verwenden Sie nur fettfreie und feinfaserige Muskelstücke der Rinderkeule und legen Sie

sie (nach der beschriebenen Methode) in eine Lake aus Salz, Pfeffer, Wacholderbeeren, Ingwer, Knoblauch und Lorbeerblättern. Lassen Sie das Fleisch danach 3–6 Monate (wie ebenfalls beschrieben) lufttrocknen. Der Gewichtsverlust kann bis zu 50 Prozent betragen.

Gekochtes Rauchfleisch

Nach Onkel Arthur

3 kg Rindfleisch von der Hüfte oder Oberschale, ohne Knochen, 150 g Pökelsalz, 15 g Zucker.

Rindfleisch mit Küchengarn umwickeln und mit einer Schlaufe versehen. Hängend in ausreichend kochendes Wasser geben und ca. 5 Minuten sprudelnd kochen lassen. Abgekühlt mit einer Mischung aus Pökelsalz und Zucker gut einreiben. 1 Tag zum Trocknen in einen warmen Raum (18–20 °C) hängen, danach 8–10 Tage kalträuchern.

Gepökelte Rinderzunge

1 Rinderzunge (ca. 1 kg), 50 g Pökelsalz, 5 g Rohrzucker.
6grädige Lake: *pro l Wasser 48 g Pökelsalz.*
1 ausreichend große Speckplatte (ca. ½ cm dick), 1 TL Kurkuma.

Rinderdarm.

Rinderzunge mit einer Mischung aus Pökelsalz und Rohrzucker von allen Seiten gut einreiben. Den Boden des Pökelgefäßes mit Salzmischung bedecken, Zunge hineingeben und zum Abschluß etwas von der Salzmischung darüberstreuen, mit einem Brett beschweren und zugedeckt in einem Pökelraum (6–8 °C) ca. 20 Stunden pökeln lassen. Danach den ausgetretenen Fleischsaft abgießen und durch ein Sieb abseihen.
In der Zwischenzeit das Wasser für die Lake, zusammen mit dem Pökelsalz, erhitzen, kurz vor dem Siedepunkt in ein Gefäß zum Abkühlen gießen. Lake um die gleiche Menge des ggf. hinzugefügten Fleischsaftes reduzieren. Die Lake etwa fingerbreit über die Zunge gießen und 6–10 Tage pökeln lassen. Nach 3–5 Tagen das Fleisch wenden und kontrollieren, ob die Lake in Ordnung ist. Ggf. Schaum abschöpfen oder Lake erneuern. Nach dem Pökeln die Zunge abwaschen und in ausreichend Wasser 3–5 Stunden bei 90 °C garen, bei 90–85 °C ca. 1 Stunde nachziehen lassen. Nach dem Erkalten mit der Speckscheibe umwickeln und in einen ausreichend großen Rinderdarm einfüllen. Mit Küchengarn an beiden Enden zubinden und zusätzlich wie ein Paket verschnüren und mit einer Schlaufe versehen. Bei 80 °C ca. 30 Minuten simmern (köcheln) lassen. Trockentupfen, 1–2 Stunden zum Trocknen aufhängen, mit Kurkuma bestreichen und je nach Bedarf 2–4 Tage kalträuchern.

Geräucherte Zunge

Zum Einkochen

1 gepökelte, leicht geräucherte Rinder- oder Kalbszunge, Wasser.

Einkochgläser.

Die Zunge in passende Stücke schneiden, in Einkochgläser geben, 2 cm hoch mit Wasser übergießen und einkochen.
Einkochzeit: 120 Minuten + 60 Minuten bei 98 °C; *im Schnellkochtopf:* 25 Minuten.

Kalb

Kalbfleischpastete mit Pilzen
Zum Einkochen

200 g Kalbfleisch, Salz,
gemahlener, weißer Pfeffer,
1 TL Rosmarin, 1 TL Petersilie,
1 Lorbeerblatt (alles getrocknet und
im Mörser fein zerstoßen),
1 Schnapsglas (2 cl) Weinbrand,
3 Schalotten, 20 g Butter,
100 g frische Champignons,
2 Semmeln, ⅛ l Sahne,
500 g Kalbfleisch,
250 g Rückenspeck, 2 Eigelb,
evtl. 100 g gekochter Schinken.

Einkochgläser oder Weißblechdosen.

Das Kalbfleisch in feine Streifen schneiden, mit Salz und Gewürzen bestreuen, mit dem Weinbrand übergießen und 2 Stunden durchziehen lassen. Die geschälten Schalotten fein hacken und in Butter dünsten, die geputzten, gewaschenen und in Scheibchen geschnittenen Pilze zugeben und ebenfalls dünsten. Die entrindeten Semmeln in Sahne einweichen. Kalbfleisch und Rückenspeck in 2 cm große Würfel schneiden und durch die 5-mm-Lochscheibe drehen. Mit ausgedrückten Semmeln, Eigelb, Schalotten mit Pilzen sowie Fleischstreifen samt Marinade vermischen und gut durchrühren. Eventuell nochmals abschmecken und nach Belieben den in feine Streifen geschnittenen Schinken unterheben. Die Masse bis zu ¾ der Höhe in Einkochgläser oder Dosen füllen und einkochen.
Einkochzeit: 120 Minuten + 60 Minuten bei 98 °C; *im Schnellkochtopf:* 25 Minuten.

Gegrilltes Kalbsbries

500 g gepreßte Kalbsbriesscheiben (s. S. 115),
Salz, gemahlener, weißer Pfeffer, Öl,
50 g Kräuterbutter.

Die Kalbsbriesscheiben mit Salz und Pfeffer würzen, mit Öl beträufeln und wie üblich grillen. Mit Kräuterbutter zu Tisch geben.
Dazu passen: Kopfsalat und Stangenweißbrot.

Überbackenes Kalbsbries

500 g vorgekochte Kalbsbriesscheiben
(s. S. 115), Salz, Zitronensaft,
Butter für die Form, 4 EL trockener Sherry,
1 EL feingehackte Petersilie oder Estragon.
Für die Sauce: *¼ l Kochbrühe vom Kalbsbries,*
2 EL Speisestärke, ⅛ l Sahne, Salz,
Zitronensaft, 2 Eigelb,
50 g geriebener Bergkäse.

Die gekochten Kalbsbriesscheiben mit Salz und Zitronensaft würzen. In eine gebutterte, feuerfeste Form legen, mit Sherry begießen und mit gehackten Kräutern bestreuen.
Für die Sauce die Brühe aufkochen, mit der Speisestärke, die in der Hälfte der Sahne angerührt wurde, einmal aufkochen, mit Salz und Zitronensaft abschmecken. Eigelb mit der restlichen Sahne verrühren und die Sauce damit legieren. Über die Briesscheiben gießen, mit geriebenem Käse bestreuen und bei 220 °C im Backofen oder unterm Grill goldgelb überbacken.
Dazu passen: Salzkartoffeln und Feldsalat.

Links: *Fränkische Schlachtschüssel, Rezept S. 58*
Rechts: *Blaue Zipfel aus Franken, Rezept S. 105*

Kalbsbries auf Porree

*500 g Kalbsbries, 1 Lorbeerblatt, 2 Nelken,
200 g Porree, 40 g Butter,
4 EL Wasser oder Fleischbrühe,
¼ l saure Sahne, Salz,
frisch gemahlener, schwarzer Pfeffer,
gerebelter Kerbel.*

Kalbsbries mit Lorbeerblatt und Nelken spikken und in leicht gesalzenem Wasser zum Kochen bringen. Hitze sofort reduzieren. Bries 20-30 Minuten ziehen lassen, abgekühlt enthäuten. Die Porreestangen halbieren, in 5 cm lange Längsstreifen schneiden und ca. 4 Minuten in Butter dünsten. Wasser zufügen und zugedeckt gar dünsten. Porree aus dem Fond nehmen, warm stellen und den Fond mit saurer Sahne binden, salzen, pfeffern, vom Herd nehmen und mit Kerbel würzen. Bries in Scheiben schneiden, auf dem Porree anrichten, mit Sauce begießen und servieren.
Dazu passen: Schneekartoffeln, (Salzkartoffeln durch eine Presse gedrückt), mit Butterflöckchen garniert.

Pastete vom Kalbshirn

*1 Kalbshirn (ca. 400 g), Salzwasser,
etwas Zitronensaft,
400 g Kalbsbrät, 2 Eier,
⅛ l weiße Sauce (Instant),
3 Schalotten, 50 g frische Champignons,
1 Bund Petersilie,
20 g Butter, Salz,
gemahlener, weißer Pfeffer,
Piment- und Nelkenpulver,
Muskatpulver,
1 Prise getrocknetes Basilikum,
Butter und Semmelbrösel für die Form.*

Das Hirn in Salzwasser mit Zitronensaft 15 Minuten kochen, abschrecken und häuten. Währenddessen Kalbsbrät mit weißer Sauce verrühren, gehackte Schalotten, Champignons und Petersilie in Butter leicht andünsten und abgekühlt zur Brätmasse geben. Diese mit Salz und Gewürzen abschmecken. Eine Pasteten- oder Auflaufform buttern und mit Semmelbröseln ausstreuen. Die Farce dünn auf den Boden streichen, das Hirn darauflegen und mit der restlichen Farce bedecken. Die Form mit Deckel oder Alufolie verschließen und in der Fettpfanne des Backofens im Wasserbad bei 80 °C Wassertemperatur 1 Stunde garen.

Panierte Kalbskopfschnitzel

*1 Kalbskopf, Salzwasser,
1 Schuß Weißwein, Mehl,
Eier, Semmelbrösel,
Butterschmalz zum Backen,
Zitronenspalten.*

Den Kalbskopf in Salzwasser mit einem Schuß Wein kochen. Dann das Fleisch von den Knochen lösen. Die Fleischstücke noch warm in eine Leinenserviette binden und in das Gefriergerät legen, bis eine feste Sülze entstanden, diese aber noch nicht gefroren ist. Danach den gesulzten Kalbskopf in Scheiben schneiden, diese wie üblich panieren und in Fett wie Schnitzel ausbacken. Mit Zitronenspalten servieren.
Dazu paßt: Kartoffelsalat.

Münsterländer Töttchen

Westfälische Spezialität von Pinkus Müller

1 Kalbskopf, 1 Kalbslunge, 1 Kalbsherz, Salzwasser, 10 Pfefferkörner, 2 Nelken, 2 Zwiebeln, 1 Lorbeerblatt.
Für die Sauce: *4 Zwiebeln, 40 g Butter, 40 g Mehl, ½ l Fleischbrühe, Essig, Zucker.*

Den Kalbskopf gut reinigen, mit Lunge und Herz in kochendem Salzwasser aufsetzen und mit Gewürzen ca. 3 Stunden kochen. Fleisch aus der Brühe nehmen und kleinschneiden. Zwiebeln schälen und würfeln, in der Butter glasig schmoren, Mehl darin anbräunen und mit Brühe aufgießen. Das Fleisch hinzufügen und zum Schluß das Töttchen kräftig mit Essig und Zucker süßsauer abschmecken. In tiefen Tellern servieren.
Dazu passen: Brötchen, frisches Bauernbrot, Worcestersauce und Zitronenschnitze zum Nachwürzen.

Saure Lunge

Lüngerl

500 g Kalbslunge, Salzwasser, 40 g Butter oder Butterschmalz, 2 Zwiebeln, 1 EL Mehl, 1 Lorbeerblatt, frisch gemahlener, weißer Pfeffer, 1–2 EL Weinessig.

Die vorbereitete Lunge gründlich waschen, im Ganzen in Salzwasser weich kochen (40–50 Minuten, im Schnellkochtopf 10–15 Minuten). Etwas abkühlen lassen, in feine Streifen schneiden. Fett in einem Topf heiß werden lassen und die feingehackte Zwiebel darin andünsten. Mehl darüberstäuben, Gewürze dazugeben, mit ½ l Kochsud aufgießen und die Sauce 5 Minuten durchkochen lassen. Nun den Essig und die Lungenstreifen hineingeben und weitere 10 Minuten durchkochen. Nochmals abschmecken und das Lorbeerblatt entfernen. Das Gericht in Suppentellern mit Semmelknödeln servieren.

Variation
2 gehäufte Eßlöffel Rosinen, nach dem Aufgießen dem Kochsud beigefügt, geben dem Gericht eine pikante Note.

Kalbszunge in Zitronensauce

500 g Kalbszunge, 2 EL Sojaöl, 1 Zwiebel, 1 l Fleischbrühe, Lorbeerblätter, 1 Stück Zitronenschale, 1 EL Mehl, 1 Eigelb, Saft von 1 Zitrone, abgeriebene Schale von 1 unbehandelten Zitrone.

Die Kalbszunge waschen und putzen. In einem Topf 1 Eßlöffel Öl erhitzen, die gehackte Zwiebel darin anbraten, dann das Fleisch zugeben. Mit Brühe aufgießen, mit Lorbeerblättern und Zitronschale würzen und gut 1 Stunde kochen lassen. Danach in einer Pfanne das restliche Öl erhitzen, das Mehl darin gelblich werden lassen, mit 2 Kellen Fleischbrühe auffüllen und aufkochen lassen. Eigelb mit Zitronensaft und -schale mischen, unter ständigem Schlagen unter die Sauce ziehen. Eventuell mit Zucker abschmecken. Fleisch in Scheiben schneiden und in der Sauce servieren.
Dazu paßt: Reis.

Milzsuppe

250 g Kalbsmilz, 1 mittelgroße Zwiebel, 40 g Butter, 40 g Mehl, 1 l Fleischbrühe, Salz, Pfeffer, Petersilie.

Die Milz durch den Fleischwolf (3-mm-Lochscheibe) drehen oder im Mixer pürieren, mit der feingehackten Zwiebel in Butter anschmoren. Mit Mehl bestäuben, durchrösten, mit der heißen Brühe aufgießen und gut durchkochen lassen. Mit Salz und Pfeffer abschmecken und, mit gehackter Petersilie bestreut, servieren.

Kalbslebermousse

1 kg Kalbsleber, 6 Eier, 20 g Salz, 1,5 g gemahlener, weißer Pfeffer.

Weißblechdosen.

Kalbsleber zusammen mit Eiern und Gewürzen im elektrischen Mixer pürieren, in kleine Dosen abfüllen, verschließen und einkochen. *Einkochzeit:* 120 Minuten + 60 Minuten bei 98 °C; *im Schnellkochtopf:* 25 Minuten.

Verwendung
Als Brotaufstrich.

Milzwurst aus Bayern

1 Kalbsmilz, 1 Kalbsbries, 100 g Kalbsleber, 125 g Kalbfleisch, 125 g mageres Schweinefleisch, 1 Kalbsnetz, Zwiebel, Petersilie, Salz, Pfeffer, Fleischbrühe.

Die Kalbsmilz waschen, dann mit einem Querschnitt am oberen Ende und einem Längsschnitt innen eine Tasche formen. Das Kalbsbries weiß wässern, von Haut und Drüsen befreien und in Streifen schneiden, ebenso Kalbsleber, Kalbfleisch und Schweinefleisch. Nun das Kalbsnetz ausbreiten und abwechselnd mit Bries, Schweinefleisch, Kalbfleisch und Kalbsleber, feingeschnittener Zwiebel und Petersilie belegen. Salzen, pfeffern. Die Milz umstülpen und das gefüllte Kalbsnetz hineinschieben, so daß die Milz wie ein Naturdarm für das eingerollte Kalbsnetz wirkt. Die Öffnung zunähen und die Milz 1 Stunde in Fleischbrühe simmern (köcheln) lassen. Die Milzwurst, in Scheiben geschnitten und evtl. »abgebräunt« (in Butter angebraten), servieren.

Kalbskäse

Fleischkäse

1,5 kg mageres Schweinefleisch (Schulter), 1,5 kg Kalbfleisch (Schulter), 1 kg frischer Schweinerückenspeck, 4 Eier, 200 g Mehl, ¼ l Milch, etwas Weißwein, 80 g Salz, 1 EL gemahlener, weißer Pfeffer, etwas abgeriebene Schale von 1 unbehandelten Zitrone.

Aluformen.

Fleisch und Speck zunächst durch die 8-mm-, dann durch die 5-mm-Lochscheibe drehen. Eier mit Mehl und Milch verschlagen und zum Fleisch geben. Weißwein mit Salz vermischen, mit den Gewürzen unter den Fleischteig mengen und abschmecken. Nach Belieben entweder in 1 große oder 2–3 kleinere Aluformen füllen und ca. 2 Stunden bei 150 °C backen.

Hinweis
Kalbskäse läßt sich gut einfrieren.

Lamm/Hammel/Schaf

Allgemeine Beschreibungen

Historiker wollen wissen, daß Hammelfleisch schon einige geschichtliche Ereignisse bewirkt hat. Zar Peter der Große beispielsweise heiratete die ehemalige Magd eines Propstes fast nur wegen ihrer guten Kochkünste, ein »livländisches Hammelragout« war dafür verantwortlich zu machen. Später beförderte er sie zur »Katharina I.«, wohl wegen anderer Talente. Ein weniger glorreiches Beispiel mag Napoleon sein, der offenbar die Schlacht bei Waterloo nur verlor, weil er tags zuvor einen köstlichen Hammelrostbraten so hastig verspeiste, daß ihm schlecht wurde . . . Vielleicht handelt es sich bei dieser Story aber auch nur um üble Nachrede, deren Urheber man die »Hammelbeine langziehen« sollte.

Schaffleisch ist ein Sammelbegriff für das Fleisch verschiedener Altersklassen und Geschlechter, von z. B Lämmern, Hammeln, Schafen und Böcken.

Lämmer teilt man ein in: *Milchmastlämmer,* die nicht älter als 6 Monate sein dürfen, sie werden in dieser Zeit ausschließlich von Muttermilch ernährt. Ihr Fleisch ist hell und ganz besonders zart. *Weidemastlämmer* sind Lämmer vom 6. Monat an, sie dürfen nicht älter als 12 Monate sein. Unter »Mast« versteht man hier nicht, daß diese Lämmer gemästet werden, sondern die Tiere mästen sich selber, mit anderen Worten, sie fressen stets nur soviel, wie sie auch wirklich benötigen. Daher sieht ihr Fleisch rosa aus, es ist zart und schmackhaft. Lammfleisch kann man, ähnlich wie Wildfleisch, 3–4 Tage in eine Beize legen.

Hammel sind entweder 1–2 Jahre alte, kastrierte, männliche oder weibliche, nicht zu Zuchtzwecken verwendete Tiere. Alte Vorurteile, ihr Fleisch schmecke streng und sei zäh, treffen keinesfalls zu. Vielmehr schmeckt es würzig, kräftig und gibt zahlreichen Gerichten ein vorzügliches Aroma. Hammelfleisch sieht viel dunkler als Kalbfleisch aus, ist jedoch heller als Rindfleisch. Das Fett soll eine schöne, weiße Farbe aufweisen.

Schafe sind entweder zur Zucht verwendete Tiere, die üblicherweise älter als 2 Jahre sind, oder aber Schafböcke. Dieses Schaffleisch schmeckt unangenehm und riecht tranig.
Übrigens: Schaf- und Lammfleisch zählt zu den Schlachttieren, die bisher noch in keiner Weise von der Rückstandsproblematik (z. B. Antibiotika) betroffen wurden.

Fleischeinteilung

Hals (Nacken, Kamm) (1)
Zum Braten, Grillen, Schmoren, Kochen geeignet, für Ragouts, Eintöpfe und Hackfleisch.

Brust und Dünnung (2)
Zum Braten, Schmoren, Kochen geeignet, für Ragouts, Eintöpfe und kräftige Suppen.

Schulter (Bug, Blatt, Schaufel) (3)
Geeignet zum Braten und Schmoren.

Rücken (4)
Zum Braten, in Doppelkoteletts geschnitten als Chops zum Grillen geeignet.

Keule (Schlegel) (5)
Zum Braten, Grillen und Schmoren geeignet.

Informationen und Hinweise

Lamm-/Hammelfleisch schmeckt am besten von im Herbst geschlachteten Tieren.

Lammfleisch hält sich, leicht mit Öl eingerieben, im Kühlschrank ca. 4 Tage frisch. Eingelegt in einer Beize aus Essig oder Rotwein, kann es bis zu 6 Tage aufbewahrt werden. Tiefgefroren hält es sich bis zu 9 Monate.

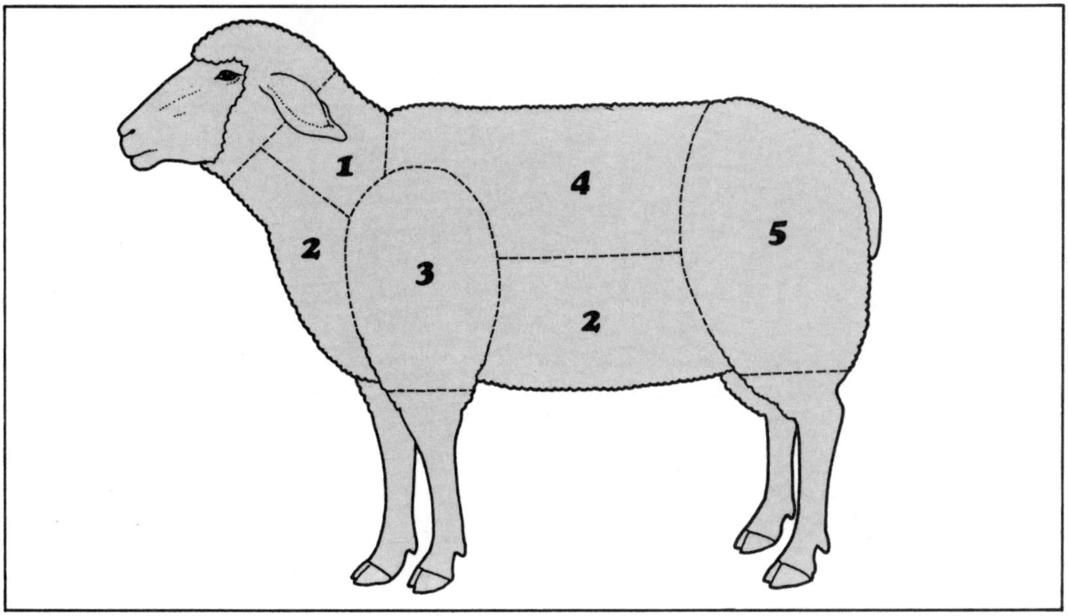

Zum Braten oder Schmoren Fett nicht vom Fleisch entfernen, es gibt ihm das richtige Aroma. Beim Verzehr ggf. wegschneiden.

Aus Lammfleisch hergestellte Würste sind sehr hart. Vor dem Servieren am besten hauchdünn aufschneiden.

Schaffleisch sollte heiß gegessen werden, zumal das Fett schon bei ca. 40 °C erstarrt.

Bei der Zubereitung von Lammfleisch kommt es auf die richtige Würzung an. Zu den Grundgewürzen zählen: Salz, schwarzer Pfeffer, Zwiebeln, Knoblauch sowie Suppengrün. (Ausführliche Würzvorschläge s. Kapitel »Richtig würzen, leicht gemacht« S. 46 f.)

Innereien vom Lamm und Hammel werden, ähnlich wie die vom Kalb, geschätzt. So ißt man z. B. im Mittelmeerraum vorzugsweise *Lammdärme*. Gegrillte *Lammherzen* sollten innen noch leicht rosa sein. *Lammhirn* schmeckt genauso delikat wie Kalbshirn, während *Lammnieren* zart sind, jedoch eher eigenwillig schmecken. *Hammelzunge* eignet sich zum Pökeln und Räuchern.

Energiewerte und Inhaltsstoffe von Hammel-(Schaf-)fleisch

In 100 g sind enthalten	kJ	kcal	Eiweiß in g	Fett in g	Wasser in g
Bug	1223	292	15,6	25,0	58,0
Brust	1611	385	12,0	37,0	48,0
Filet	493	118	20,4	3,4	75,0
Herz	678	162	16,8	10,0	72,0
Hirn	538	129	10,9	9,1	78,0
Keule	1001	239	18,0	18,0	64,0
Kotelett	1474	352	14,9	32,0	52,0
Leber	528	126	21,2	3,9	70,4
Lende	832	199	18,7	13,2	66,7
Lunge	415	99	18,4	2,3	78,0
Milz	472	113	18,0	4,0	76,2
Niere	409	98	16,5	3,0	78,5
Zunge	800	191	13,5	14,8	69,2
Schaffleisch im Durchschnitt	946	226	17,6	16,6	63,9

Nach S. W. Souci, W. Fachmann, H. Kraut: Die Zusammensetzung der Lebensmittel, Nährwert-Tabellen 1981/82, Wissenschaftliche Verlagsgesellschaft mbH, Stuttgart 1981 und K. Diem und C. Lentner, Documenta Geigy: Wissenschaftliche Tabellen, Stuttgart 1975

Rezepte

Lamm

Geschmortes Lammfleisch
Zum Einkochen

1 kg Lammfleisch (Brust, Schulter, ausgelöste Keule), Salz, Pfeffer, gemahlener Rosmarin und/oder Thymian, 3–4 Knoblauchzehen, Öl oder Butterschmalz zum Braten, ¼ l Fleischbrühe.

Einkochgläser.

Das Fleisch in passende Stücke zerteilen, dann mit Salz und den anderen Gewürzen bestreuen, in erhitztes Bratfett geben und von allen Seiten anbräunen. Heiß in Einkochgläser füllen, gespaltene Knoblauchzehen in jedes Glas geben. Den Bratfond mit heißer Brühe aufgießen, kurz durchkochen lassen, abseihen und 2–3 cm hoch in die Gläser füllen. Diese verschließen und einkochen.
Einkochzeit: 120 Minuten + 60 Minuten bei 98 °C; *im Schnellkochtopf:* 25 Minuten.

Lammcurry
Zum Einkochen

1 kg Lammfleisch (Keule oder Schulter), ¼ l Geflügelbrühe (Würfel), 1 große Zwiebel, 2 EL Öl oder Butter, 1 EL Curry, ¼ TL Ingwerpulver, 1 Apfel, 2 EL Tomatenmark, etwas Salz, Pfeffer, Zucker.

Einkochgläser.

Das Lammfleisch von den Knochen lösen und diese in der Geflügelbrühe ca. 30 Minuten kochen. Das Fleisch in ca. 3 cm große Stücke schneiden. Zwiebel schälen und würfeln. Fett im Schmortopf stark erhitzen, das Fleisch hineingeben und unter häufigem Wenden rasch goldbraun braten. Zwiebel, Curry und Ingwerpulver daruntermischen, mit Brühe auffüllen und zugedeckt bei schwacher Hitze durchgaren. In der Zwischenzeit den Apfel schälen, vierteln, entkernen, in Würfel schneiden und zum Fleisch geben. Tomatenmark mit der Sauce glatt verrühren, diese dann mit Salz, Pfeffer, 1 Prise Zucker und evtl. noch etwas Curry würzen. In Einkochgläser füllen und einkochen.
Einkochzeit: 60 Minuten + 30 Minuten bei 98 °C; *im Schnellkochtopf:* 25 Minuten.

Lammknödel

Verwendung des Lammhalses oder der -rippen, ergibt ca. 12 Stück.

250 g trockenes Weißbrot, Salz, heiße Milch, 3 EL Öl, 1 große Zwiebel, Lammhals, Suppengrün, 3 Möhren, Liebstöckel, schwarzer, gemahlener Pfeffer, 1 Lorbeerblatt, 2 mittelgroße Zwiebeln, 1 zerdrückte Knoblauchzehe, 30 g Butter, ca. 250 g Fleisch vom Lammhals oder von den Rippen, gehackte Petersilie, 2 EL Mehl, 3 Eier, 200 g frische, grüne Erbsen.

Das Weißbrot in dünne Scheiben schneiden, mit Salz bestreuen und mit Milch übergießen. Zugedeckt stehen lassen. Im Schnellkochtopf Öl erhitzen, gehackte Zwiebel anrösten und den Lammhals von allen Seiten darin anbraten. Mit Wasser auffüllen. Suppengrün, Möh-

ren und Gewürze zugeben. Topf verschließen und ca. 30 Minuten kochen. Danach die Suppe durchseihen und kalt stellen, das erstarrte Fett abnehmen. Fleisch von den Knochen lösen und kleinschneiden. Gewürfelte Zwiebeln und die Knoblauchzehe in Butter anbräunen, zusammen mit dem Fleisch, Petersilie, Mehl und eingeweichtem Weißbrot vermengen. Eier hinzufügen, alles gut vermischen und Knödel formen. Erbsen in der entfetteten Suppe etwas weich garen, danach Knödel hinzugeben, aufkochen und weitere 20 Minuten ziehen lassen.
Dazu paßt: Kopfsalat.

Variation
Lammknödel mit verquirlten Eiern backen.

Lammsuppe

Griechische Ostersuppe

Herz, Leber, Lunge und Magen von 1 Lamm, 1 l Salzwasser, 1 Bund Frühlingszwiebeln, 50 g Butter, einige Körnchen Fenchel oder Anis, 100 g Rundkornreis, 2 Eier, Saft von 1 großen Zitrone, Salz, frisch gemahlener, weißer Pfeffer.

Die geputzten Innereien 30 Minuten in Salzwasser kochen, abtropfen lassen. Herz, Leber und Lunge in kleine Stücke schneiden. Frühlingszwiebeln waschen, mit dem Grün in Scheibchen schneiden. Butter schmelzen, Zwiebelscheibchen und Fleischstücke darin anrösten, mit Lammbrühe aufgießen, Fenchel oder Anis zugeben und weitere 60 Minuten kochen. Den gewaschenen Reis 20 Minuten vor Ende der Garzeit hinzufügen. Eier mit Zitronensaft verquirlen und die Suppe damit legieren (nicht mehr kochen!). Mit Salz und Pfeffer abschmecken.

Lammnieren auf spanische Art

500 g Lammnieren, ½ l Buttermilch, 1 große Zwiebel, 3 EL Öl, 1 Knoblauchzehe, frisch gemahlener, weißer Pfeffer, 1 Lorbeerblatt, 1 EL Zitronensaft, 50 g paprikagefüllte Oliven, Salz, 4 EL trockener Sherry, 2–3 EL Crème fraîche.

Die Lammnieren häuten, von Fett und Röhren befreien und abspülen. Ca. 3 Stunden in Buttermilch legen, dann herausnehmen, trockentupfen und in Scheiben schneiden. Die Zwiebel fein hacken. Das Öl erhitzen. Lammnierenscheiben, Zwiebelwürfel und die zerdrückte Knoblauchzehe darin anrösten. Mit ½ Tasse heißem Wasser aufgießen. Mit Pfeffer und dem fein zerbröselten Lorbeerblatt und Zitronensaft würzen und kurz durchschmoren. Die in Scheibchen geschnittenen Oliven darunterziehen, mit Sherry und Salz abschmecken und mit Crème fraîche verfeinern. Das Gericht durchziehen lassen.
Dazu passen: Stangenweißbrot und Salat.

Lammterrine auf Bauernart

500 g Lammfleisch (aus der Keule, ohne jegliches Fett), 400 g mageres Schweinefleisch, 200 g Rückenspeck ohne Schwarte, 2 TL Salz, 1 Msp gemahlener, schwarzer Pfeffer, 1 Lorbeerblatt, 1 EL getrocknete Provence-Kräutermischung, 1 Schnapsglas (2 cl) Weinbrand, 2 Eier, 300 g durchwachsener Speck, Lorbeerblätter zum Verzieren, evtl. Schweinefett zum Verschließen.

Lamm- und Schweinefleisch sowie Rückenspeck in 3–4 cm große Würfel schneiden, in eine Schüssel legen, mit Salz und Gewürzen bestreuen und den Weinbrand darübergießen. Über Nacht im Kühlschrank zugedeckt marinieren. Dann Fleisch und Speck durch die 3-mm-Lochscheibe drehen, die Eier unterrühren und die Masse kalt stellen. Den durchwachsenen Speck in kleine Würfel schneiden und gut unter die Farce mengen. Eventuell nachwürzen, dann in eine ovale Terrinenform füllen. Die Oberfläche mit Lorbeerblättern verzieren. In der geschlossenen Terrine im Wasserbad (Fettpfanne des Backofens) ca. 60 Minuten bei 80 °C Wassertemperatur garen. Die Ränder der erkalteten Terrine nach Belieben mit heißem Schweinefett ausgießen.

Gebrühte Lammkrakauer

1 kg Lamm- oder Hammelfleisch (von der Schulter), ohne jegliches Fett,
1 kg durchwachsener Schweinebauch, ohne Schwarte, 1 kg mageres Rindfleisch,
80 g Pökelsalz, 20 g schwarzer, gemahlener Pfeffer, 2 zerdrückte Knoblauchzehen,
4 g gerebelter Thymian, 2 g Rosmarin,
2 g ganzer Kümmel.

Naturindärme.

Lammfleisch, Schweinebauch und Rindfleisch in 3–4 cm große Würfel schneiden und 3–4 Stunden im Gefriergerät anfrieren lassen, dann Lammfleisch durch die 5-mm-Lochscheibe bzw. Schweinebauch und Rindfleisch durch die 8-mm-Lochscheibe drehen. Gewürze unter die angefrorenen Fleischstücke mischen und gut vermengen, in vorbereitete Naturindärme füllen und abbinden, 4–5 Stunden kalträuchern und danach ca. 60 Minuten brühen. Die Lammkrakauer können ebenso in Dosen eingemacht werden, die Kochdauer beträgt ca. 120 Minuten.

Geräucherte Lammzunge

1 Lammzunge (ca. 250 g), 12,5 g Pökelsalz,
2 g Zucker, 1 TL Zwiebelwürfel, 5 zerdrückte Wacholderbeeren, je ½ TL grobgemahlener, schwarzer Pfeffer, gerebelter Estragon und Basilikum, Lorbeerblatt, 1 Nelke.
5grädige Lake: *pro l Wasser 40 g Pökelsalz.*
Gewürz im Leinensäckchen:
1 zerdrückte Knoblauchzehe.

Lammzunge einige Minuten in kochendes Wasser legen, so läßt sie sich leichter häuten und pökelt besser durch. Trockentupfen, erkalten lassen und mit einer Mischung aus Pökelsalz, Zucker und den angegebenen Gewürzen von allen Seiten gut einreiben. Den Boden des Pökelgefäßes mit Salzmischung bedecken, Lammzunge hineingeben und zum Abschluß Salzmischung darüberstreuen, mit einem Brett beschweren und, luftdicht zugedeckt, in einem Pökelraum (6–8 °C) ca. 12 Stunden pökeln lassen. Danach den ausgetretenen Fleischsaft durch ein Sieb abseihen.
In der Zwischenzeit das Wasser für die Lake zusammen mit dem Pökelsalz erhitzen, dabei die im Leinensäckchen eingebundene Knoblauchzehe hinzufügen. Kurz vor dem Siedepunkt in ein Gefäß zum Abkühlen gießen. Lake um die gleiche Menge des ggf. hinzugefügten Fleischsaftes reduzieren. Die Lake fingerbreit über die Lammzunge gießen und ca. 8 Tage pökeln lassen. Nach 4 Tagen das Fleisch wenden und kontrollieren, ob die Lake in Ordnung ist. Ggf. Schaum abschöpfen oder Lake erneuern. Nach dem Pökeln die Zunge 1–2 Stunden in klarem Wasser wässern, dabei das Wasser 2–3 mal erneuern, trockentupfen, mit einem Fleischerhaken versehen und 4–6 Stunden zum Trocknen aufhängen, danach 1–2 Tage kalträuchern.

Lammschinken Bündner Art

3 kg Lammfleisch von der Keule (ohne Knochen), 90 g Pökelsalz, 6 g Zucker, 1½ g Ingwerpulver, 9 g zerdrückte Wacholderbeeren, 2 zerdrückte Knoblauchzehen (in wenig Rotwein eingeweicht), 1 zerdrücktes Lorbeerblatt.

Lammfleisch in ein flaches Stück schneiden, an der Oberfläche möglichst von allem Fett befreien und mit einer Mischung aus Pökelsalz, Zucker, Ingwerpulver, Wacholderbeeren, Knoblauch und Lorbeer von allen Seiten gut einreiben. Den Boden des Pökelgefäßes mit Salzmischung bedecken, das Fleisch hineinschichten und zum Abschluß ebenfalls etwas von der Salzmischung darüberstreuen.
Mit einem Brett beschweren und, luftdicht zugedeckt, 9–12 Tage bei einer Temperatur von 6–8 °C im Pökelraum liegen lassen. Alle 3 Tage das Fleisch wenden. Nach dem Pökeln mit kaltem Wasser abwaschen, mehrere Stunden zum Trocknen aufhängen und über Nacht kalträuchern. Das Fleisch 2–4 Tage mit einem Brett beschweren (damit eine flache Form entsteht), 2–3 Monate bei 8–10 °C in Zugluft trocknen.

Wichtig!
Bei den nachfolgenden Wurstrezepten Kapitel Dauerwürste (s. S. 107) beachten!

Lammsalami

1,5 kg Lamm- oder Hammelfleisch (ausgelöste Keule), ohne jegliches Fett, 750 g mageres Schweinefleisch, 750 g Rückenspeck ohne Schwarte, 80 g Pökelsalz, 15 g gemahlener, weißer Pfeffer, 6 g gemahlener Koriander, 6 g gemahlener Rosmarin, 3 zerdrückte Knoblauchzehen.

Naturindärme.

Fleisch und Speck in 3–4 cm große Würfel schneiden und 3–4 Stunden im Gefriergerät anfrieren lassen. Dann das Lammfleisch durch die 3-mm-Lochscheibe, Schweinefleisch mit den Gewürzen vermischen und durch die 8-mm-Lochscheibe, Speck durch die 10-mm-Lochscheibe drehen. Alles mit den Gewürzen vermengen und ca. 10 Minuten ruhen lassen. Nun die Masse in vorbereitete Naturindärme abfüllen und abbinden. Die Würste 24 Stunden bei 18–20 °C reifen lassen, dann 1 Woche kalträuchern.

Schaf

Grobe Schafdauerwurst

1,2 kg Schaffleisch (Schulter, Lende), ohne jedes Fett, 300 g mageres Schweinefleisch (Schulter, Lende), 1,5 kg Rückenspeck vom Schwein, ohne Schwarte, 80 g Pökelsalz, ½ TL gemahlener, schwarzer Pfeffer, 1 Msp Kardamom, 1 zerdrückte, mit Salz vermischte Knoblauchzehe, 1 TL Zucker, 2 cl Rum, 2 EL Senfkörner.

Naturindärme.

Das Fleisch in 3–4 cm große Würfel schneiden und 3–4 Stunden im Gefriergerät anfrieren lasen. Schweinefleisch durch die 5-mm-Lochscheibe drehen. Gewürze und Rum untermischen, zusammen mit Schaffleisch und Speck durch die 10-mm-Lochscheibe drehen. Erst jetzt unter die gesamte Masse die Senfkörner ziehen und in Naturdärme abfüllen und abbinden. 24 Stunden in einem luftigen Raum bei 18 °C reifen lassen, ca. 1 Woche kalträuchern, bis die Wurst goldgelb ist.

Feine Schafdauerwurst

1,5 kg Schaffleisch (Schulter, Lende), ohne jegliches Fett, 1,5 kg Schweinebauch ohne Schwarte, 90 g Pökelsalz, ½ TL gemahlener, schwarzer Pfeffer, 1 EL schwarze Pfefferkörner, 1 Msp Piment, ½ TL Honig, 2 EL Rotwein.

Naturindärme.

Fleisch in 3–4 cm große Würfel schneiden, im Gefriergerät anfrieren lassen. Danach mit Pökelsalz, Gewürzen, Honig und Rotwein gut vermengen und durch die 8-mm-Lochscheibe drehen. In Naturindärme füllen. 24 Stunden reifen lassen, 1 Woche kalträuchern. Besonders gut sind ein paar Wacholderbeeren im Räucherfeuer.

Landjäger aus Schaffleisch

1 kg mageres Schaffleisch, 1 kg mageres Rindfleisch, 700 g Rückenspeck, ohne Schwarte, 50 g Pökelsalz, 10 g weißer, gemahlener Pfeffer, 8 g Thymian, 4 g gemahlener Kümmel.

Naturdärme.

Fleisch ohne jegliches Fett sowie Speck in 3–4 cm große Würfel schneiden und 3–4 Stunden im Gefriergerät anfrieren lassen. Dann Fleisch und Speck durch die 5-mm-Lochscheibe drehen. Gewürze gut unter die Masse kneten. In vorbereitete Naturdärme füllen und abbinden. Landjäger paarweise auf eine ebene Unterlage legen, mit einer zweiten Unterlage (z. B. Tablett) beschweren und ca. 24 Stunden bei 18–22 °C aufbewahren. Danach 4–6 Tage kalträuchern.

Ziege

Allgemeine Beschreibungen

Ziegen sind neben Schafen, mit denen sie eng verwandt sind, die ältesten Haustiere. Die Hausziege ist ein genügsames Tier. Man kann sie durchaus noch dort halten, wo die Zucht von Schafen unmöglich ist. Ziegen liefern auch mehr Milch als Schafe, allerdings sind sie weniger mastfähig und liefern daher auch weniger Fleisch. Ihre Naschhaftigkeit und Launenhaftigkeit sind beinahe sprichwörtlich geworden und erschweren vielfach die Zucht. Dennoch, wer geeignete Unterbringungsmöglichkeiten für Hausziegen hat, kann gleichwohl mit Milch (zur Käse- und Butterherstellung geeignet) und Dünger für die Feld- oder Gartenbestellung versorgt werden. Nicht umsonst galt die Ziege über lange Jahre hinweg als »die Kuh des kleinen Mannes«.
Ziegenfleisch erfreut sich heutzutage bei uns zunehmender Beliebtheit. Das männliche Tier heißt Bock, das weibliche Geiß oder Ziege, und die junge Ziege wird mit Lamm, Zicklein oder Kitz bezeichnet. Das überaus zarte Fleisch junger Ziegen erinnert an Lammfleisch (Schaffleisch) und schmeckt am besten in den Monaten März und April. Wenn sie 4–6 Wochen alt sind, wiegen sie ca. 5 kg. Sie eignen sich besonders zum Braten oder Schmoren, ihr Nährwert entspricht in etwa dem des Kalbfleisches. Das Fleisch älterer Ziegen entspricht dem des Hammelfleisches, es läßt sich u. a. zu Dauerwurst, Terrinen, aber auch zu Schinken verarbeiten. Ziegenfleisch weist eine mattrosa Farbe auf. Es ist meist heller und fettärmer als Schaffleisch.

Fleischeinteilung

Ein enthäutetes Zicklein wiegt ca. 5,6 kg.
Die Verwendung der Teile erfolgt grundsätzlich wie beim Lamm (s. S. 127), spezielle Rezepte finden Sie nachfolgend.

Die Gewichte verteilen sich auf die einzelnen Teile wie folgt:

Hals und Kopf (1)	ca. 1000 g
Schulterstücke (2)	je ca. 800 g
Rücken (3)	ca. 900 g
Bauchlappen (4)	ca. 700 g
Schlegel (5)	je ca. 800 g

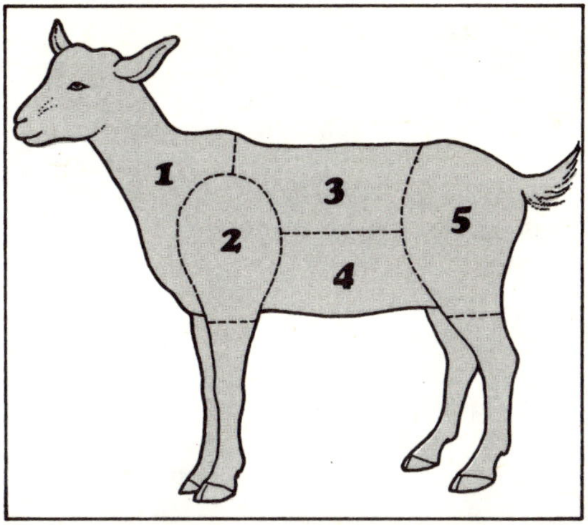

Informationen und Hinweise

Abgezogen und ausgenommen wird das Zicklein oder die junge Ziege wie ein Kaninchen. Nur hebt man bei der Ziege das Blut nicht auf.

Zicklein vor der Zubereitung entweder fast weich vorgaren oder 4–5 Tage in einem kühlen Raum abhängen lassen, damit das Fleisch schön mürbe wird.

Ziegen- oder Zickleinfleisch stets sehr sorgfältig vom Fett befreien, andernfalls schmecken die Gerichte unangenehm nach Ziegenfett.

Ziegen haben besonders trockenes Fleisch. Gute Ziegendauerwürste werden daher auch sehr hart. Am besten vor dem Servieren in hauchdünne Scheiben aufschneiden und ähnlich wie Bündner Fleisch zu Brot und Landwein reichen.

Zickleinfleisch kann man gut einkochen. Man gibt die gebratenen Stücke in Gläser, löscht den Bratfond mit Wein und etwas Wasser, würzt mit Rosmarin und gießt den Bratensaft 2–3 cm hoch in die Gläser. Anschließend die verschlossenen Gläser wie üblich einkochen.

Energiewerte und Inhaltsstoffe von Ziegenfleisch

In 100 g sind enthalten	kJ	kcal	Eiweiß in g	Fett in g	Wasser in g
Ziegenfleisch	691	165	18,7	9,4	70

Nach K. Diem und C. Lentner, Documenta Geigy: Wissenschaftliche Tabellen, Stuttgart 1975

Rezepte

Gebratener Zickleinschlegel

1 Zickleinschlegel (ca. 800 g), 2 EL Butter,
15 Wacholderbeeren,
⅛ l Wasser, Salz,
150 g Crème fraîche,
4–6 EL sehr trockener Sherry.

Vom Zickleinschlegel das ganze Fett sehr sorgfältig entfernen und die groben Häute abziehen. In erhitzter Butter von allen Seiten anbraten. Mit zerstoßenen Wacholderbeeren bestreuen und mit Wasser ablöschen. Im Schnellkochtopf ca. 30 Minuten garen, den Schlegel leicht salzen und warm stellen. Die Sauce mit Crème fraîche und Sherry abschmecken und getrennt zum Fleisch reichen. *Dazu passen:* Spätzle, halbierte, in Whisky gedünstete Äpfel mit Preiselbeerhäubchen.

Panierte Zickleinschulter

1 Zickleinschulter (ca. 800 g),
½ Bund Suppengrün,
½–¾ l Wasser.
Für die Panade: *3 EL Mehl, 1 Ei,*
6 EL Semmelbrösel.
Öl zum Ausbacken.

Von der Zickleinschulter das ganze Fett sehr sorgfältig entfernen. Die Schulter in 4 Teile zerhacken, zusammen mit kleingeschnittenem Suppengrün in Wasser fast weich garen. Herausnehmen, trockentupfen. In Mehl, verquirltem Ei und Semmelbröseln wenden. In Öl bei ca. 170 °C 20–30 Minuten ausbacken.
Dazu paßt: Kartoffelsalat.

Eingelegtes Zicklein

Für 4 Personen

1 Schulter vom Milchzicklein (ca. 600 g),
3 EL Öl, 1 mittelgroße Zwiebel,
400 ml Wasser,
1 Bund Suppengrün oder
einige Blätter Liebstöckel,
Selleriestücke oder -blätter
und Porree.
Für die Sauce: *40 g Butter,*
3 EL Mehl,
Brühe aus dem Glas,
3 gehäufte TL Crème fraîche,
⅛ l Weißwein, 1 Prise Zucker,
Salz nach Geschmack,
Saft von ½ Zitrone, 1 Eigelb.

Einkochgläser.

Den langen Schulterknochen des Milchzickleins auslösen und das Fleisch im erhitzten Öl zusammen mit der in grobe Streifen geschnittenen Zwiebel von allen Seiten im Schnellkochtopf anbraten. Mit Wasser auffüllen, Suppengrün hinzugeben, im geschlossenen Topf 30 Minuten kochen und leicht abkühlen lassen. Fleisch von den Knochen lösen und in mundgerechte Stücke schneiden. In Einkochgläser geben und einkochen.
Einkochzeit: 60 Minuten + 30 Minuten bei 98 °C; *im Schnellkochtopf:* 25 Minuten.

Verwendung
Nach dem Öffnen der Gläser für die Sauce aus Butter und Mehl eine helle Einbrenne bereiten, mit Brühe aus dem Glas aufgießen und durchkochen lassen. Mit Crème fraîche, Weißwein, Zucker, Salz und Zitronensaft abrunden und mit Eigelb legieren (nicht mehr kochen!). Das Fleisch in der Sauce heiß werden lassen.

Zickleinsuppe

Verwendung fleischarmer Stücke

Bauchlappen, Rippen, Hals, Kopf, 2 EL Öl,
1 mittelgroße Zwiebel, etwas Wasser,
1 Stange Porree, 1 Hirn,
0,1 l Schlagsahne, Salz, 3–4 EL Madeira,
frisch gemahlener, weißer Pfeffer,
4 EL Frühlingszwiebelgrün,
1–2 EL Schnittlauch.

Bauchlappen, Rippen, Hals und Kopf sorgfältig von Fettresten befreien. Öl im Schnellkochtopf erhitzen, grob zerteilte Zwiebel darin andünsten und das Fleisch von allen Seiten darin anbraten. Mit so viel Wasser aufgießen, daß das Fleisch damit bedeckt ist. Den in ca. 1 cm dicke Ringe geschnittenen Porree hinzufügen und alles ca. 30 Minuten garen lassen. In der Zwischenzeit das Hirn wässern, von groben Häuten befreien und kleinschneiden. Das gegarte Fleisch von den Knochen lösen, grob schneiden, mit ca. ½ l Brühe und der Sahne fein pürrieren. Alles zur restlichen Fleischbrühe geben, aufkochen und mit den angegebenen Gewürzen abschmecken. Vor dem Servieren das Hirn hinzufügen, etwas ziehen lassen – jedoch nicht kochen. Mit dem feingeschnittenen Frühlingszwiebelgrün und Schnittlauch garniert, servieren.

Einbrennsuppe vom Zicklein

1 Lunge, 1 Herz, 1 Zunge, 1 Niere,
1 Bund Suppengrün, 1 Möhre, ¾ l Wasser.
Für die Einbrenne: *30 g Butter,*
1 kleine Zwiebel, 2 EL Mehl,
1 Lorbeerblatt, ½ TL Kümmelkörner,
Salz, 1½ EL Essig,
1 Prise Muskatpulver, 2 EL Roséwein.

Die größeren Bronchien der Lunge der Länge nach aufschneiden und von eventuellen Verunreinigungen unter fließendem Wasser reinigen. Herz halbieren und ebenfalls säubern. Von der Zunge Schlund, Kehlkopf und Luftröhren entfernen. Die Nieren der Länge nach aufschneiden und von der äußeren Haut sowie vom Kelchfett befreien. Alle so vorbereiteten Innereien, zusammen mit Suppengrün, Möhre und Wasser, im Schnellkochtopf 5–10 Minuten garen und ca. 5 Minuten absetzen lassen. Mit Ausnahme der Nieren (s. Anmerkung unten) die Innereien fein nudelig schneiden.
Für die Einbrenne die Butter in einem Topf zerlassen, feinwürfelig geschnittene Zwiebel darin glasig dünsten, mit Mehl binden und mit der abgeseihten Brühe aufgießen. Lorbeerblatt und Kümmel hinzufügen und ca. 10 Minuten simmern (köcheln) lassen. Die Innereien hinzufügen. Mit den restlichen Gewürzen fein säuerlich abschmecken.

Hinweis
Die feingeschnittenen Nieren nur dann zur Suppe geben, wenn der typische, etwas strenge Geschmack erwünscht ist. Andernfalls die gekochten Nieren in etwas Butter anrösten und beispielsweise zu Toastbrot reichen.

Gekochtes Zicklein

1 Zicklein (ca. 3 kg), 200 g Butter, Salz,
2 Gläser trockener Weißwein, viel Rosmarin.

Das Zicklein säubern und in Stücke schneiden. Butter zergehen lassen und Fleischstücke gut anbraten. Salzen, mit Wein ablöschen und unter ständigem Wenden 1½ Stunden kochen. Gegen Ende der Kochzeit Rosmarin zugeben. Evtl. ein wenig Wasser beifügen.

Milz-Bries-Auflauf vom Zicklein

1 Zickleinbries, 1 Zickleinmilz, 4 Eier, 60 g Butter, 1 Prise Muskatpulver, 3 Frühlingszwiebeln, Salz.

Bries und Milz in kaltem Wasser 1–2 Stunden wässern. Bries, mit kaltem Wasser bedeckt, aufkochen. Haut abziehen, mit neuem kaltem Wasser bedeckt, weitere 10 Minuten kochen lassen. Milz aus der Hülle schaben, Hülle wegwerfen. Eiweiß schlagen, Butter schaumig rühren. Eigelb, Milz und das durch ein Sieb gedrückte Bries, feingehacktes Zwiebelgrün, Muskat und Salz zugeben. Eischnee unterziehen, in gefetteter Pastetenform mit Deckel oder 4 kleinen Förmchen 30 Minuten bzw. 20 Minuten bei 250 °C im Ofen backen.

Verwendung
Als Vorspeise mit Salat und Baguette.

Wichtig!
Bei den nachfolgenden Wurstrezepten Kapitel »Dauerwürste« (s. S. 107 ff.) beachten!

Ziegendauerwurst auf Salamiart

1 kg Ziegenfleisch (Schulter, Lende), ohne jedes Fett, 500 g mageres Schweinefleisch (Schulter, Lende), 1,5 kg Rückenspeck, 85 g Pökelsalz, ½ TL gemahlener, schwarzer Pfeffer, ½ TL geschroteter, schwarzer Pfeffer, 2 EL Senfkörner, 1 Msp edelsüßes Paprikapulver, 1 mit etwas Salz vermischte, zerdrückte Knoblauchzehe, 1 TL Honig, 2 cl Rotwein.

Naturindärme.

Fleisch und Speck in 3–4 cm große Würfel schneiden, 3–4 Stunden im Gefriergerät anfrieren lassen. Schweinefleisch, Pökelsalz, Gewürze, Honig und Rotwein mit den Fleischstücken gut vermischen und danach durch die 5-mm-Lochscheibe drehen. In Naturindärme füllen und abbinden. 24 Stunden bei 18–22 °C in luftigem Raum reifen lassen, 1 Woche kalträuchern.

Ziegendauerwurst

2 kg Ziegenfleisch (Schulter, Lende, ohne jedes Fett),
1,3 kg Schweinebauch ohne Schwarte,
90 g Pökelsalz,
½ TL gemahlener, schwarzer Pfeffer,
2 TL schwarze Pfefferkörner,
1 Msp edelsüßes Paprikapulver,
1 Msp Pimentpulver,
1 TL Zucker, 1,5 cl Rum.

Naturindärme.

Das Fleisch in 3–4 cm große Würfel schneiden und 3–4 Stunden im Gefriergerät anfrieren lassen und mit Pökelsalz, Gewürzen, Zucker und Rum vermischen. Durch die 8-mm-Lochscheibe drehen. In Naturindärme füllen und abbinden. 1 Tag im luftigen Raum bei ca. 18 °C reifen lassen. 1 Woche kalträuchern.

Links oben: *Schmalz, Rezept S. 77*
Rechts oben: *Thüringer Rotwurst, Rezept S. 96*
Rechts Mitte: *Leberkäse, Rezept S. 102*
Unten: *Pfälzer Saumagen, Rezept S. 62*

Ziegenterrine

400 g Ziegenfleisch (aus Rücken, Keule), ohne Fett, 1 EL Butter, 1 mittelgroße Zwiebel, 2 TL Salz, 1 TL Thymian, 1 TL Basilikum, ½ TL gemahlener Rosmarin, 1 Msp gemahlener, schwarzer Pfeffer, 1 Knoblauchzehe, 50 g trockenes Schwarzbrot, 100 g Sahne, 300 g Kalbsbrät, 100 g Kalbsleber, 300 g Rückenspeck ohne Schwarte, 300 g Speck in dünnen Scheiben.

Das von jeglichem Fett befreite Ziegen- und Schweinefleisch in Würfel schneiden und in eine Schüssel legen. Die Butter erhitzen und die in Ringe geschnittene Zwiebel darin goldgelb anrösten. Abgekühlt über das Fleisch legen. Salz und Gewürze sowie die zerdrückte Knoblauchzehe über das Fleisch streuen. Das Schwarzbrot reiben und mit der Sahne über das Fleisch geben. Das Ganze zugedeckt über Nacht in den Kühlschrank stellen. Dann sämtliche Zutaten zweimal durch die 3-mm-Lochscheibe drehen. Mit dem Brät vermengen. Kalbsleber und Speck ebenfalls zweimal durchdrehen und kräftig unter die Fleischfarce rühren. Eine Terrinenform oder große Kastenform mit den Speckscheiben auslegen, die nochmals abgeschmeckte Farce einfüllen und mit dem Deckel verschlossen im Wasserbad (Fettpfanne des Backofens) ca. 60 Minuten bei 80 °C Wassertemperatur garen.

Kaninchen

Allgemeine Beschreibungen

Das Kaninchen ist ein Nagetier und stammt aus der Familie der Hasen. Es ist kleiner und schlanker als sein Vetter, mit kürzerem Kopf, kürzeren Ohren und kürzeren Hinterbeinen. Es gibt sehr viele Rassen, so etwa das halbwilde Kaninchen, das französische Widderkaninchen oder das gewöhnliche deutsche Kaninchen, der sogenannte Stallhase oder Karnikkel. Zu einem bemerkenswerten Handelsobjekt wurden Kaninchen 1870, als sie in Japan wie ein Modeartikel, vergleichbar den Tulpenzwiebeln aus Holland, an der Börse leidenschaftlich versteigert wurden. Um die Jahrhundertwende gab es in England Kaninchengehege, die monatlich 800–1200 Kaninchen lieferten, und im Jahr 1900 wurden in der Berliner Zentralmarkthalle sage und schreibe 52 600 Kaninchen an den Mann, sprich an die Hausfrau gebracht. Neben zahlreichen Büchern und Schriften über Kaninchenzucht, Rassen usw., erschienen 1875 das »Kaninchenkochbuch« (Berlin) und 1903 »Die Kaninchenküche« (Leipzig). Man darf diese Bücher als Beweis für die damalige Beliebtheit von Kaninchenfleisch heranziehen.

Die Kaninchenzucht erwies sich in jener Zeit deshalb als vorteilhaft, weil die Tiere wenig Raum beanspruchen, fast alle Abfälle, die im Haushalt anfallen, fressen, und zudem sehr fruchtbar und schon im Alter von 4–6 Monaten schlachtreif sind. Kaninchenfleisch ist überaus wohlschmeckend, und auch der Balg (das Fell) läßt sich zur Herstellung von Bekleidung weiterverarbeiten. All diese Vorzüge, insbesondere jedoch die kulinarische Verwertung des Kaninchenfleisches, sollte uns veranlassen, auch dieses Schlachttier wieder mehr auf unsere Speisezettel zu setzen.

Im allgemeinen schlachtet man ein Kaninchen, indem man es an den Hinterbeinen hält und mit einem Holzscheit so kräftig auf die Halshinterseite, dicht unterhalb des Kopfes schlägt, daß die Wirbelsäule gebrochen wird und das Tier sofort, ohne zu leiden, stirbt. Anschließend schneidet man die Halsschlagader mit einem scharfen Messer durch. Nach dem Ausbluten hängt man es an den Hinterläufen auf. Im Gegensatz zu Wildkaninchen oder Hasen werden Hauskaninchen sofort abgezogen.

Fleischeinteilung

Ein Kaninchen wird in folgende Teile geteilt:

Hals (1)
Geeignet für Ragout, Pfeffer und Farcen.

Vorderläufe mit Schultern (2)
Geeignet für Ragout, Pfeffer und Farcen.

Rücken (3)
Geeignet zum Braten und Schmoren.

Bauchlappen (4)
Geeignet für Ragout, Pfeffer und Farcen.

Keulen (5)
Geeignet zum Braten und Schmoren.

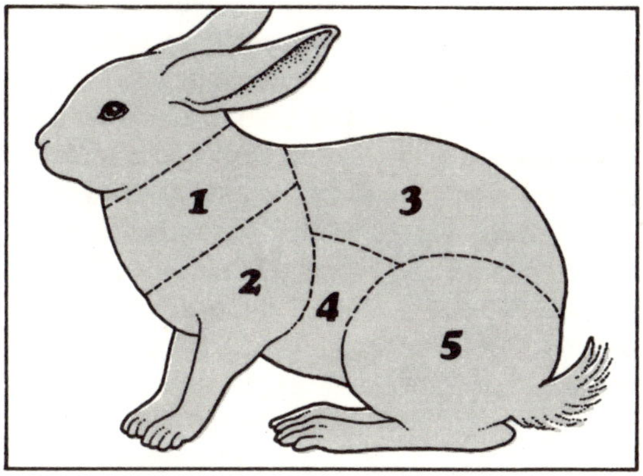

Informationen und Hinweise

Beim Schlachten eines Kaninchens sollten Sie das abfließende Blut auffangen, etwas Weinessig hinzufügen und kräftig rühren.

Das Fell zieht man wie beim Hasen ab, schneidet die Bauchhaut von den Schenkeln bis zur Brust hin auf. Man nimmt die Innereien heraus und löst die Galle vorsichtig von der Leber. Kaninchen innen und außen mit Essig- oder Salzwasser auswaschen, mit einem trokkenen Tuch nachreiben.

Zahme Kaninchen wiegen 3–4 kg. Das Fleisch erinnert an Hühnerfleisch, ist hell, zart und bei sachgemäßer Zubereitung auch saftig.

Kaninchenfleisch eignet sich zum Einkochen und Tiefgefrieren. Den ausgelösten Rücken kann man leicht pökeln und kalträuchern. Frisches Kaninchenfleisch wird für Ragouts, Braten oder Aufläufe verwendet.

Kaninchenleber, die zuvor klein gewürfelt und leicht angebraten wurde, gibt Kaninchenterrinen einen vorzüglichen Geschmack.

Eingelegt in Buttermilchbeize, wird Kaninchenfleisch besonders zart. Zum Auftauen legt man tiefgefrorenes Kaninchenfleisch in Beize ein. Man kann Rot- oder Weißwein mit zerkleinertem Suppengrün, Zwiebeln, Knoblauch und Provence-Kräutermischung zum Beizen verwenden.

Zum Braten eines Kaninchenrückens empfiehlt es sich, das Fleisch mit entsprechend langen Speckstreifen zu umwickeln.

Die ausgelösten Kaninchenknochen und Abfälle zu einem Fond auskochen, portioniert tiefgefrieren, um bei Bedarf Saucen zuzubereiten oder Suppen zu würzen.

Energiewerte und Inhaltsstoffe von Kaninchenfleisch

In 100 g sind enthalten	kJ	kcal	Eiweiß in g	Fett in g	Wasser in g
Kaninchenfleisch	665	159	20,4	8	70,4

Nach K. Diem und C. Lentner, Documenta Geigy: Wissenschaftliche Tabellen, Stuttgart 1975

Rezepte

Kaninchenbraten
Zum Einkochen

1 junges Kaninchen (2 kg), Salz,
schwarzer, frisch gemahlener Pfeffer,
je einige Zweige frischer Thymian,
Basilikum, Rosmarin,
4 Wacholderbeeren,
100 g geräucherter, durchwachsener Speck,
2 EL Butterschmalz,
⅛ l Rotwein,
⅛ l Wasser.

Einkochgläser.

Das Kaninchen innen und außen salzen und pfeffern. Kräuter und Wacholderbeeren in die Magenhöhle geben. Die Magenhöhle mit Küchengarn zunähen. Speck fein würfeln und im erhitzten Butterschmalz in einem länglichen Topf anrösten. Kaninchen von allen Seiten darin anbraten, herausnehmen, in passende Stücke schneiden und in Einkochgläser geben. Den Bratfond mit Rotwein und Wasser loskochen und die Gläser 2–3 cm hoch damit aufgießen. Verschließen und einkochen.
Einkochzeit: 120 Minuten + 60 Minuten bei 98 °C; *im Schnellkochtopf:* 25 Minuten.

Kaninchenragout
Zum Einkochen

1 Kaninchen (1 kg),
Salz, gemahlener, weißer Pfeffer,
150 g geräucherter, magerer Speck,
50 g Butter,
1 große Zwiebel,
⅛ l Weißwein,
⅛ l Fleischbrühe,
1 EL getrocknete Provence-Kräutermischung
oder 1 Bund frische Provence-Kräuter,
gehackt.

Einkochgläser.

Das Kaninchen in glasgerechte Stücke schneiden, mit Salz und Pfeffer bestreuen. Den Speck in Würfel schneiden und zusammen mit den Kaninchenstücken in erhitzter Butter anbraten. Die gehackte Zwiebel hinzugeben und ebenfalls anbraten. Die Fleischstücke in Einkochgläser schichten, den Bratfond mit Weißwein und Fleischbrühe loskochen, mit Provence-Kräutern würzen und einmal aufkochen lassen. Die Sauce über das Fleisch verteilen, so daß sie 2–3 cm hoch im Glas steht. Verschließen und einkochen. Schmeckt gut zu Salzkartoffeln, Reis, aber auch zu Weißbrot.
Einkochzeit: 120 Minuten + 60 Minuten bei 98 °C; *im Schnellkochtopf:* 25 Minuten.

Kaninchenpfeffer

1 Kaninchen (1 kg, mit Herz,
Lunge und Leber),
Blut des Kaninchens,
2 EL Weinessig.
Für die Beize: *0,7 l Weißwein,*
2 Lorbeerblätter,
1 TL Pfefferkörner,
3 Nelken.
50 g Butter, 5 Schalotten, Salz,
1 EL Apfelgelee.

Das Kaninchen in 8 Stücke zerteilen. Das aufgefangene Blut mit Weinessig verrühren und kalt stellen. Fleisch und Innereien 24 Stunden in eine Beize aus den angegebenen Zutaten legen. Herausnehmen und trockentupfen. Die Butter erhitzen, Fleisch, Innereien und feingehackte Schalotten darin anrösten. Mit ⅛ l Beize und ¼ l Wasser aufgießen und zugedeckt im Topf schmoren lassen. Die Sauce dann mit Apfelgelee abschmecken und zuletzt mit dem durch ein Sieb gegossenen Kaninchenblut binden (nicht mehr kochen). Das Gericht evtl. nachwürzen.
Dazu passen: Salzkartoffeln oder Klöße.

Kaninchenterrine

1 kg Kaninchenfleisch (mit Knochen),
500 g Schweinefleisch,
2 EL Öl,
375 g fetter Speck,
375 g Zwiebeln,
1 TL Thymian,
Pfeffer, Salz,
2 Schnapsgläser (4 cl) Cognac,
¼ l Sahne, 100 g Pinienkerne,
Lorbeerblätter zum Verzieren.

Das vorbereitete Kaninchen- und Schweinefleisch in Öl von allen Seiten anbraten. Kaninchenfleisch entbeinen. Fleisch und Speck in Würfel schneiden und zusammen mit den nur grob zerkleinerten Zwiebeln durch den elektrischen Zerkleinerer oder durch den Fleischwolf (3-mm-Lochscheibe) geben. Die Masse mit Thymian, Pfeffer, Salz und Cognac abschmecken. Die flüssige Sahne dazugeben und gut durchmischen. Pinienkerne darunterheben. In 1 oder 2 ovale, feuerfeste Formen füllen, die Oberfläche mit den Lorbeerblättern verzieren. Im Wasserbad (Fettpfanne des Backofens) zugedeckt 60 Minuten garen.

Kaninchenwurst I

2 junge Kaninchen (insgesamt 1,5 kg),
500 g Rückenspeck,
Salz, Pfeffer,
Muskatpulver, 2 Kaninchenlebern,
ca. ⅛ l Fleischbrühe.

Weißblechdosen.

Die ausgenommenen Kaninchen entbeinen. Das Fleisch und den Rückenspeck in Würfel schneiden und für 2 Stunden ins Gefriergerät geben. Dann durch die 3-mm-Lochscheibe drehen, mit Salz, Pfeffer und Muskat würzen. Die Fleischbrühe darunterrühren. Die Masse in Dosen füllen, verschließen und einkochen.
Einkochzeit: 120 Minuten + 60 Minuten bei 98 °C; *im Schnellkochtopf:* 25 Minuten.

Kaninchenwurst II

1 Kaninchen (ca. 1 kg) samt Leber,
Nieren und Herz,
500 g Rückenspeck, ohne Schwarte,
Salz,
gemahlener, weißer Pfeffer,
Muskatpulver,
abgeriebene Schale von
1 unbehandelten Zitrone,
3 Eigelb,
Weißwein nach Bedarf.

Naturdärme, Einkochgläser oder Dosen.

Das Kaninchenfleisch von den Knochen lösen und parieren, dann in Streifen schneiden, ebenso die vorbereiteten Kanincheninnereien und den Speck. Alles mit Salz und Gewürzen bestreuen und für mindestens 1 Stunde in den Kühlschrank geben. Danach zweimal durch die 5-mm-Lochscheibe drehen. Mit Eigelb und Weißwein zu einer geschmeidigen Masse verrühren. Entweder in dünne Naturdärme füllen, Würste abdrehen und diese frisch in Butter braten. Oder die Masse in Gläser oder Dosen füllen und einkochen.
Einkochzeit: 120 Minuten + 60 Minuten bei 98 °C; *im Schnellkochtopf:* 25 Minuten.

Wild

Allgemeine Beschreibungen

Heute wie vor tausend Jahren gilt ein Braten aus Wald und Flur als Genuß für besondere Anlässe, den man sich meist an Festtagen gönnt. Das mag nicht nur mit dem feinen, würzigen Geschmack des Wildbrets zusammenhängen, sondern auch mit seiner jahrhundertealten Rolle als Speise der Vornehmen, Reichen. Mehr als ein Jahrtausend war das Jagdprivileg in Europa nämlich allein Fürsten, Adel und Klöstern vorbehalten, während dem »gemeinen Volk«, den Bürgern und Bauern, die Jagd verwehrt war, es sei denn, sie verdingten sich als Jäger oder Treiber. Wild war etwas so Besonderes, daß die Untertanen des Herzogs von Zweibrücken die Hirsche im fürstlichen Park sogar durch Hutabziehen zu grüßen hatten . . .

Das fürstliche Jagdrecht blieb in Frankreich bis zur großen Revolution, in Deutschland bis 1848 bestehen. Natürlich hatten trotzdem auch Bauern und Holzknechte ab und zu ihren Hasen oder Gamsschlegel im Topf, denn das Wildern – oft aus bitterer Not – war damals weit verbreitet, und tollkühne Wildschützen wie der Girgl Jennerwein wurden zu wahren Volkshelden.

Wer heute ein Jagdrevier sein eigen nennt – und das sind auch viele Bauern –, wird mit Problemen anderer Art konfrontiert. Die Bestände einiger Wildarten sind durch die Einschränkung ihres Lebensraums stark zurückgegangen. Die Qualität des Wildfleisches leidet durch die Umweltverschmutzung; andererseits richtet das Wild oft große Schäden an.

Als Wild bezeichnet man alle in der freien Natur lebenden, eßbaren Tiere, die jagdgerecht erlegt werden. Nichteßbare Tiere heißen Raubzeug.

Dem »Normalverbraucher« erscheint Wildbret immer noch als teures Luxusfleisch, obwohl große Mengen aus dem Ausland eingeführt werden und zunehmend Wildtiere wie Damwild, Rotwild, Schwarzwild und Muffelwild nutztierartig in Gattern gehalten werden, um den Bedarf zu decken.

Jagdzeiten von Haarwild in der Bundesrepublik Deutschland

	Mai	Juni	Juli	Aug.	Sept.	Okt.	Nov.	Dez.	Jan.	Febr.	März	April
Rehwild												
Kitze					1. 9.–28. 2.							
Schmalrehe (im 2. Jahr)	16. 5.–31. 1.											
Ricken					1. 9.–31. 1.							
Böcke	16. 5.–15. 10.											
Rotwild												
Kälber				1. 8.–28. 2.								
Schmalspießer		1. 6.–28. 2.										
Schmaltiere		1. 6.–31. 1.										
Hirsche und Alttiere				1. 8.–31. 1.								
Dam- und Sikawild												
Kälber					1. 9.–28. 2.							
Schmalspießer			1. 7.–28. 2.									
Schmaltiere			1. 7.–31. 1.									
Hirsche und Alttiere					1. 9.–31. 1.							
Schwarzwild												
Frischlinge	ganzjährig											
Überläufer (im 2. Jahr)	ganzjährig											
Keiler und Bachen		16. 6.–31. 1.										
Gamswild				1. 8.–15. 12.								
Muffelwild				1. 8.–31. 1.								
Hase						1. 10.–15. 1.						
Wildkaninchen	ganzjährig											

Für den Kauf von frischem Wildfleisch sollte man über eine vertrauenswürdige Quelle verfügen, um sicherzugehen, kein minderwertiges Fleisch zu erhalten – beispielsweise von Autos angefahrene Tiere, deren Fleisch mit Blutergüssen durchsetzt ist.

Wildbret in der Ernährung

Für viele Menschen bedeutet Wildfleisch den höchsten aller Genüsse. Seinen würzigen Geschmack erhält es durch die Ernährungsweise des Wildes, das vorzugsweise von zarten Kräutern, Tannennadeln, Beeren oder Heidekraut lebt. Auch vom ernährungsphysiologischen Standpunkt aus ist es wertvoll: Es ist eiweißreich, fettarm, reich an Mineralstoffen, wie Calcium, Phosphor oder Eisen, und Vitaminen, wie B_1 und B_2, leicht verdaulich und daher auch als Diätkost geeignet. Das Fleisch ist in der Regel zart- und kurzfaserig, von festerer Konsistenz als das von Schlachttieren, weil das Wild sich viel bewegt. Fett ist nur in geringem Maße zwischen den Fleischfasern eingelagert; es befindet sich überwiegend in der Haut oder sitzt rund um die inneren Organe. Vor der Zubereitung oder vor dem Tiefgefrieren von Wildfleisch sollte es abgetrennt werden, da es nicht gut schmeckt. Gichtkranke sollten aus diätetischen Gründen auf das stark purinhaltige Wildfleisch verzichten.

Einteilung und Qualität des Wildes

Beim Wild unterscheidet man:

Haarwild: Rehe, Hirsche, Gemsen, Hasen, Wildkaninchen, Wildschweine, Wildschafe (Mufflons) u. a. Hase und Wildkaninchen sind Ballenwild, während man die übrigen zum Schalenwild rechnet.

Federwild: Fasane, Rebhühner, Wachteln, Wildenten, Wildtauben u. a. Federwild wird auch als Wildgeflügel bezeichnet (s. S. 170 ff.).

Nach einer Verordnung zum Bundesjagdgesetz darf Wild nur zu bestimmten Jagdzeiten (s. Tabelle gegenüber), die von den einzelnen Bundesländern unterschiedlich festgelegt werden können, erlegt werden.

Im allgemeinen gelten die Bestimmungen für den Handel mit Fleisch schlachtbarer Haustiere auch für Wild, z. B. Fleischbeschau für Haarwild, Trichinenschau für Wildschweine, Schlachttier- und Fleischbeschau für Haarwild einschließlich Trichinenschau für Wildschweine, die unter der Obhut des Menschen in Gattern leben.

Bei Einfuhren (sie decken über die Hälfte unseres Bedarfs an Wildfleisch) gelten u. a. die Vorschriften des Fleischbeschaugesetzes, der Verordnungen über hygienische Mindestanforderungen sowie die Vorschriften der ständigen amtlichen Lebensmittelüberwachung.

Heimisches Wildfleisch unterliegt keiner so strengen gesetzlichen Fleischbeschau wie die übrigen Nutztier-Fleischsorten und wie eingeführtes Wildbret. Noch immer kann der Jäger in den meisten Fällen über die gesundheitliche Unbedenklichkeit der Tiere entscheiden und übernimmt damit eine große Verantwortung. Gute Kenntnisse in der Wildbrethygiene und den Wildkrankheiten sind deshalb für jeden Jäger nach dem Bundesjagdgesetz vorgeschrieben; sie müssen bei der Jägerprüfung nachgewiesen werden.

Qualitätsprobleme können heute bei Wildfleisch durch verhältnismäßig hohe Schwermetallkonzentrationen in Wildinnereien, vor allem bei Niederwild, auftreten (das Bundesgesundheitsministerium warnt deshalb vor der stark quecksilberhaltigen Hasenleber). Gefährlich ist auch die Anfälligkeit von Wildbret für Salmonellen; deshalb muß frisches Wildfleisch immer kühl – unter 10 °C – aufbewahrt und stets gut durchgegart werden.

Aufbrechen, Zerlegen, Frischhalten

Erlegtes Wild muß sofort, an Ort und Stelle, aufgebrochen und »Gescheide« und »Geräusch«, also Därme, Magen, Blase (nicht verletzen!), Galle (soweit vorhanden) sowie die Innereien Herz, Leber, Lunge, Nieren und Milz entfernt werden. Geschieht dies nicht und kühlt das Wild nicht gut aus, besteht die Gefahr des »Verhitzens«, das heißt, das Wild kann in saure Gärung oder Fäulnis übergehen (erkennbar an grüner Färbung der Unterhaut, kupferroter Färbung der Muskulatur, leichtem Lösen der Haare). Angeschossenes, langsam ausgeblutetes Wild muß sofort abgezogen (»aus der Decke geschlagen«, »abgeschwartet«) werden, um genießbar zu bleiben. Der Aufbruch, wie die Innereien in der Jägersprache heißen, gehört nach einem ungeschriebenen Gesetz dem Schützen.

Nach dem Ausweiden wird das Wild in die handelsüblichen Teilstücke zerlegt, entweder vom Jäger, vom Wildhändler oder auch von einer in solchen Dingen geübten Jägersfrau.

Das Innere des Tieres darf nach dem Ausweiden nie mit Grasbüscheln o. ä. ausgewischt werden (Infektionsgefahr!); man sollte stattdessen sauberes Haushaltspapier verwenden.

Wildfleisch wird erst durch Abhängen genußfähig, deshalb läßt man ganze Tiere oder Teilstücke 3–10 Tage ausreifen, wobei sie mürber und zarter werden. Das Fleisch älterer Tiere kann man auch in einer Beize liegend reifen lassen. Im allgemeinen aber wird das Fleisch in Kühlräumen um 0 °C luftig aufgehängt und hält sich so relativ lange frisch, ohne das früher übliche Fäulnisaroma (»Hautgout«, bei Wildgeflügel auch »Faisandage« genannt), anzunehmen, das eigentlich ein Zeichen von Zersetzung und heute nicht mehr erwünscht ist. Das Fleisch erhält durch das Abhängen eine schöne, dunkle Farbe.

Auch das Einlegen von Wildfleisch in eine Beize ist heute nicht mehr die Regel und wird fast nur noch bei Wildpfeffer-Gerichten oder »bockig« schmeckendem Fleisch gemacht, da die Säure der Marinade zu leicht das feine Wildaroma übertönt. Früher – als es weder Kühl- noch Gefriergeräte gab – war das Beizen ein wichtiges Verfahren der Haltbarmachung.

Anweisungen zum Zerlegen finden Sie unter den einzelnen Wildarten.

Hirsch (Rotwild) und Reh

Bevorzugt werden beim Hirsch weibliche Tiere (Schmaltiere) und Spießer, das heißt 1–2½jährige Tiere, beim Reh Schmalrehe und Spitzböcke, also Tiere bis zum dritten Lebensjahr. Das Fleisch weiblicher Tiere ist feinfaseriger, ohne den bei Böcken auftretenden Geschlechtsgeruch.

Um das Abziehen zu erleichtern, hängt man das Wild mit gespreizten Hinterläufen an einen Baum oder ein Gestell. Mit dem Abziehen beginnt man, indem man das Fell, die »Dekke«, über der Brustspitze und dem Hals mit einem scharfen Messer aufschneidet. Von der Brust ausgehend, trennt man das Fell bis zu den Keulen mit kleinen Schnitten vom Fleisch. Anschließend wird es über der Keule, dem Kniegelenk und an den Schultern aufgeschnitten und abgezogen. Sobald es nur noch am Rücken hängt, wird es mit einem Ruck entfernt.

Beim Zerteilen (Zerwirken) löst man zunächst die Schulter (Blatt) beiderseits von der Brust, trennt dann die Keule (Schlegel) auf beiden Seiten von den Bauchlappen und den dünnen Rippen. Den Rücken teilt man bei größeren Tieren in 3 Teile, den Vorder-, Mittel- und

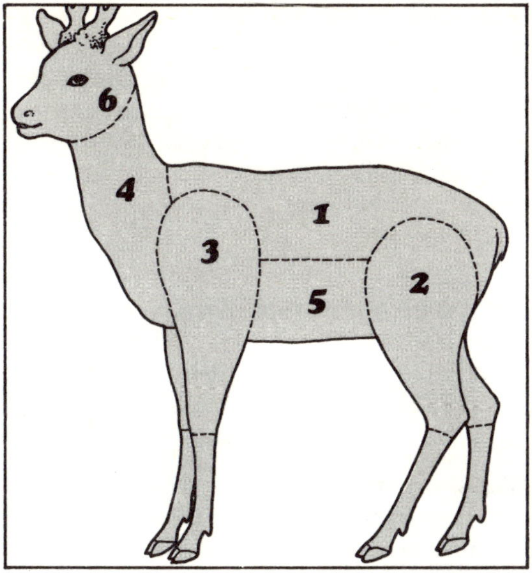

Hinter-Ziemer. Die Brüste werden mit der Säge vom Rücken getrennt, wobei man 8–10 cm vom Rückgrat entfernt die Rippen durchtrennt. Zuletzt trennt man den Hals bei der dritten Rippe vom Rücken. Schließlich werden noch die Keulen sorgfältig ausgelöst, s. Foto S. 87. Die Teilstücke können wie folgt verwendet werden:
Keule (2): Im Ganzen für Braten, in Scheiben geschnitten (quer zur Muskelfaser) für Steaks.
Schulter (3), Brust, Bauch (5) und Hals (4): Für Ragout, Gulasch, Pfeffer, Pasteten.
Rücken (Ziemer) (1): Im Ganzen gebraten oder zerteilt als Medaillons.
Kleinfleisch (Abschnitte): Für Hackfleisch, Pasteten, Ragout.
Knochen: Für Suppen und Saucen.
Läufe: Keine Verwendung in der Küche.

Gemse und Mufflon
Auch hier sind Tiere bis zu einem Jahr am schmackhaftesten. Ältere Tiere nehmen leicht einen »bockigen« Geschmack an und müssen dann durch eine Beize aufgewertet werden. Vor allem das unangenehm schmeckende Fett entfernen! Zerwirken und Fleischverwertung erfolgen wie bei Hirsch und Reh.

Wildschwein (Schwarzwild)
Das dunkelrote Fleisch des Wildschweines wird von Kennern sehr geschätzt; vor allem bei Jungtieren ist es zart und wohlschmekkend, während ältere Tiere zäheres, schwer verdauliches Fleisch mit deutlicher Speckschicht liefern. In der Rauschzeit (Paarungszeit) haftet ihm ein unangenehmer Geruch und Geschmack an.
Das »Abschwarten« des Wildschweins sollte man ebenso wie das Aufbrechen dem Fachmann überlassen. Nur Frischlingen läßt man ihre Speckschwarte; bei älteren Tieren werden die Borsten abgesengt (daher der Name Schwarzwild) und das Fett abgetragen. Wildschweine bis zu einem Jahr heißen Frischlinge, im zweiten Lebensjahr Überläufer. Die Zerteilung erfolgt wie beim Hausschwein.
Die Teilstücke können wie folgt verwendet werden:
Rücken (1): Im Ganzen braten, ausgelöst als Medaillons, Koteletts.
Keule (2): Im Ganzen braten oder schmoren, ausgelöst für Steaks, Schnitzel, Ragout (Pfeffer).
Schulter (3): Im Ganzen braten, für Ragout.
Hals (4), Bauch (5): Für Ragout.
Kopf (6): Ausgelöst und gefüllt zu Galantine.

Hase und Wildkaninchen (Ballenwild)
Sie sind besonders zart und wohlschmeckend im Alter bis zu 8 Monaten. Aufgrund der sehr unterschiedlichen Fleischqualität von jungen und alten Hasen ist eine Altersbestimmung von großer Bedeutung. Der äußere Löffelrand

junger Hasen ist leicht einreißbar, ebenso das Fell an der Keuleninnenseite; die Rippenknochen brechen fast geräuschlos. Im ersten Lebensjahr ist das Hasenfleisch hellrot, später braunrot. Das Fett entwickelt bei der Lagerung über 15 °C einen ranzigen Geruch. Während Hasen nur von Mitte Oktober bis Mitte Januar gejagt werden, ist für Kaninchen das ganze Jahr über Jagdzeit. Wildkaninchen sind kleiner als Hasen und haben außerdem weißliches bis graurötliches Fleisch, das manchmal etwas süßlich schmeckt. Dies läßt sich jedoch durch Einlegen in Beize oder Buttermilch ändern. Das Fett hat keinen speziellen Geruch. Qualität und Alter lassen sich wie beim Hasen beurteilen.

Bei Hasen und Kaninchen ist die Entfernung des Gescheides vor dem Abhängen nicht mehr gebräuchlich; man läßt sie also bis zum Zerwirken im Fell (Balg) hängen. Nur die Harnblase muß vorher ausgedrückt werden; bei milder Witterung werden auch Magen und Darm entfernt, die übrigen Innereien aber im Wildkörper belassen.

Zum Abziehen des Fells wird der Hase wie das Reh an den Hinterläufen aufgehängt. Man schneidet das Fell mit einem scharfen Messer rund um die Pfoten ein, macht an der Innenseite der Läufe einen Schnitt bis zur Blume (Schwanz). Dann zieht man, mit dem Messer etwas nachhelfend, den Balg bis zum Kopfansatz herunter, wo man ihn mitsamt dem Kopf abschneidet, s. Foto S. 87. Den Hasen legt man nun auf eine Arbeitsfläche, schneidet den Leib bis zur Brust auf und nimmt die Innereien bis auf die Nieren heraus. Nicht verwertbare Teile wie Galle, Darmausgang, Magen, Därme, Kopf und Fell werden vergraben, während man Herz, Leber, Lunge, Bauchhaut, Rippen (sogenanntes Kochfleisch) und enthäutete Vorderläufe für Hasenragout (Hasenpfeffer) verwendet. Rücken und Hinterläufe mit Schlegel liefern die besten Bratstücke. Die Vorderläufe werden an der Handwurzel, die Hinterläufe in Pfotenmitte abgehackt. Kleinere Hasen oder Kaninchen müssen nicht zerlegt, sondern können nach dem Ausnehmen im Ganzen gebraten werden.

Informationen und Hinweise

Im allgemeinen wird Wildfleisch nur trocken oder mit einem feuchten, eventuell mit Essig getränkten Tuch abgewischt.

Wichtig ist das Häuten von Wildfleisch, mit dem man erreicht, daß das Fleisch schön dunkel aussieht und leichter mürbe wird. Dazu benutzt man ein kleines, scharfes Messer, mit dem die milchig-weiße Haut in Streifen abgeschabt wird. Man sticht möglichst flach, etwa 3 cm breit ein und führt das Messer unter der Haut entlang. Anschließend werden die Fleischfasern mit dem Messer wieder geglättet. So kann das Fleisch sich beim Braten nicht zusammenziehen.

Spicken von Wildfleisch wird heute möglichst vermieden, damit kein Saftverlust eintreten kann. Stattdessen umwickelt oder belegt man das Fleisch mit breiten, dünnen Scheiben von fettem, zart geräucherten Speck. Man nennt das Bardieren.

Unter Kühlhausbedingungen hält sich z. B. Rehwild im Fell 29 Tage, ohne Fell 22 Tage; ausgeweidete Hasen sind im Fell 30 Tage, ohne Fell 21 Tage haltbar. Zur längeren Haltbarmachung muß Wildfleisch tiefgefroren oder in Gläsern bzw. Dosen eingekocht werden (s. »Konservierungsmethoden für Fleisch« S. 26 ff.).

Energiewerte und Inhaltsstoffe von Wildfleisch

In 100 g sind enthalten	kJ	kcal	Eiweiß in g	Fett in g	Wasser in g
Hirsch	494	118	20,6	3,3	74,7
Reh (Keule)	429	102	21,4	1,3	75,7
Reh (Rücken)	534	128	22,4	3,6	72,2
Wildkaninchen	o. A.	o. A.	o. A.	o. A.	o. A.
Wildschwein	460	110	22	2,4	75,0

Nach S. W. Souci, W. Fachmann, H. Kraut: Die Zusammensetzung der Lebensmittel, Nährwert-Tabellen 1981/82, Wissenschaftliche Verlagsgesellschaft mbH, Stuttgart 1981 und K. Diem und C. Lentner, Documenta Geigy: Wissenschaftliche Tabellen, Stuttgart 1975

Rezepte

Aufbruch

Wildpfeffer

Für die Beize: *½ l Wasser, ¼ l Rotwein, 1 Schuß Weinessig, 1 Bund Suppengrün, 1 Lorbeerblatt, 1 Stück Schale von 1 unbehandelten Zitrone, 8 Wacholderbeeren, 10 schwarze Pfefferkörner, 3 Nelken, 1 TL Korianderkörner.*
Herz, Leber, Lunge von Reh, Hirsch oder Wildschwein, 2 EL Butter, ⅛ l Schweineblut, evtl. etwas dunkler Saucenbinder, Salz, gemahlener, schwarzer Pfeffer, 1 EL Johannisbeergelee, 1 TL Zitronensaft, 4 EL saure Sahne oder Crème fraîche.

Für die Beize zunächst Wasser mit den übrigen Zutaten (Suppengrün geputzt und kleingeschnitten) gut durchkochen, abkühlen, dann die vorbereiteten, abgespülten Innereien einlegen und 1–2 Tage darin beizen lassen. Nun die Fleischteile entnehmen, trockentupfen und in mundgerechte Stücke schneiden. Herz und Leber in etwas abgesiebter Beize weich kochen. Leber in der Butter braten und erst ganz zuletzt zugeben. Dann das durch ein feines Sieb gegossene Schweineblut unter Rühren langsam zugießen, bis die Sauce glatt und sämig ist. Falls kein Schweineblut vorhanden ist, kann man die Sauce auch mit Saucenbinder andicken. Wenn Blut verwendet wird, sollte sie nicht mehr kochen! Mit Salz, Pfeffer, Johannisbeergelee, Zitronensaft und saurer Sahne abschmecken.
Dazu passen: Kartoffelknödel, Spätzle oder Salzkartoffeln.

Wildbouillon

500 g Wild- oder Wildgeflügelfleischabschnitte und -knochen, 1 große Zwiebel, 1 Möhre, 1 Stück Sellerieknolle, 2 EL Öl, 1 l Wasser, 1 Lorbeerblatt, 8 weiße Pfefferkörner, 4 Wacholderbeeren, 3 Nelken, Salz, 1 Schuß Portwein.

Die sauber abgespülten Fleischabschnitte und Knochen zusammen mit geputztem und kleingeschnittenem Gemüse in einem Kochtopf in dem erhitzten Öl scharf anbraten. Mit Wasser aufgießen, die Gewürze hinzugeben. Aufkochen, abschäumen, dann den Topf schließen und 2 Stunden kochen lassen (im Schnellkochtopf ca. 40 Minuten). Die Brühe dann abseihen, mit Salz sowie Portwein abschmecken und in Tassen mit beliebiger Einlage (z. B. Wildknödeln) servieren.

Variation

Wildkraftbrühe: Die Wildbouillon mit 500–750 g durchgedrehtem Wildfleisch noch 1 Stunde simmern lassen, dann mit Eiweiß klären. Man serviert die Wildkraftbrühe in kleinen Tassen, evtl. mit etwas Fleischeinlage (z. B. Rehfilet) oder mit einem Klecks Schlagsahne.

Doppelte Wildkraftbrühe

Für 6 Personen

500 g Wild- oder Wildgeflügelfleisch, 100 g Mirepoix (Suppengrün), Salz, 1 Lorbeerblatt, 6 weiße Pfefferkörner, 4 Wacholderbeeren, 1 Nelke, 1 l Wildbouillon (Rezept s. S. 153), 1 Eiweiß, 1 Schuß Rotwein, Madeira oder Sherry, 1 Prise Cayennepfeffer.

Das Wild- oder Wildgeflügelfleisch durch die 8-mm-Lochscheibe drehen, mit kaltem Wasser bedecken und 2–3 Stunden stehen lassen. In einen Kochtopf oder Schnellkochtopf das eingeweichte Fleisch, geputztes Suppengrün, Salz und Gewürze geben, mit Wildbouillon auffüllen und das Ganze ca. 45 Minuten (im Schnellkochtopf 25 Minuten) bei niedriger Kochstufe simmern (köcheln) lassen. Brühe absieben, Eiweiß zum Klären einschlagen und nochmals durch ein Haarsieb geben. Nach Belieben mit Rotwein, Madeira oder Sherry und Cayennepfeffer abschmecken. Heiß oder kalt – dann jedoch entfettet – servieren.

Variationen

Die Wildkraftbrühe mit einem Häubchen aus geschlagener Sahne, unter die etwas Currypulver gemischt wurde, zu Tisch geben.
Eventuell noch etwas geriebenen Emmentaler darüberstreuen.

Wildfond

Resteverwertung

500 g Wildknochen mit anhaftendem Fleisch und Wildfleischabschnitte, 150 g Röstgemüse (Möhre, Sellerieknolle, Porree), 1 Zwiebel, 1 Knoblauchzehe, 2 EL Öl, 1 EL Mehl, 1 l Wasser, 1 Lorbeerblatt, 6 Pfefferkörner, 4 Wacholderbeeren, 2–3 Stengel Petersilie, evtl. 1 frischer Thymian- oder Estragonzweig, frisch gemahlener Pfeffer, etwas Rotwein.

Die Wildknochen zerkleinern und zusammen mit den Fleischabschnitten und dem geputzten, zerkleinerten Röstgemüse, der gewürfelten Zwiebel und der geschälten Knoblauchzehe im erhitzten Öl anrösten. Das Mehl darüberstäuben und ebenfalls braun rösten. Dann mit Wasser löschen, Gewürze und Kräuter hinzufügen und alles zugedeckt 2–3 Stunden (im Schnellkochtopf 45–50 Minuten) köcheln lassen. Die Sauce dann abseihen, evtl. noch etwas einkochen lassen und mit Salz, Pfeffer und Rotwein abschmecken. Erkaltet in passenden Portionen einfrieren und bei Bedarf auftauen und wie üblich mit Sahne, Konfitüre usw. vollenden.

Hinweise

Falls der Fond im Schnellkochtopf zubereitet wird, kein Mehl hinzugeben (es hängt an!), sondern die Sauce erst nach Ende der Kochzeit mit dunklem Saucenbinder andicken. Auch weniger Wasser verwenden, da es nicht verdampfen kann.

Königliche Wildpastete

250 g Rehfleisch (ohne Knochen),
250 g Hirschfleisch,
250 g Rebhuhnfleisch,
250 gehacktes Rindfleisch,
100 g gedünstete Zwiebelscheiben,
Salz, Pfeffer, abgeriebene
Schale von 1 unbehandelten Zitrone,
1 Msp Ingwerpulver, je 1 Prise Majoran,
Salbei, Rosmarin,
75 g Pfifferlinge, 4 Eier,
5 EL Madeira, ¼ l saure Sahne,
100 g geräucherte Speckscheiben.

Das Fleisch in kleine, gleich große Würfel schneiden und in den 15 Minuten gewässerten Tontopf legen. Die Form verschließen und 30 Minuten im Ofen bei 220 °C ziehen lassen. Dann in einer Schüssel mit Hackfleisch, Zwiebeln, Pilzen und Gewürzen sehr gründlich vermischen. Die Eier mit Madeira und Sahne verquirlen, unter die Fleischmasse geben und wieder in den Tontopf füllen. Die Pastetenmasse mit Speckscheiben belegen, die Form verschließen und im Ofen bei 220 °C ca. 2 Stunden garen. Die Pastete anschließend ohne Deckel weitere 15 Minuten bräunen lassen. Zum Servieren aus der Form stürzen, in Scheiben aufschneiden, heiß oder kalt servieren.
Dazu passen: Cumberlandsauce (fertig in Flaschen) oder Senffrüchte.

Rehpastete in der Teighülle

Für den Teig: *500 g Mehl, 250 g Butter, 1 Ei,*
1 TL Salz, 1 Msp Zucker,
evtl. 2–3 EL Milch.
Für die Füllung: *500 g Rehfleisch,*
150 g geräucherter, durchwachsener Speck,
150 g gepökelte, gekochte Rinderzunge,
400 g Kalbsbrät oder durchgedrehtes
Kalbfleisch, 2 TL Salz, 1 TL grüner,
getrockneter Pfeffer, je 1 kleiner Zweig
Thymian, Rosmarin und Basilikum (oder je
½ TL der getrockneten Kräuter),
4 Wacholderbeeren, abgeriebene Schale von
½ unbehandelten Zitrone, 100 g geschälte
Pistazien, 1 Ei, 2 cl Cognac oder Weinbrand,
eventuell etwas Sahne.
Butter für das Blech, 1 Eigelb zum Bestreichen.

Das Mehl auf ein Backbrett sieben. Butter, Ei, Salz und Zucker zugeben. Mit den Händen einen geschmeidigen Teig kneten. Falls er zu fest ist, die Milch darunterkneten. Den Teig dann 2 Stunden im Kühlschrank ruhen lassen. Für die Füllung das von allen Häuten befreite und gesäuberte Rehfleisch zweimal durch die 3-mm-Lochscheibe drehen. Den Speck und die Rinderzunge in feine Würfel schneiden. Diese drei Zutaten mit dem Kalbsbrät vermengen und salzen. Gewürze und Kräuter in einem Mörser zerkleinern und zusammen mit den Pistazien zur Wildfarce geben. Zuletzt das Ei, den Cognac und bei Bedarf noch so viel Sahne darunterrühren, daß ein geschmeidiger, aber nicht zu weicher Fleischteig entsteht. Nun ¾ des Mürbeteigs 3 mm dick zu 2 Rechtecken ausrollen. Die Wildfarce wie eine Strudelfüllung auf eines der Teigblätter streichen, das andere darauflegen, die Unterkanten festdrücken und mit einem Teigrädchen rundherum die Kanten gleich schneiden. Den restlichen Teig ausrollen und für die Garnierung der Oberfläche beliebige Ornamente (Blätter, Blüten) ausstechen. Ein Backblech einfetten, die Pastete darauflegen und mit dem Eigelb bestreichen, die Oberseite mit den Ornamenten verzieren und nochmals mit Eigelb bestreichen. Im vorgeheizten Backofen bei 200 °C/ Gas Stufe 3 ca. 50 Minuten backen.

Variation
Wesentlich luxuriöser wird die Pastete, wenn man die Pökelzunge durch eine kleine, in sehr feine Streifen geschnittene Trüffel ersetzt.

Hirschleberpastete à la Haas

700 g gekochtes Hirschfleisch, 400 g Hühner- oder Putenleber, 3 EL Butter, 4 cl Cognac, 1 gehäufter EL gehackte Zwiebeln, 2 Eier, 1 TL Salz, 1 TL gemahlener Pfeffer, 3 EL Parmesankäse, 1 kleingehackte Knoblauchzehe, 1 gehäufter EL gehackte Petersilie, 1 gehäufter EL gehacktes Suppengrün, 1 gehäufter EL Suppenwürze, 1 TL geriebene Schalotten, 1 TL zerstoßene Wacholderbeeren, 1 TL Provence-Kräutermischung.

Einkochgläser.

Hirschfleisch und Leber kleinschneiden, in erhitzter Butter anbraten. Cognac darübergeben und auf kleiner Stufe alles 10–15 Minuten dünsten. Danach abkühlen lassen und alles zweimal durch die 3-mm-Lochscheibe drehen. Restliche Zutaten und Gewürze unterkneten. Den Pastetenteig nochmals abschmecken und evtl. nachwürzen. Gläser ca. ⅔ voll füllen, verschließen und einkochen.
Einkochzeit: 120 Minuten + 60 Minuten bei 98 °C; *im Schnellkochtopf:* 25 Minuten.

Variation
Kann auch als Terrine zubereitet werden, dazu den Teig in eine Pastetenform geben und im Wasserbad garen.

Wichtig!
Für die nachfolgenden Rezepte Kapitel »Rohwurst« (s. S. 103 ff.) und »Dauerwurst« (s. S. 107 ff.) beachten!

Grobe Rehdauerwurst

2 Lorbeerblätter, 2 cl Cognac,
1 kg mageres Rehfleisch (Schulter, Lende), ohne Fett,
1,5 kg Rückenspeck vom Schwein, ohne Schwarte,
500 g mageres Schweinefleisch (Schulter, Lende), 90 g Pökelsalz,
½ TL gemahlener, weißer Pfeffer,
1 Msp Pimentpulver, 1 TL Honig,
2 EL Senfkörner.

Naturindärme.

Lorbeerblätter in Cognac ca. 3 Stunden ziehen lassen, danach abseihen. Fleisch und Speck in 3–4 cm große Würfel schneiden und im Gefriergerät 3–4 Stunden anfrieren lassen. Schweinefleisch durch die 5-mm-Lochscheibe drehen. Pökelsalz, Pfeffer, Piment, Honig und Cognac untermischen. Zusammen mit dem Rehfleisch und dem Speck durch die 10-mm-Lochscheibe drehen, Senfkörner untermischen, in Naturindärme füllen und abbinden. 24 Stunden bei 18 °C in einem luftigen Raum reifen lassen, 1 Woche kalträuchern.

Links: *Wildsalami, Rezept S. 159*
Rechts: *Hasenterrine, Rezept S. 162*

Wildsalami

Foto S. 157

1 kg Hirsch- oder Rehfleisch (aus der Keule), 1 kg mageres Schweinefleisch, 1 kg Rückenspeck, ohne Schwarte, 80 g Pökelsalz, 9 gestrichene TL gemahlener, weißer Pfeffer, 3 TL frisch geriebene Muskatnuß, 3 TL gemahlener Kümmel, 3 zerdrückte Knoblauchzehen, 2 cl Rum.

Naturindärme.

Fleisch und Speck 3–4 Stunden anfrieren lassen. Dann das Wildfleisch durch die 3-mm-Lochscheibe, Schweinefleisch mit Pökelsalz und Gewürzen durch die 8-mm-Lochscheibe, Speck durch die 10-mm-Lochscheibe drehen. Alles mischen und in vorbereitete Naturindärme abfüllen und abbinden. Die Würste bei 18–22 °C 1–2 Tage reifen lassen und danach 5–6 Tage kalträuchern.

Mittelfeine Hirschmettwurst

2 Lorbeerblätter, 2 cl Rum, 1,5 kg mageres Hirschfleisch (Schulter, Lende), ohne Fett, 1,5 kg Schweinebauch ohne Schwarte, 90 g Pökelsalz, 1 TL Zucker, ½ TL frisch gemahlener, weißer Pfeffer, 1 Msp gemahlenes Piment, 2 EL Senfkörner.

Naturindärme.

Lorbeerblätter in Rum ca. 3 Stunden ziehen lassen und abseihen. Hirschfleisch und Schweinebauch in 3–4 cm große Würfel schneiden und 3–4 Stunden anfrieren lassen, mit Gewürzen vermischen und durch die 8-mm-Lochscheibe drehen, Rum untermischen. In Naturindärme füllen und abbinden. 24 Stunden bei 18–22 °C in luftigem Raum reifen lassen. 1 Woche lang kalträuchern.

Grobe Hirschmettwurst

1,5 kg mageres Hirschfleisch, ohne jegliches Fett, 1,2 kg Rückenspeck vom Schwein, ohne Schwarte, 300 g mageres Schweinefleisch (Schulter, Lende), 90 g Pökelsalz, ½ TL gemahlener, schwarzer Pfeffer, 1 Msp Ingwerpulver, 1 TL sehr fein zerstoßene Wacholderbeeren, 1 TL Zucker, 2 cl Gin, ½ TL schwarze Pfefferkörner.

Naturindärme.

Fleisch und Speck in 3–4 cm große Würfel schneiden und 3–4 Stunden anfrieren. Schweinefleisch durch die 5-mm-Lochscheibe drehen, mit den übrigen Zutaten (bis auf Pfefferkörner) mischen. Fleisch und Speck durch die 10-mm-Lochscheibe drehen; nun die Pfefferkörner untermischen. In Naturindärme abfüllen und abbinden. 24 Stunden bei 18–22 °C reifen lassen. 1 Woche kalträuchern.

Gekochte Rehmettwurst

1 kg Rehfleisch (Schulter, Lende), ohne jegliches Fett, 1 kg mageres Schweinefleisch (Schulter, Lende), 1 kg Schweinebauch, ohne Schwarte, 75 g Pökelsalz, ½ TL gemahlener, weißer Pfeffer, 1 Msp gemahlenes Piment, 1 Msp Nelkenpulver, 1 Msp Muskatpulver.

Einkochgläser oder Weißblechdosen.

Das Fleisch durch die 8-mm-Lochscheibe drehen, salzen, würzen und durchmischen, danach durch die 5-mm-Lochscheibe drehen. In Dosen oder Gläser abfüllen. In 80 °C heißem Wasser 2 Stunden simmern (köcheln) lassen. Danach in 50 °C warmes Wasser geben, langsam kaltes Wasser nachfüllen, dabei öfter wenden.

Reh

Gespickte Rehleber

1 kg Rehleber, 100 g Speck,
100 g gehärtetes Pflanzenfett,
40 g Mehl, 1/8 l Brühe, Salz,
4 EL Sahne, 1 Schuß Madeira.

Rehleber mit Speckstreifen spicken und in heißem Fett ca. 20–30 Minuten braten. Mit Mehl bestäuben, unter ständigem Rühren weiterbraten lassen. Brühe hinzufügen, salzen und zum Schluß mit Sahne und Madeira verfeinern.

Variationen
Hirsch-, Gans- oder Wildschweinleber kann auf die gleiche Art zubereitet werden.

Jagdessen Münsterländer Art

4 kleine Rehsteaks, 4 Scheiben Rehleber,
50 g Butter, 50 g durchwachsener Speck,
2 Zwiebeln, 1 Dose Pfifferlinge,
2 Wacholderbeeren, 1/4 l Rotwein, Salz,
schwarzer, gemahlener Pfeffer,
1 gekochte Rehzunge,
100 g Zwiebackbrösel, 2 cl Kirschlikör,
2 EL Preiselbeerkompott,
4 EL gehackte Petersilie.

Steaks und Leber kurz waschen, trockentupfen. Butter in einem Topf erhitzen, gewürfelten Speck darin andünsten und das Fleisch von beiden Seiten kurz anbraten. Abgetropfte Pfifferlinge hinzufügen, mit Wacholderbeeren und Rotwein würzen, salzen und pfeffern, alles kurz simmern (köcheln) lassen. Gekochte Rehzunge in feine Streifen schneiden, zum Fleischtopf geben, mit Zwiebackbröseln andicken. Zum Schluß mit Kirschlikör und Preiselbeerkompott abschmecken. Alles in eine vorgewärmte Terrine geben, mit Petersilie bestreut servieren.

Hirsch

Hirschkalbsgulasch
Zum Einkochen

2 kg Hirschkalbfleisch
(Keule, Vorderläufe),
200 g durchwachsener Speck, Salz,
gemahlener, schwarzer Pfeffer,
40 g Butterschmalz,
je 1 TL gemahlenes Piment und
edelsüßes Paprikapulver,
5 Wacholderbeeren,
3 Nelken,
1/8 l Fleisch- oder Knochenbrühe,
1 Glas trockener Rotwein.

Einkochgläser.

Das vorbereitete Fleisch in 3 cm große Würfel schneiden, den Speck kleinwürfelig schneiden. Das Fleisch salzen und pfeffern, zu den in Butterschmalz ausgelassenen Speckwürfeln geben und rundherum scharf anbraten, dabei die restlichen Gewürze zugeben. Mit Brühe und Rotwein aufgießen und kurz schmoren lassen, dann das Gulasch in Einkochgläser füllen und einkochen.
Einkochzeit: 120 Minuten + 60 Minuten bei 98 °C; *im Schnellkochtopf:* 25 Minuten.

Kaiserfleisch vom Hirsch

2 Kotelettstücke vom Hirsch (Hirschrücken ausgelöst, insgesamt ca. 1 kg, ohne Knochen),
50 g Pökelsalz, 5 g Rohrzucker,
1 TL grobgestoßener, schwarzer Pfeffer,
½ TL Zitronenschalenpulver.
8grädige Lake: *pro l Wasser 64 g Pökelsalz.*
Gewürze im Leinensäckchen:
2 zerdrückte Knoblauchzehen,
Schale von ½ unbehandelten Zitrone,
6 weiße Pfefferkörner.
2 ausreichend große Speckseiten (dünn geschnitten).

Weitkalibriger Naturindarm.

Das Hirschfleisch mit einer Mischung aus Pökelsalz, Rohrzucker, Pfeffer und Zitronenschalenpulver von allen Seiten gut einreiben. Den Boden des Pökelgefäßes mit Salzmischung bedecken, Hirschfleisch hineinschichten und zum Abschluß etwas von der Salzmischung darüberstreuen. Mit einem Brett beschweren und zugedeckt in einem Pökelraum (6–8 °C) ca. 20 Stunden pökeln lassen. Danach ausgetretenen Fleischsaft abgießen und durch ein Sieb abseihen.
In der Zwischenzeit das Wasser für die Lake zusammen mit dem Pökelsalz erhitzen, dabei die im Leinensäckchen gebundenen Gewürze hinzufügen. Kurz vor dem Siedepunkt in ein Gefäß zum Abkühlen gießen. Lake um die gleiche Menge des ggf. hinzugefügten Fleischsaftes reduzieren. Die Lake etwa fingerbreit über das Fleisch gießen und ca. 21 Tage pökeln lassen. Alle 2–3 Tage das Fleisch wenden und kontrollieren, ob die Lake in Ordnung ist. Ggf. Schaum abschöpfen oder Lake erneuern. Anschließend 12 Stunden wässern, dabei das Wasser 2–3mal erneuern. Jedes Fleischstück in ein Küchenhandtuch fest einschlagen. In einen großen Topf mit heißem Wasser legen und ca. 2 Stunden simmern (köcheln) lassen. Abgekühlt mit Speckseiten umwickeln, in ausreichend große Stücke Pergamentpapier einwickeln, umschnüren und ca. 30 Minuten in heißem Wasser (75 °C) garen lassen. Über Nacht auskühlen lassen, Pergamentpapier entfernen und die beiden Fleischstücke jeweils in einen entsprechend weitkalibrigen Naturindarm füllen, an beiden Enden verschließen, mit Küchengarn paketähnlich verschnüren (s. S. 90) und kurz in kochendes Wasser legen, 2–3 Stunden zum Trocknen aufhängen und 2–4 Tage kalträuchern.

Hirschschinken

3 kg ausgelöstes Hirschfleisch (Keule),
150 g Pökelsalz, 15 g Rohrzucker,
3 EL gestoßener Wacholder.
12grädige Lake: *pro l Wasser 96 g Pökelsalz.*

Das Hirschfleisch mit einer Mischung aus Pökelsalz, Rohrzucker und Wacholder von allen Seiten einreiben. Den Boden des Pökelgefäßes mit Salzmischung bedecken, Hirschfleisch hineinlegen und zum Abschluß etwas von der Salzmischung darüberstreuen.
Das Wasser zusammen mit dem Pökelsalz erhitzen und kurz vor dem Siedepunkt in ein Gefäß zum Abkühlen gießen. Die Lake fingerbreit über das Fleisch gießen und 14 Tage darin belassen. Danach herausnehmen, trockentupfen, mit einer Schlaufe oder einem Fleischerhaken versehen und ca. 8 Stunden zum Trocknen aufhängen. Danach 14 Tage kalträuchern.

Hase

Rheinischer Dippehas

250 g Schwarzbrot, 3 Zwiebeln, 1 Knoblauchzehe, 1 bratfertiger Hase, Salz, gemahlener, schwarzer Pfeffer, 1 Lorbeerblatt, 500 g Schweinebauch, ¾ l Rotwein.

Schwarzbrot fein reiben, Zwiebeln in Scheiben schneiden, Knoblauch fein hacken. Den Hasen in Portionsstücke zerlegen und in einen Topf schichten, Schwarzbrot und Zwiebelringe dazwischengeben. Salz, Pfeffer, Lorbeerblatt und Knoblauch darüberstreuen und obenauf das in Scheiben geschnittene Bauchfleisch legen. Den Rotwein über alles gießen und im geschlossenen Topf 1½–2 Stunden schmoren (im Schnellkochtopf ca. 30 Minuten). Vor dem Servieren nachwürzen.
Dazu passen: Kartoffeln, Nudeln oder Weißbrot.

Variation
Das Gericht in einer Steingutkasserolle schmoren und statt mit einem Deckel mit ca. 125 g fertigem Brotteig verschließen.

Hasenpastete
Zum Einkochen

2,5 kg Hasen- oder Kaninchenfleisch, 1 kg mageres Schweinefleisch, 50 g Butterschmalz, 500 g Rückenspeck, ohne Schwarte, Salz, gemahlener, weißer Pfeffer, Muskatpulver, Ingwerpulver, evtl. 50 g paprikagefüllte Oliven und etwas trockener Sherry.

Einkochgläser oder Weißblechdosen.

Das Fleisch in große Würfel schneiden und in heißem Butterschmalz 10–15 Minuten braten. Erkaltet mit dem in Würfel geschnittenen Speck zwei- bis dreimal durch die 5-mm-Lochscheibe drehen. Den Bratfond darunterrühren und mit Salz sowie den Gewürzen kräftig abschmecken. Nach Belieben noch in Scheiben geschnittene Oliven und Sherry unterheben. Die Masse in Einkochgläser oder Dosen füllen und einkochen.
Einkochzeit: 120 Minuten + 60 Minuten bei 98 °C; *im Schnellkochtopf:* 25 Minuten.

Hasenterrine

Foto S. 157

500 g Fleisch und 2 Filets vom Hasen oder Wildkaninchen, 500 g mageres Schweinefleisch, 2 EL Öl, 1 EL Butter, 400 g Rückenspeck, ohne Schwarte, 500 g Zwiebeln, 3 Wacholderbeeren, 1 TL gemahlener, weißer Pfeffer, ½ TL Thymian, Salz, 4 cl Gin, 2 Eier, ⅛ l Sahne, 200 g gekochter, magerer Schinken, 100 g Pistazienkerne, 400 g Speck, in dünnen Scheiben, Lorbeerblätter zum Verzieren.

Das vorbereitete Fleisch – die Filets sorgfältig pariert – in einer Mischung aus Öl und Butter ringsum anbraten, danach die Filets beiseite legen, Fleisch grob würfeln. Den Speck in Streifen schneiden, die Zwiebeln grob zerkleinern. Abgekühltes Fleisch, Speck und Zwiebeln zweimal durch die 3-mm-Lochscheibe drehen. Die Masse mit den zerdrückten Wacholderbeeren, Pfeffer, Thymian, Salz nach Geschmack, Gin, Eiern und Sahne gut durchmischen. Den in feine Würfel geschnittenen Schinken sowie die grobgehackten Pistazien untermengen. Nun 1 ovale Terrinenform oder 2 Kastenformen mit den dünnen Speckscheiben auslegen. Eine Schicht Farce einstreichen. In der ovalen Form die beiden Filets nebeneinander einlegen, in den Kastenformen nur je eines. Die Zwischenräume mit Farce ausfüllen und eine Schicht darüberstreichen. Die Oberfläche mit Lorbeerblättern verzieren, mit Speckscheiben abdecken. Im Wasserbad (Fettpfanne des Backofens) verschlossen, bzw. mit Alufolie abgedeckt, 60–70 Minuten bei 80 °C Wassertemperatur garen.

Geräuchertes Hasenfilet

5–8 Hasenfilets (ca. 1 kg), ohne Haut,
50 g Pökelsalz, 5 g Rohrzucker,
1 TL gerebelter Thymian,
1 TL geschroteter Koriander.
6grädige Lake: *pro l Wasser 48 g Pökelsalz.*
Gewürze im Leinensäckchen: *1 TL zerdrückte Wacholderbeeren, 10 schwarze Pfefferkörner,*
1½ zerkleinerte Lorbeerblätter,
½ TL getrockneter Salbei,
½ TL gerebelter Thymian,
2 ganze Nelken, 1 Zweig frischer Estragon.

Hasenfilets mit einer Mischung aus Pökelsalz, Rohrzucker, Thymian und Koriander von allen Seiten gut einreiben. Den Boden des Pökelgefäßes mit Salzmischung bedecken, das Hasenfleisch einschichten, zwischen jede Lage und zum Abschluß etwas von der Salzmischung streuen. Mit einem Brett beschweren und zugedeckt in einem Pökelraum (6–8 °C) ca. 20 Stunden pökeln lassen. Danach den ausgetretenen Fleischsaft abgießen und durch ein Sieb abseihen.
In der Zwischenzeit das Wasser für die Lake zusammen mit dem Pökelsalz erhitzen, dabei die im Leinensäckchen gebundenen Gewürze hinzufügen. Kurz vor dem Siedepunkt in ein Gefäß zum Abkühlen gießen. Lake um die gleiche Menge des ggf. hinzugefügten Fleischsaftes reduzieren. Die Lake etwa fingerbreit über das Fleisch gießen und 2–3 Tage pökeln lassen. Mehrmals kontrollieren, ob die Lake in Ordnung ist. Ggf. Schaum abschöpfen oder Lake erneuern. Nach dem Pökeln das Fleisch 1–2 Stunden in klarem Wasser wässern, dabei das Wasser 2–3mal erneuern. Trockentupfen und jedes Hasenfilet zusammenrollen, mit Küchengarn zusammenbinden und mit einer Schlaufe versehen. 4–6 Stunden zum Trocknen aufhängen, danach 4–6 Tage kalträuchern.

Wildkaninchen

Rieslingkaninchen
Zum Einkochen

1 Wildkaninchen, 6 EL Öl, Salz, gemahlener, schwarzer Pfeffer, 125 g Zwiebeln,
1 Bund zerkleinertes Suppengrün,
2–4 Knoblauchzehen, gut ¼ l Fleischbrühe,
⅛ l Riesling, 150 g frische Champignons,
3–4 Zweige frischer Estragon.

Einkochgläser oder Weißblechdosen.

Das zerteilte Wildkaninchen in heißem Öl von allen Seiten anbraten, salzen und pfeffern. Geschälte, gehackte Zwiebeln und Suppengrün sowie zerdrückte Knoblauchzehen hinzufügen. Mit ⅛ l Fleischbrühe und Riesling aufgießen, mit geputzten Champignons durchgaren. Zuletzt den feingehackten Estragon unterrühren. In Gläser oder Dosen füllen, einkochen.
Einkochzeit: 60 Minuten + 30 Minuten bei 98 °C; *im Schnellkochtopf:* 25 Minuten.

Gams

Gamsknödel in der Brühe

1 Gamshals,
Suppengrün,
1 Lorbeerblatt,
200 g Weißbrot,
knapp ½ l heiße Milch,
50 g würfelig geschnittener Speck,
1 große, gehackte Zwiebel,
250 g grobgehackte Pilze
(z. B. Steinpilze),
Salz,
3 EL Sherry,
1 EL gehackte Petersilie,
3 EL Mehl,
2 Eier,
Schnittlauch.

Gamshals mit geputztem Suppengrün und Lorbeerblatt mit so viel Wasser begießen, daß alles bedeckt ist, danach weich garen. Die Suppe abseihen. Fleisch vom Knochen lösen und kleinschneiden. Weißbrot mit Milch übergießen und zugedeckt weichen lassen. Speck auslassen, Zwiebel darin anrösten und Pilze hinzufügen. Weich garen und salzen. Fleisch zusammen mit Zwiebel-Pilz-Mischung, Sherry, Petersilie, Mehl, Salz und eingeweichtem Weißbrot vermischen. Zuletzt die Eier hinzufügen, alles gut vermengen und zu Knödeln formen. In der durchgeseihten Suppe ca. 20 Minuten ziehen lassen. Mit gehacktem Schnittlauch bestreut servieren.

Variation
Die Knödel können auch mit Rehhals zubereitet werden.

Gamsterrine

1,5 kg Gamsschlegel, ausgelöst,
1 kleine Zwiebel,
500 g frischer Speck,
3–4 TL Salz,
½ TL Cayennepfeffer,
½ TL Zimt,
1 Msp Pimentpulver,
2 gestoßene Nelken,
½ TL Rosmarin,
½ TL Thymian,
¼ l Rioja (spanischer Rotwein),
Waldpilze (ca. 80 g),
Speckscheiben zum Auslegen
der Terrine.
Zur Garnierung: *Lorbeerblätter, Wacholderbeeren oder Kräuter.*

Das Fleisch in Würfel schneiden und mit der Hälfte des Specks und der geschälten Zwiebel zweimal durch die 3-mm-Lochscheibe drehen. Die Gewürze unter den Fleischteig geben. Den Wein kräftig unterarbeiten und zum Schluß den restlichen Speck in Würfel schneiden und mit den gehackten Pilzen unter die Fleischmasse mengen. Die Terrine mit den Speckscheiben auslegen, die Masse einfüllen und kräftig hineindrücken, damit keine Hohlräume bleiben. Mit Speckscheiben die Oberfläche abdecken und mit Lorbeerblättern, Wacholderbeeren und Kräutern beliebig garnieren. Den Deckel der Terrine aufsetzen und bei 200 °C im Wasserbad, im Ofen 60–70 Minuten garen. Die Oberfläche mit Alufolie abdecken und ein Brettchen darauflegen. Mit einem Stein oder Gewicht beschweren und auskühlen lassen. Die Terrine sollte erst am zweiten Tag angeschnitten werden, weil sie erst dann ihr volles Aroma entfaltet hat.
Dazu paßt: Rioja.

Wildschwein

Wildschweinragout
Zum Einkochen

2 kg Wildschweinfleisch.
Für die Beize: *1 l Essig,*
1 l Wasser,
2 Lorbeerblätter,
2 Nelken,
6 Pfefferkörner,
6 Wacholderbeeren,
2 Pimentkörner,
2 Zwiebeln,
Salz, Pfeffer,
6 EL Öl,
Saft von 1 Zitrone,
4 cl Rotwein.

Einkochgläser.

Wildschweinfleisch mit einem Tuch trockentupfen und in 2–3 cm große Würfel schneiden. Eine Beize aus Essig, Wasser, Lorbeerblättern, Nelken, Pfefferkörnern, Wacholderbeeren, Pimentkörnern und Zwiebelringen bereiten, das Fleisch über Nacht hineinlegen. Danach das Fleisch gut abtropfen lassen, salzen, pfeffern und im heißen Öl von allen Seiten anbraten, mit abgeseihter Wildbeize aufgießen und mit 1 Lorbeerblatt 10 Minuten schmoren lassen. Zum Schluß Zitronensaft und Rotwein hinzugießen. Alles in Gläser bis 3 cm unter den Rand geben, mit Bratenfond 2–3 cm hoch auffüllen, sofort verschließen und einkochen.
Einkochzeit: 60 Minuten + 30 Minuten bei 98 °C; *im Schnellkochtopf:* 25 Minuten.

Wildschweinpastete auf Bauernart

750 g Wildschweinfleisch, ohne Knochen,
250 g Schweineleber,
100 g fetter Speck, ohne Schwarte,
250 g durchwachsener, geräucherter Speck,
2 Zwiebeln, 1–2 Knoblauchzehen,
1 Bund frische Kräuter (Petersilie, Liebstöckel, Estragon, Majoran u. ä.),
3 Eier, evtl. etwas Sahne,
2 cl Wacholderschnaps, Salz,
gemahlener, schwarzer Pfeffer, Piment,
evtl. Semmelbrösel.

Weißblechdosen.

Wildschweinfleisch, Schweineleber und fetten Speck durch die 5-mm-Lochscheibe drehen. Den geräucherten Speck fein würfeln und zusammen mit gehackten Zwiebeln, Knoblauchzehen und Kräutern mit der Fleischmasse vermengen. Danach Eier, Sahne und Schnaps daruntermischen. Mit Salz, Pfeffer und Piment abschmecken und zuletzt evtl. Semmelbrösel zugeben, bis eine geschmeidige Farce entsteht. In Weißblechdosen abfüllen, verschließen und einkochen.
Einkochzeit: 120 Minuten + 60 Minuten bei 98 °C; *im Schnellkochtopf:* 25 Minuten.

Wildschweinsülze

Wildschweinfleisch (Keule, Rücken oder Brust), 1 Kalbsfuß, 1 Wildschweinfuß,
1/8 l Essig, 6 l Wasser, 2 EL Salz,
1 Lorbeerblatt, 2 Nelken, 4 Pfefferkörner,
1/8 l Rotwein, kleingeschnittenes Suppengrün,
zerlassenes Schweinefett.

Steinguttopf.

Das Wildschweinfleisch gut waschen, die Haut mit dem Messer abschaben und die Knochen entfernen. Das Fleisch aufrollen, mit Küchengarn paketähnlich verschnüren und zusammen mit Kalbsfuß, Wildschweinfuß, Wasser und den übrigen Zutaten so lange garen, bis das Fleisch weich ist. Wildschweinfleisch herausnehmen, den Sud noch ca. 30 Minuten köcheln lassen. Danach erkalten lassen, entfetten und durch ein Sieb abseihen. Wildschweinfleisch in portionsgerechte Scheiben schneiden, in einen Steinguttopf legen und den erkalteten Sud (Sülze) etwa fingerhoch über das Fleisch gießen. Ist die Sülze fest geworden, mit zerlassenem Schweinefett begießen, mit Klarsichtfolie (oder Pergamentpapier) bedecken und an einem kühlen, trockenen Ort aufbewahren.

Wildschwein-Rillettes

1,5 kg Wildschweinfleisch, ohne Knochen,
(Nacken, Schulter),
500 g frischer Speck,
250 g Zwiebeln,
2 l Wasser, 1 EL Salz,
2 Lorbeerblätter,
2 EL eingelegter, grüner Pfeffer,
2 cl Gin,
Schweineschmalz zum Abdecken.

Steinguttöpfe oder Einkochgläser.

Fleisch, Speck und Zwiebeln würfeln und in Wasser mit Salz, Lorbeerblättern und 1 Eßlöffel grünem Pfeffer im offenen Topf 3 Stunden köcheln lassen. Lorbeerblätter entfernen. Das Fleisch dann mit der Gabel zerdrücken. Gin und restliche Pfefferkörner einrühren. Die Rillettes in Steinguttöpfe oder Gläser füllen, mit zerlassenem Schweineschmalz abdecken, verschließen und kühl aufbewahren.

Gekochter Wildschweinschinken

5 kg Wildschweinfleisch (Keule), ohne Knochen, 250 g Pökelsalz, 25 g Rohrzucker, 5 EL zerdrückte Wacholderbeeren.
10grädige Lake: *pro l Wasser 80 g Pökelsalz.*
Gewürze im Leinensäckchen:
4 zerdrückte Knoblauchzehen,
2 EL zerdrückte Wacholderbeeren.

Wildschweinfleisch entweder ganz lassen oder in ca. 1 kg große Stücke zerteilen. Von allen Seiten mit einer Mischung aus Pökelsalz, Rohrzucker und Wacholderbeeren gut einreiben. Den Boden des Pökelgefäßes mit Salzmischung bedecken, das Wildschweinfleisch hineinschichten, zwischen jede Lage und zum Abschluß etwas von der Salzmischung streuen, mit einem Brett beschweren und zugedeckt in einem Pökelraum (6–8 °C) ca. 20 Stunden pökeln lassen. Danach den ausgetretenen Fleischsaft abgießen und durch ein Sieb abseihen.
In der Zwischenzeit das Wasser für die Lake, zusammen mit dem Pökelsalz, erhitzen, dabei die im Leinensäckchen gebundenen Gewürze hinzufügen. Kurz vor dem Siedepunkt in ein Gefäß zum Abkühlen gießen. Lake um die gleiche Menge des ggf. hinzugefügten Fleischsaftes reduzieren. Die Lake etwa fingerbreit über das Fleisch gießen und ca. 21 Tage pökeln lassen. Alle 2–3 Tage das Fleisch wenden und kontrollieren, ob die Lake in Ordnung ist. Ggf. Schaum abschöpfen oder Lake erneuern. Anschließend 12 Stunden wässern, dabei das Wasser 2–3mal erneuern. Jedes Fleischstück entweder mit Küchengarn umwickeln, in ein Küchenhandtuch fest einschlagen oder in eine Schinkenform pressen. In einen großen Topf mit heißem Wasser hineinlegen und 2½–3 Stunden simmern (köcheln) lassen.

Geflügel und Wildgeflügel (Federwild)

Allgemeine Beschreibungen

Das »liebe Federvieh«, wie Wilhelm Busch unsere geflügelten Braten nannte, schmeckt uns schon seit Jahrtausenden und beflügelt ebenso lange die Phantasie der Köche und Hausfrauen, die sich immer neue Zubereitungsarten dafür ausdenken.

Gezähmte Vögel als Haustiere gab es schon vor mehr als 4000 Jahren rund um die Erde. Die alten Ägypter, Griechen und Römer verstanden sich auf Geflügelzucht, mästeten Gänse, Enten, Hühner und Tauben. Auch die alten Germanen sollen – wenn man den Geschichtsschreibern glauben darf – einen knusprigen Gänsebraten nicht verachtet haben. Aus Montezumas Reich stammt der Truthahn (die Pute), mit dem die Spanier erstmals an der Tafel des Aztekenkaisers Bekanntschaft machten. Der wilde, indianische Vogel wurde gezähmt und bereicherte – ebenso wie das afrikanische Perlhuhn – Europas Küche, wurde in Nordamerika gar zum Nationalgericht und ist in den angelsächsischen Ländern der weihnachtliche Festtagsbraten.

In China hingegen schoß die Ente »den Vogel ab«, als absoluter Höhepunkt aller Gaumenfreuden in Gestalt der Peking-Ente gefeiert. Was den Franzosen seit König Heinrichs IV. Zeiten ihr Sonntagshuhn im Topf, was den Österreichern ihr Backhendl, ist uns heute, wie eh und je, die gut gebratene Gans für festliche Anlässe.

Obwohl Geflügel dank der Tiefkühltechnik jederzeit verfügbar ist, sind frische Hühner, Gänse und Enten nach wie vor beliebt und im Geschmack unübertroffen. Im Handel angebotenes Schlachtgeflügel wird in Handelsklassen eingestuft, und zwar gilt dies sowohl für frische wie für tiefgefrorene Ware. Wer Geflügel selbst züchtet, wird es natürlich in erster Linie frisch zubereiten wollen, aber durchaus auch an Rezepten zur Haltbarmachung interessiert sein. Unser Rezeptteil bringt zahlreiche Vorschläge.

Geflügel

Haus- oder Mastgeflügel umfaßt Hühner, Enten, Gänse, Perlhühner, Truthühner (Puten) sowie Haustauben.
Geflügelfleisch ist allgemein geschätzt, weil es gut schmeckt und – mit Ausnahme von sehr fettem Geflügel – leicht verdaulich ist. Es enthält Eiweiß, Fett, Vitamine und Mineralstoffe, wobei der Eiweißanteil bis zu 25 Prozent beträgt und aus für den Körper besonders wertvollem Protein besteht.
Der Geschmack ist für jede Geflügelart spezifisch und kann je nach Rasse, Alter, Geschlecht und Fütterung unterschiedlich sein.

Qualitätsmerkmale
Junge Tiere sind in der Regel zart und vollfleischig. Helles Fleisch liefern Küken, Masthähne und -hühner, Suppenhühner und Truthähne bzw. -hennen, dunkles Fleisch Mastenten und -gänse, Perlhühner und Tauben.
Junge Tiere haben einen weichen, biegsamen Brustknochen, der bei älteren Tieren verhärtet und verknöchert ist. Die Haut ist zart und feinporig, die Füße sind gelb und glatt. Bei älteren Tieren, z. B. Suppenhühnern, wird die Haut mit zunehmendem Alter grober und großporig, die Füße werden schuppig und grau. Bei jungen Enten und Gänsen lassen sich die Schwimmhäute an den Füßen leicht einreißen, bei älteren Tieren sind sie verhärtet. Junge Truthähne haben einen rötlichen Kopf und fast schwarze Beinhaut, während der alte Truthahn (Puter) einen bläulichen Kopf und rötliche Füße mit rauhen Schuppen hat.
Junge Tauben erkennt man am kleinen Kopf und am Flaum unter den Flügeln, alte an blauroter Haut und dunkelroten Füßen.
Bei lebendem Geflügel sind junge Tiere grundsätzlich an den lebhaften Bewegungen und den glänzenden, hervortretenden Augen zu erkennen. Frisches Geflügelfleisch muß sich fest und elastisch anfühlen, die Haut weiß sein. Keine Angst vor Fett – es ist wichtig als Geschmacksträger!

Schlachten, Rupfen, Ausnehmen, Ausbeinen

Das Schlachten von Hausgeflügel ist eigentlich nur etwas für robuste Naturen, doch bleibt es dem Geflügelhalter zwangsläufig nicht erspart. Die am häufigsten dabei angewandten Methoden sind das Durchschneiden der Halsschlagader unmittelbar unter dem Kopf mit einem scharfen Messer oder das Abtrennen des Kopfes mit dem Beil auf einem Hackstock. Mit einer Hand müssen dabei die Beine des Tieres festgehalten werden. Nach dem Schlachten läßt man das Tier ausbluten.
Frisch geschlachtetes Hausgeflügel muß – im Gegensatz zu Wildgeflügel – sofort gerupft werden. Grundsätzlich wird trocken gerupft, nur wenn dies schlecht geht, wird der Vogel kurz in heißes Wasser getaucht. Man rupft vorsichtig, um die Haut nicht zu verletzen, gegen den Strich, jedoch zum Schwanz hin und faßt dabei die Federn unmittelbar an der Haut an. Noch vorhandene Federkiele zieht man mit einem spitzen Messer oder einer Pinzette heraus. Federreste kann man auch über einer Gas-, Spiritus- oder Kerzenflamme absengen. Durch einen Längsschnitt an der Rückseite des Halses werden Luft- und Speiseröhre (Kropf) freigelegt und herausgezogen. Danach trennt man Kopf und Hals 4 cm vom Rumpf entfernt ab, wobei die Halshaut aber am

Rumpf hängen bleiben sollte. Auch Füße und Flügelspitzen werden bis auf 4 cm abgehackt, die Sehnen mit herausgezogen.
Zum Ausnehmen des Geflügels greift man mit dem Zeigefinger in die Halsöffnung und lokkert die in der Brusthöhe angewachsenen Eingeweide vorsichtig, ohne sie herauszunehmen. Nun legt man den Vogel auf den Rücken. Man schneidet oberhalb des Darmausgangs in die Bauchhöhle, entfernt das Bauchfett, greift dann in die Öffnung und zieht die Eingeweide heraus. Leber, Herz und Magen trennt man von den Eingeweiden und befreit die Leber vorsichtig – damit der bittere Gallensaft nicht ausläuft – von der Galle. Den Magen schneidet man auf und entfernt den Inhalt sowie die innere derbe Haut. Bei Gans und Ente löst man das Darm-, Bauch- und Flomenfett, das man später zu Schmalz auslassen kann. Falls das Geflügel gleich verwendet wird, wäscht

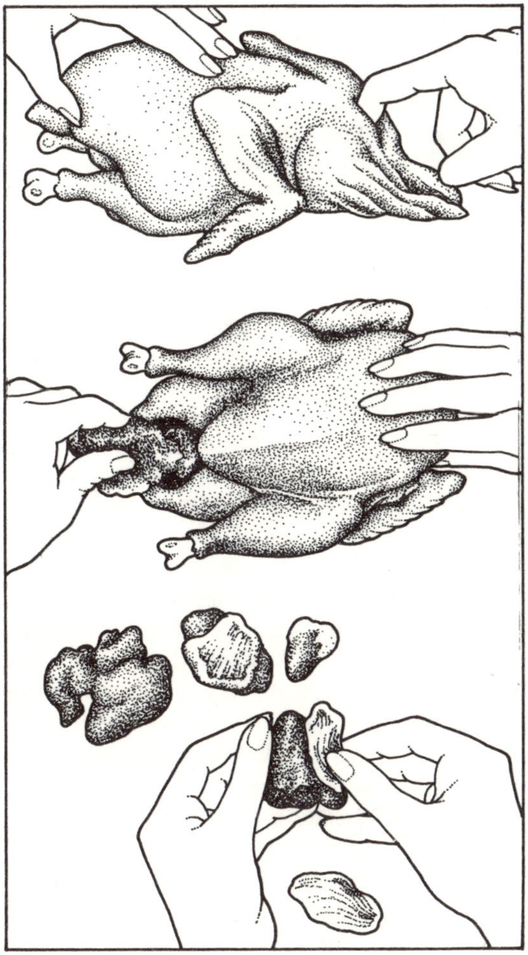

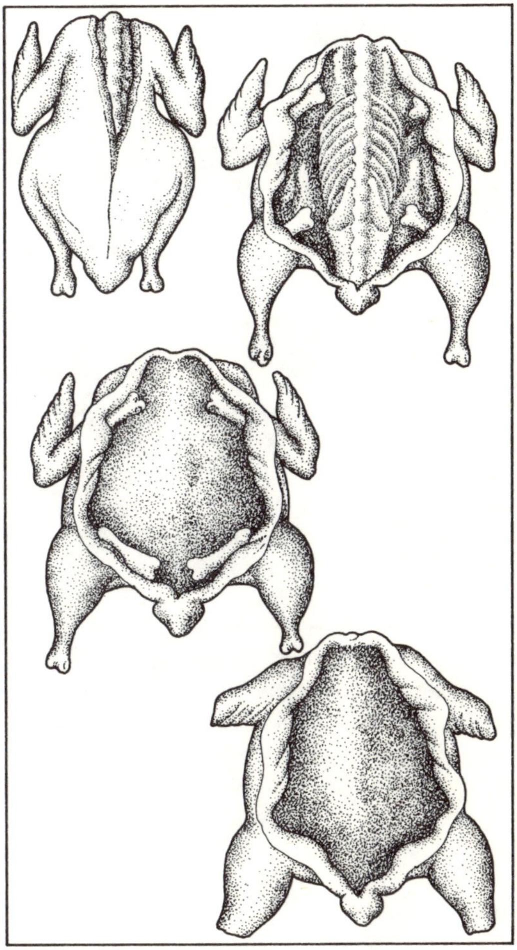

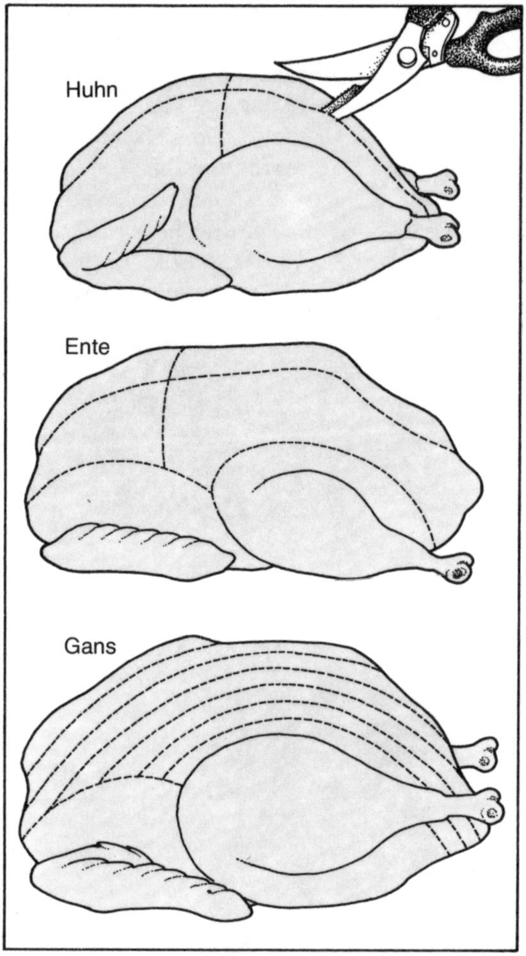

man es aus; anderenfalls wird es mit einem trockenen Tuch ausgerieben.
Soll Geflügel zu Rouladen, Sülzen oder Galantinen verarbeitet werden, beint man es vor dem Garen aus. Hierzu macht man mit einem scharfen Messer der Länge nach über den Rücken – dicht an beiden Seiten des Rückgratknochens – einen möglichst tiefen Schnitt und trennt nach beiden Seiten bis zur Brust das Fleisch vorsichtig vom Knochengerippe (Karkasse). Dabei sollte die Haut nicht verletzt werden. Anschließend kann man das ganze Gerippe, einschließlich der Eingeweide, herausziehen. Nach dem Füllen werden die Schnittkanten wieder zugenäht. Soll das Tier in Teilstücken zubereitet werden, teilt man es mit der Geflügelschere erst der Länge nach, dann eventuell quer, so daß vier Teile entstehen.
Hals, Flügel und Innereien von Gans, Ente und Pute werden zu »Klein« verarbeitet. Bei frisch geschlachtetem Geflügel findet hierfür auch das Blut Verwendung.
Bei der Pute können Brust, Keulen usw. auch herausgelöst und zu Schnitzeln, Rouladen oder Geschnetzeltem verarbeitet werden.

Wildgeflügel

Wildgeflügel oder Federwild, von Feinschmeckern als besondere Delikatesse geschätzt, wird heute nur noch relativ selten in freier Wildbahn erlegt. Schon seit dem Mittelalter gibt es jedoch Fasanerien – Gehege für die Zucht des edelsten Wildvogels, des Fasanes. Da Wildgeflügel in seiner Anatomie dem Hausgeflügel weitgehend gleicht, haben wir es in diesem Buch dem Kapitel »Geflügel« zugeordnet. Rupfen und Ausnehmen geschieht auf ähnliche Weise wie beim Hausgeflügel. Einige wichtige, abweichende Hinweise finden Sie im folgenden Abschnitt. Die bei uns am häufigsten vorkommenden oder in Freigehegen gezüchteten Wildvögel sind Fasane, Rebhühner, Wildenten, Wildtauben sowie Wachteln. Für freilebendes Wildgeflügel gibt es, wie für Wild, gesetzlich festgelegte Jagdzeiten (siehe Tabelle gegenüber).

Fasane fallen durch ihren langen Schwanz, den Stoß, Fasanhähne auch durch ihr buntes Gefieder auf. Ursprünglich stammen sie von der Küste des Schwarzen Meeres. Bratfertig sind sie etwa hühnergroß. Das Fleisch von jungen Tieren ist saftig, zart und sehr schmackhaft. Junge Tiere erkennt man daran, daß der Sporn am Ständer (Bein) stumpf und kegelförmig, das Brustbein weich ist.

Rebhühner sind etwa taubengroß und haben ein dem Erdboden angepaßtes graubraunes Federkleid. Besonders jüngere Tiere liefern zartes, delikates Fleisch. Junge Tiere haben gelbe – anstatt graue – Ständer; die äußeren Federn der Handschwingen sind spitz, die Brustbeinspitze biegsam.

Wildenten liefern ein wohlschmeckendes Fleisch, das jedoch je nach Rasse oder Nahrung auch einen etwas tranigen Beigeschmack haben kann. Schwimmenten (Stock-, Krick- und Knäckenten) schmecken meist ausgezeichnet, während Tauchenten, mit Ausnahme der Tafelenten, ungenießbar sind. Jüngere Tiere erkennt man daran, daß die Luftröhre sich leicht eindrücken läßt und die Schwimmhäute sich gut einreißen lassen.

Wildtauben sind als Jungtiere zart, wohlschmeckend und leicht verdaulich, deshalb sind sie auch als Krankenkost geschätzt.

Wachteln kommen heute überwiegend aus Züchtungen in besonderen Farmen, da für sie in der Bundesrepublik eine ganzjährige Schonzeit besteht. Der zierliche, rotbraune Vogel ist eine beliebte Delikatesse; er wird höchstens 200 g schwer, so daß man pro Person zwei Wachteln benötigt.

Jagdzeiten von Federwild in der Bundesrepublik Deutschland

	Mai	Juni	Juli	Aug.	Sept.	Okt.	Nov.	Dez.	Jan.	Febr.	März	April
Fasan						1. 10.–15. 1.						
Rebhuhn					1. 9.–15. 12.							
Wachtel	ganzjährig geschont											
Waldschnepfe						16. 10.–15. 1.						
Alpenschneehuhn	ganzjährig geschont											
Wildtaube (Ringeltaube, Türkentaube)			1. 7.–30. 4.									
Wildente (Krick-, Knäk- und Stockente)					1. 9.–15. 1.							
Wildgans												
(Graugans)				1. 8.–			1. 11.–15. 1.					
(Kanadagans)				31. 8.			1. 11.–15. 1.					
Bläßhuhn					1. 9.–15. 1.							

Zum Braten kommen nur junge Wildvögel in Betracht; ältere Tiere lassen sich allenfalls schmoren oder zu Suppen, Pasteten u. ä. verarbeiten. Das trockene Fleisch von Wildgeflügel wird durch Bardieren, das heißt Umwickeln mit dünnen Speckscheiben (Speckhemd), saftiger.
Auch Wildgeflügel läßt man in der Regel vor der Zubereitung zunächst abhängen. Bei manchen Arten hebt die Reifung den arteigenen Geschmack besonders hervor, bei anderen wirkt sie sich negativ aus, beispielsweise bei Wildenten und Wachteln, die frisch verbraucht werden sollten. Fasane oder Rebhühner hingegen erreichen nach 3–5tägigem Abhängen ihren Geschmackshöhepunkt.

Rupfen und Ausnehmen

Nach dem Abschluß muß so schnell wie möglich das »Aushäkeln« des Federwildes erfolgen, bei dem der Darm (das Geschlinge) mit Hilfe eines besonderen Aushäkeldrahtes aus dem After oder Waidloch gezogen wird, wie die Zeichnung unten zeigt. Anschließend läßt man das Tier im Federkleid abhängen, bevor es gerupft, ausgenommen und gereinigt wird.

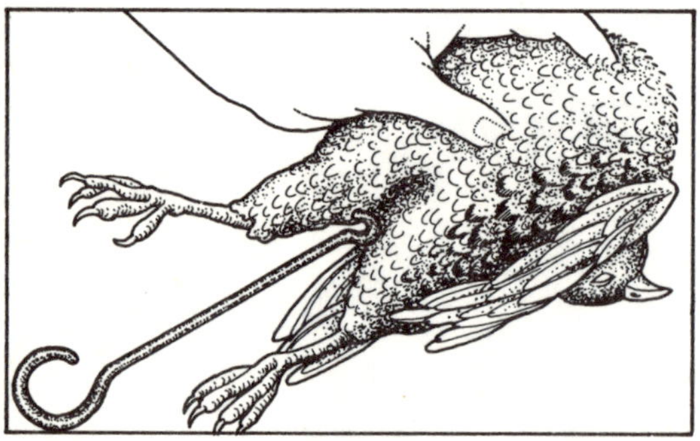

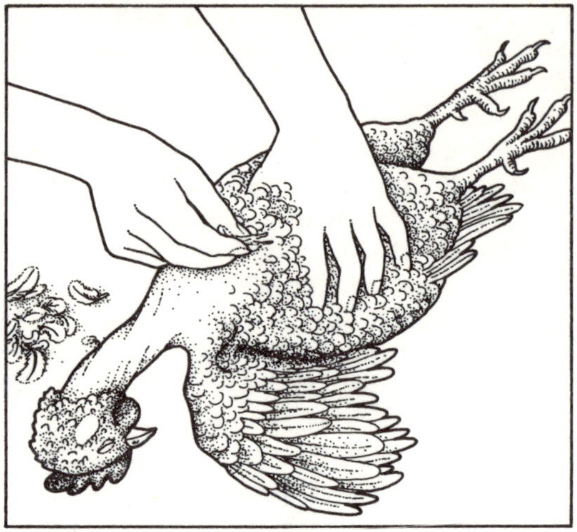

Besser rupfen läßt sich Wildgeflügel, wenn es mit heißem Wasser überbrüht oder im Gefriergerät angefroren wird. Danach legt man es auf den Rücken, faßt immer wieder einige Federn und rupft sie gegen den Strich in Richtung Kopf aus. Zuletzt kommen die Schwanzfedern an die Reihe. Die Federkielreste werden über eine Kerzenflamme oder einer Brennspiritusflamme abgesengt, ohne die Haut zu verbrennen. Schließlich werden mit einer Geflügelschere Flügel, Beine und Kopf abgetrennt. Um den Kropf herauszunehmen, schneidet man in der Kehle den Hals mit einem kleinen Längsschnitt ein und entnimmt den vollen Futtersack. Danach öffnet man mit einem scharfen Messer durch einen Querschnitt zwischen den Hinterkeulen den Leib, greift bis zum Herzen und zieht mit einem Ruck die Eingeweide heraus, wobei man darauf achten sollte, daß auch Lunge und Schlund entfernt werden. Zuletzt schneidet man die Bürzeldrüse ab.
Bei Wasservögeln mit tranigem Beigeschmack empfiehlt es sich, die ganze Haut mit den Federn abzuziehen, da die unangenehmen Geschmacksstoffe in der Fettschicht unmittelbar

unter der Haut sitzen. Dazu führt man einen geraden Schnitt über das Brustbein und drückt die Haut nach beiden Seiten weg. Dadurch werden die Brüste freigelegt, die sich jetzt gut heraustrennen lassen. Diese Methode kann auch angewandt werden, wenn von kleineren Vögeln lediglich die Brüste verwendet werden sollen. Zum Braten werden die Vögel zumeist dressiert, das heißt Flügel und Beine werden an den Rumpf gebunden. Ebenso verfährt man, wenn Wildgeflügel verpackt und eingefroren werden soll.

Informationen und Hinweise

Besonders delikat sind Pasteten, Terrinen und Galantinen aus Wildgeflügel. Bei einer größeren Jagdausbeute kann man sie gut auf Vorrat herstellen und in Gläsern oder Dosen einkochen.

Wie Wild wird auch Wildgeflügel nicht mit Wasser abgespült, sondern nur mit einem trockenen oder leicht feuchten Tuch abgerieben, um das Wildaroma nicht zu zerstören.

Energiewerte und Inhaltsstoffe von Geflügel- und Wildgeflügelfleisch

In 100 g sind enthalten	kJ	kcal	Eiweiß in g	Fett in g	Wasser in g
Ente	973	232	18,1	17,2	63,7
Fasan	439	105	23,9	2,0	74,0
Gans	1451	347	15,7	31,0	52,4
Huhn (Brathuhn)	579	138	20,6	5,6	72,7
Huhn (Brust)	441	105	22,8	0,9	75,0
Huhn (Herz)	561	134	17,3	5,8	74,3
Huhn (Keule)	485	116	20,6	3,1	74,7
Huhn (Leber)	593	142	22,1	4,7	70,3
Huhn (Suppenhuhn)	1097	262	18,5	20,3	60,0
Jungpute	656	157	22,4	6,8	69,7
Perlhuhn	o. A.	o. A.	o. A.	o. A.	o. A.
Pute	927	222	20,2	15,0	63,5
Pute (Brust)	468	112	24,1	1,0	73,7
Pute (Keule)	502	120	20,5	3,6	74,7
Rebhuhn	461	110	24,0	1,0	72,0
Wachtel	431	103	21,9	1,7	75,0
Wildente	519	124	23,0	3,0	73,0

Nach S. W. Souci, W. Fachmann, H. Kraut: Die Zusammensetzung der Lebensmittel, Nährwert-Tabellen 1981/82, Wissenschaftliche Verlagsgesellschaft mbH, Stuttgart 1981 und K. Diem und C. Lentner, Documenta Geigy: Wissenschaftliche Tabellen, Stuttgart 1975

Rezepte

Gans

Gansjung
Gänseklein

Gansjung (Gänseklein) von 1 Gans
(Kopf, Hals, Flügel, Füße,
Magen und Herz),
Wasser, ⅛ l Essig,
Salz, 1 Zwiebel,
1 Bund Suppengrün,
1 Lorbeerblatt,
1 Stück Schale von 1 unbehandelten Zitrone,
1 Nelke, 6 weiße Pfefferkörner,
30 g Butter, 50 g Mehl,
1 TL Zucker,
⅛ l Gänse- oder Schweineblut,
evtl. etwas saure Sahne.

Das Gansjung kalt abspülen und wie folgt vorbereiten: Kopf spalten, Schnabel und Augen entfernen, Hals und Flügel in zwei Teile hakken, Füße spalten, Zehen entfernen, die Haut des Magens abziehen. Alles in einem Kochtopf mit Wasser bedecken. Essig, Salz, halbierte Zwiebel, zerkleinertes Suppengrün und Gewürze zugeben und 30–40 Minuten kochen. Aus Butter, Mehl und Zucker eine braune Einbrenne zubereiten, mit der abgesiebten Kochflüssigkeit löschen und die Sauce durchkochen. Blut und evtl. saure Sahne nach und nach zugeben und rühren, bis die Sauce dick und glänzend ist. Das von den Knochen gelöste, in mundgerechte Stücke geschnittene Gänsefleisch darin heiß werden lassen.
Dazu passen: Semmelknödel.

Variation
In Ostdeutschland heißt das Gansjung Gänseschwarzsauer. Es wird genauso zubereitet, doch gibt man zur Sauce vor dem Einrühren des Bluts noch pro Person 100 g eingeweichtes und dann gedünstetes Backobst. Kleine Mehlklößchen aus 100 g Mehl, 1 Ei, 1 Eßlöffel weicher Butter und 1 Prise Salz, die man mit dem Löffel absticht und zuletzt in der Sauce garziehen läßt, vervollständigen das deftige Gericht.

Gefüllter Gänsehals

1 Gänsehals, 1 Gänseleber, 1 Gänsemagen,
300 g Schweinemett, 1 kleine Zwiebel, 1 Ei,
1 zerdrückte Knoblauchzehe, 1 TL Majoran,
gemahlener, weißer Pfeffer, Salz,
1–2 EL Semmelbrösel.

Den sauber abgespülten Gänsehals an einer Seite mit Küchengarn zunähen. Die Leber und den von der Haut befreiten Magen durch die 5-mm-Lochscheibe drehen, mit Schweinemett, feingehackter Zwiebel, Ei, Knoblauch, Gewürzen, Salz und Semmelbröseln zu einem Fleischteig verarbeiten. Den Hals damit füllen und die Öffnung zunähen, dann grillen oder braten (ca. 30 Minuten).
Er kann heiß oder kalt gegessen werden, heiß mit Kartoffeln, kalt zu Brot.

Variation
Auf die gleiche Weise wird gefüllter Entenhals zubereitet.

Links und unten: *Confit, Rezept S. 179*
Rechts: *Gänsepastete, Rezept S. 177*
und Entenpastete, Rezept S. 179

Gans in Weingelee

Gänsesülze, Gänseweißsauer

1 kg Gänsefleisch,
1 Kalbsfuß,
1 Zwiebel,
1 Bund Suppengrün,
2 Lorbeerblätter,
6 schwarze Pfefferkörner,
3 Nelken,
1 Stück Schale von 1 unbehandelten Zitrone,
Salz, ¼ l Sherry oder weißer Portwein,
2–3 EL Weinessig,
Wasser nach Bedarf,
1–2 Eiweiß,
1 TL Aspikpulver.

Das Gänsefleisch in passende Stücke schneiden. Den Kalbsfuß spalten und gut abspülen, zusammen mit dem Fleisch, der halbierten Zwiebel, dem Suppengrün und den Gewürzen in einen Topf geben. Salz, Sherry und Essig hinzufügen und so viel Wasser daraufgießen, daß das Fleisch bedeckt ist. Aufkochen lassen, den Schaum abnehmen, dann weiterkochen, bis das Gänsefleisch weich ist. Danach das Fleisch entnehmen und den Kalbsfuß noch 45 Minuten weiterkochen, anschließend die Brühe abseihen, abkühlen lassen und entfetten. Inzwischen das entbeinte Gänsefleisch in Teller oder Förmchen legen. Zur Brühe Eiweiß zum Klären geben, aufkochen, abschöpfen, dann das nach Vorschrift gequollene Aspik einrühren. Über das Gänsefleisch gießen und an einem kühlen Ort festwerden lassen.
Dazu passen: Bratkartoffeln.

Hinweis
Wie Gänsefleisch kann auch Entenfleisch in Aspik eingelegt werden.

Gänseschmalz

500 g Gänsefett, 500 g Schweineflomen,
1 EL Majoran, ½ TL Thymian.

Steinguttöpfe.

Gänsefett, zusammen mit Schweineflomen, in einem Topf bei geringer Hitzezufuhr auslassen. Mit den Gewürzen vermischen, durch ein Sieb abseihen und in Steinguttöpfe abfüllen.

Hinweis
Das Gänseschmalz erst vor der Verwendung salzen.

Variation
Auf die gleiche Weise kann auch Entenschmalz hergestellt werden.

Gänsepastete

Foto S. 175

Paté d'oie

Filets, Magen, Herz, Lunge, Knochenfleisch
und Fett (mit anhaftendem Fleisch) von
1 Gans.
Pro kg Gänsemasse: *250–300 g Schweinemett,*
4 Eier, 13 g Salz,
3 g frisch gemahlener, schwarzer Pfeffer,
3 zerdrückte Knoblauchzehen.

Weißblechdosen oder kleine Einkochgläser.

Fleisch, Innereien und Fett zweimal durch die 3-mm-Lochscheibe drehen, mit den übrigen Zutaten gut vermengen, etwas durchziehen lassen. In vorbereitete Weißblechdosen oder kleine Einkochgläser abfüllen, diese verschließen und einkochen.
Einkochzeit: 120 Minuten + 60 Minuten bei 98 °C; *im Schnellkochtopf:* 25 Minuten.

Geflügellebermousse

500 g Gänse- oder Entenleber,
3 Eier, 1 TL Salz,
½ TL frisch gemahlener, weißer Pfeffer.

Einkochgläser oder Weißblechdosen.

Die Leber 24 Stunden in Salzwasser legen. Dann im Mixer pürieren und dabei die übrigen Zutaten untermischen. In Gläser oder Dosen füllen und einkochen.
Einkochzeit: 120 Minuten + 60 Minuten bei 98 °C; *im Schnellkochtopf:* 25 Minuten.

Variation
Winzige Trüffelwürfelchen von 1 Trüffel unter die Mousse mischen.

Rillettes de Tours

1 kg Schweineflomen, 1 kg mageres Schweinefleisch bester Qualität,
1 kg Gänsefleisch (Keule oder Brust),
1 l Wasser, 1–2 EL Salz,
1 Glas trockener Weißwein,
1–2 zerdrückte Knoblauchzehen,
frisch gemahlener, weißer Pfeffer,
1 TL getrockneter, gerebelter Beifuß,
evtl. 1 großer, säuerlicher Apfel.

Steinguttöpfchen oder Einkochgläser.

Schweineflomen, Schweinefleisch und von den Knochen gelöstes Gänsefleisch würfeln. Flomen auslassen. Das Wasser mit Salz erhitzen. Sobald es kocht, geschmolzenes Schweinefett und Fleischwürfel zugeben. Bei geringer Hitze 2–3 Stunden köcheln lassen, dabei öfter umrühren. Eventuell etwas Wasser nachgießen. Wenn sich das Fleisch mit der Gabel zerdrücken läßt, das Fett abgießen. Zum Fleisch Wein, Knoblauch, Pfeffer und Beifuß geben, eventuell auch den geschälten, gewürfelten Apfel. 15 Minuten ziehen lassen. In Steinguttöpfchen oder Gläser füllen, mit dem abgegossenen Fett abdecken, verschließen und kühl aufbewahren.

Variation
Anstelle von Gänsefleisch Kaninchenfleisch verwenden. Beifuß und Apfel dann weglassen.

Geräucherte Gänsebrust

1 Gänsebrust (ca. 600 g), 1–1½ EL Pökelsalz,
1 TL Zucker.

Gänsebrust von der Seite her vom Knochen lösen, auf dem Rücken vorsichtig von der Wirbelsäule trennen, dabei die Haut nicht verletzen. Pökelsalz und Zucker mischen, die Gänsebrust von allen Seiten einreiben, mit der Hautseite nach oben in einen Steintopf einschichten und 8–10 Tage pökeln. Danach 2–3 Stunden wässern und trockentupfen. Dann die beiden Fleischhälften der Gänsebrust zusammenklappen und mit einer Schlau-

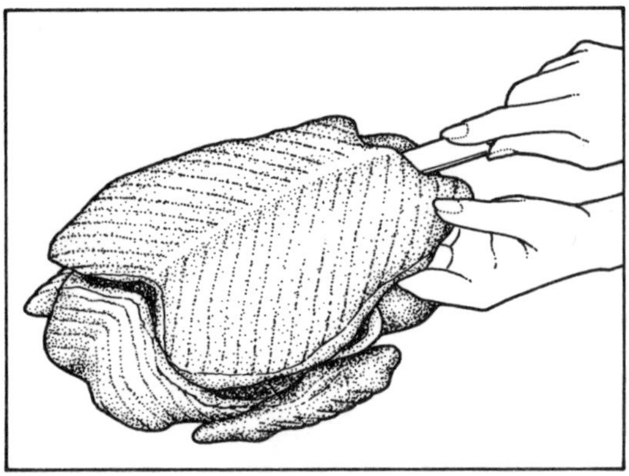

fe oder einem Fleischerhaken versehen. Über Nacht mit einem Brett und einem Stein beschweren, damit die Gänsebrust eine spitze Form erhält. Danach die Gänsebrust 1 Woche kalträuchern, in einem Leinensäckchen hängend aufbewahren.

Confit

Foto S. 175

Eingemachtes Geflügel

1 fette Gans oder Ente.
Pro kg Geflügelfleisch: *50 g Salz,*
1 Msp gemahlener, weißer Pfeffer,
1 TL getrockneter Thymian.
Schweineschmalz zum Abdecken.

Steingutgefäß.

Die Gans oder Ente ausnehmen und in Stücke schneiden, alles überflüssige Fett abtrennen, aber die Haut nicht entfernen. Gewürze mischen und die Geflügelteile damit einreiben. In einen großen Steinguttopf legen, mit der restlichen Salzmischung bestreuen und zugedeckt 24 Stunden kühl stellen. Das Fett kleinschneiden und auslassen. Am nächsten Tag das Fett mit der gleichen Menge Schweineschmalz erhitzen, die Geflügelteile einlegen und 1–2 Stunden leise schmoren lassen (nicht braten!). Ist das Fleisch gar, d. h. bleibt der beim Einstechen austretende Saft klar, die überflüssigen Knochen herauslösen und die Stücke in ein sauberes Steingutgefäß legen. Das etwas abgekühlte Fett darübergießen. Es sollte ca. 2 cm über dem Fleisch stehen. Am nächsten Tag den Topf mit Alufolie und – wenn vorhanden – dem Deckel gut verschließen. Kühl aufbewahrt, hält sich das Confit wochenlang. Man kann Teile zwischendurch entnehmen und zubereiten. Diese dann am besten kurz im Backofen überbacken, die Haut wird knuspriger.

Geflügelleber in Dosen

Gänse-, Enten- oder Putenleber, Salz, gemahlener weißer Pfeffer.

Weißblechdosen.

Die Leber sorgfältig von Adern, Fett, Gallenflecken usw. befreien, in Weißblechdosen legen, so daß die Dosen nur ⅔ gefüllt sind, und mit Salz und Pfeffer bestreuen. Dosen verschließen und einkochen.
Einkochzeit: 120 Minuten + 60 Minuten bei 98 °C; *im Schnellkochtopf:* 25 Minuten.

Ente

Entenpastete

Foto S. 175

Paté de canard

400 g Entenkleinfleisch, 400 g Entenfett,
400 g Schweinebauch, ohne Schwarte,
3 TL Salz, frisch gemahlener, weißer Pfeffer,
3 Eier.

Einkochgläser.

Fleisch und Fett zweimal durch die 8-mm-Lochscheibe, dann durch die 3-mm-Lochscheibe drehen. Mit Salz und Pfeffer abschmecken und mit den Eiern verrühren. In Gläser füllen (nur halb voll) und einkochen.
Einkochzeit: 120 Minuten + 60 Minuten bei 98 °C; *im Schnellkochtopf:* 25 Minuten.

Ententerrine

1 altes Brötchen, 5 EL Orangenlikör, 7 EL Cognac, 1 TL Orangenschalenpulver, 200 g Schweinekarree, 200 g würfelig geschnittener Rückenspeck, 300 g Schweinebauch, ohne Schwarte, 400 g Entenkleinfleisch, 350 g Entenfett, 3 TL Salz, ½ TL frisch gemahlener, schwarzer Pfeffer, 4 Eier, 100 g frischer Speck.

Das Brötchen eßlöffelweise mit Alkohol beträufeln, einziehen lassen und mit Orangenschalenpulver würzen.
Das Karreefleisch in ½ cm dicke Würfelchen schneiden, mit den Speckwürfelchen mischen. Das Entenfleisch durch die 10-mm-Lochscheibe drehen und auch unter die Karree-Speck-Masse mischen. Das Entenfett, das eingeweichte Brötchen und das Schweinefleisch erst durch die 10-mm-Lochscheibe, dann durch die 3-mm-Lochscheibe drehen. Salzen, pfeffern und alles mit den Eiern gut mischen. Eine große oder mehrere kleine Pastetenformen so mit Speckscheiben auslegen, daß sie am Rand etwas überstehen. Die Masse einfüllen, den überstehenden Speck einschlagen, mit Pastetendeckel (mit Loch) verschließen.
In der Saftpfanne im Backofen, im Wasserbad bei 200 °C 2 Stunden garen. Abkühlen lassen, eventuell etwas Fett abgießen.
Dazu paßt: Orangengelee.

Hinweise
Sollte die feuerfeste Form keinen Deckel haben, kann man stattdessen Folie verwenden, dabei den Rand gut einbiegen und fest einrollen. Außerdem in die Folie ein kleines Loch stechen und eine Makkaronistange als »Schornstein« einstechen.

Gepökelte Ente

2 Enten (je 2,5 kg), 3 l Wasser, 400 g Salz, 80 g Zucker, 2½ TL Pökelsalz.

Die küchenfertigen Enten halbieren und in ein ausreichend großes Gefäß legen. Wasser, Salz, Zucker und Pökelsalz vermischen und über die Entenhälften gießen, so daß sie bedeckt sind. Eine Woche kühl aufbewahren. Herausnehmen, kalt abspülen und in frischem Wasser 1½–2 Stunden garen lassen. Aufgeschnitten servieren.
Dazu passen: verschiedene Gemüse und Petersilienkartoffeln.

Geräucherte Entenbrust

3–4 Entenbrüste (ca. 1 kg), mit Haut, ohne Knochen, 50 g Pökelsalz, 5 g Rohrzucker, 1 TL Zimtpulver.
6grädige Lake: *pro l Wasser 48 g Pökelsalz.*
Gewürze im Leinensäckchen: *1 Zimtstange, 8 zerdrückte Pimentkörner, 1 EL Kümmelkörner.*

Entenbrüste mit einer Mischung aus Pökelsalz, Rohrzucker und Zimt von allen Seiten gut einreiben. Den Boden des Pökelgefäßes mit Salzmischung bedecken, die Entenbrüste hineinschichten, zwischen jede Lage und zum Abschluß etwas von der Salzmischung streuen, mit einem Brett beschweren und zugedeckt in einem Pökelraum (6–8 °C) ca. 20 Stunden pökeln lassen. Danach den ausgetretenen Fleischsaft abgießen und durch ein Sieb abseihen.
In der Zwischenzeit das Wasser für die Lake zusammen mit dem Pökelsalz erhitzen, dabei die im Leinensäckchen gebundenen Gewürze

hinzufügen. Kurz vor dem Siedepunkt in ein Gefäß zum Abkühlen gießen. Lake um die gleiche Menge des ggf. hinzugefügten Fleischsaftes reduzieren. Die Lake etwa fingerbreit über das Fleisch gießen und 3–4 Tage pökeln lassen. Mehrmals das Fleisch wenden und kontrollieren, ob die Lake in Ordnung ist. Nach dem Pökeln das Fleisch 1–2 Stunden in klarem Wasser wässern, dabei das Wasser 2–3mal erneuern. Trockentupfen und jede Entenbrust so zusammenrollen, daß die Haut nach außen zeigt, mit Küchengarn zusammenbinden und mit einer Schlaufe oder einem Fleischerhaken versehen. 4–6 Stunden zum Trocknen aufhängen, danach 1 Woche kalträuchern.

Pute

Putenkeulen süß-sauer

Zum Einkochen

2 Putenkeulen,
Knoblauchsalz,
gemahlener, weißer Pfeffer,
½ TL Rosmarinpulver,
3 EL Butterschmalz,
2 Schalotten,
⅛ l Geflügelbrühe (Instant),
1 Glas trockener Vermouth,
etwas Zitronensaft,
1 TL brauner Zucker,
Salz.

Einkochgläser.

Die Putenkeulen halbieren, mit Knoblauchsalz, Pfeffer und Rosmarin einreiben und in einem Schmortopf in erhitztem Butterschmalz kräftig anbraten. In den Bratfond die feingehackten Schalotten geben, andünsten, mit Brühe und Vermouth aufgießen und mit Zitronensaft und Zucker pikant würzen. Die Putenkeulen darin so lange schmoren, bis sie durch sind, eventuell noch Wasser nachgießen. Danach in Einkochgläser legen, die mit Salz abgeschmeckte Sauce darübergießen und einkochen.

Einkochzeit: 60 Minuten + 30 Minuten bei 98 °C; *im Schnellkochtopf:* 25 Minuten.

Verwendung

Vor dem Servieren die Sauce mit Crème fraîche verfeinern.

Putenrolle in Aspik

1 Schweineschwarte
(ca. 25 cm breit, 35 cm lang),
500 g Putenfleisch (roh oder gekocht,
in Scheiben geschnitten oder geschnetzelt),
Salz, 1 EL Senfkörner,
15 mit Paprika gefüllte Oliven.
Für den Sud: *Zwiebelringe,*
Salz, Essig,
Lorbeerblatt, Wasser.

Schwarte auf der Arbeitsfläche ausbreiten, Putenfleisch darauflegen, mit Salz und Senfkörnern bestreuen und Oliven darübergeben. Alles zusammenwickeln und mit Küchengarn befestigen. Sud aus den angegebenen Zutaten herstellen und mit so viel Wasser aufgießen, daß die Schwarte bedeckt ist. Ca. 2 Stunden simmern (köcheln) lassen. Putenrolle in ein Gefäß geben, den abgeseihten Sud darübergießen, kühl stellen und fest werden lassen. Zum Servieren in ca. 1 cm dicke Scheiben schneiden.

Feine Putenleberpastete à la Benz

250 g Putenleber, 500 g Putenfleisch,
250 g Butter, 20–30 Wacholderbeeren, Salz.

Kleine Steinguttöpfe.

Putenleber und Putenfleisch in etwas erhitzter Butter rosa garen, würfeln und durch die 3-mm-Lochscheibe drehen. Zerstoßene Wacholderbeeren und die restliche gekühlte Butter hinzugeben, salzen und alles gut vermengen. In kleine Steinguttöpfe füllen und kühl stellen. Ist ca. 1 Woche haltbar.

Wichtig!
Bei den nachfolgenden Wurstrezepten das Kapitel »Brühwurst« (s. S. 99 ff.) beachten!

Putenleberterrine

250 g Putenfleisch, 500 g Putenleber,
500 g Speck, 3 Schalotten, 250 g Kalbsleber,
1 EL Butter, 3 Eier, 4 cl Sherry, 100 ml Sahne,
Salz, Pfeffer, je ½ TL Ingwerpulver,
Majoran und Salbei, 1 EL gehackte Petersilie,
4–5 große Scheiben dünner Räucherspeck,
1–2 Lorbeerblätter, Wacholderbeeren,
150 g Frühstücksspeck.

Putenfleisch, -leber, Speck und Zwiebel durch die 3-mm-Lochscheibe drehen. Kalbsleber in Butter anbraten, klein würfeln. Alles gut vermengen. Eine Terrinenform mit Räucherspeck auslegen, Fleischmasse hineingeben, Gewürze obenaufdrücken, mit Frühstücksspeck belegen. Zugedeckt in eine mit Wasser gefüllte Fettpfanne stellen, im vorgeheizten Backofen bei 180–200 °C/Gas Stufe 2–3 ca. 60 Minuten garen.

Putenwurst
Grundbrät

750 g Putenfiletfleisch, 750 g Schweinefleisch
(Schulter, Haxe), 750 g Speck,
750 g Eiswürfelchen.
Gewürze: *70 g Pökelsalz,*
1 TL gemahlener, weißer Pfeffer,
je 2 Msp Macis, Muskatpulver,
Piment, Ingwerpulver.

50 mm-Cellophanhüllen oder Einkochgläser.

Fleisch und Speck in große Würfel schneiden, im Gefriergerät leicht anfrieren und durch die 5-mm-Lochscheibe drehen, abermals in das Gefriergerät geben und, bis zur Weiterverarbeitung, darin aufbewahren. Inzwischen die Eiswürfel in einem Stoffbeutel oder zwischen sauberen Küchentüchern zerkleinern. Dann das leicht angefrorene Fleisch rasch mit Pökelsalz vermischen und zusammen mit dem Eisschnee durch die 3-mm-Lochscheibe drehen. Diese Fleischmasse zügig mit den restlichen Gewürzen vermischen und noch zweimal durch die 3-mm-Lochscheibe drehen. Danach die Masse (anstatt des professionellen Cutterns) in der Küchenmaschine ¼ Stunde lang kräftig rühren, um eine gute Emulgierung zu erreichen. In Cellophanhüllen oder Einkochgläser abfüllen. Innerhalb von 2 Stunden das Brühwasser auf 72 °C bringen, nach 15 Minuten langsam abkühlen lassen.

Variationen
Das Grundbrät ist Ausgangsbasis für Geflügelwurst. Varianten lassen sich mit gröberen Einlagen, die dunkler sind, z. B. mit Fleisch von Putenkeulen, erzielen.
Aus 3 kg Grundbrät bereiten Sie z. B. durch unterschiedliche Würzmischungen 6 verschiedene Geflügelwurst-Variationen.

1. 500 g Grundbrät, 1 EL Senfkörner;
2. 500 g Grundbrät, 1 EL grüne Pfefferkörner;
3. 500 g Grundbrät, mit dunklem Fleisch (Putenkeulen)-Jagdwurstart;
4. 500 g Grundbrät, Oliven;
5. 500 g Grundbrät, 500 g helles Fleisch (Putenbrust);
6. 500 g Grundbrät, Pistazien.

Putenwurst auf Jagdwurstart

1,5 kg Putenkeulenfleisch, 30 g Pökelsalz,
½ TL gemahlener, schwarzer Pfeffer,
je 1 Msp Macis und Ingwer, 1 TL Zucker.
Für das Grundbrät: *400 g Putenfiletfleisch,*
400 g Schweinefleisch, 400 g Speck,
30 g Pökelsalz, ½ TL gemahlener, schwarzer
Pfeffer, je 1 Msp Macis, Muskatpulver,
Piment, Ingwerpulver, 400 g Eiswürfelchen.

Cellophanhüllen 50 mm oder Einkochgläser.

Keulenfleisch würfeln, salzen, würzen, durch die 12–14-mm-Lochscheibe drehen und 12 Stunden im Kühlschrank, am besten über Nacht, umröten lassen.
Für das Grundbrät Fleisch und Speck in grobe Würfel schneiden, im Gefriergerät leicht anfrieren, salzen, würzen, durch die 5-mm-Lochscheibe, dann dreimal durch die 3-mm-Lochscheibe drehen. Dabei immer wieder Eis untermischen. Vorbereitetes Fleisch mit dem Grundbrät gut vermischen. In Cellophanhüllen oder Einkochgläser füllen. Innerhalb von 2 Stunden das Brühwasser auf 72 °C bringen, nach 15 Minuten langsam abkühlen lassen.

Variation
Statt des Keulenfleisches kann man auch Putenbrust- oder Hühnerbrustfleisch verwenden.

Geräucherte Putenbrust

1 Putenbrust (ca. 1 kg), mit Haut,
ohne Knochen, 50 g Pökelsalz,
5 g Rohrzucker,
2 EL zerdrückte Wacholderbeeren.
6grädige Lake: *pro l Wasser 48 g Pökelsalz.*
Gewürze im Leinensäckchen: *1 Zimtstange,*
8 zerdrückte Pimentkörner,
1 EL Kümmelkörner.

Putenbrust mit der Mischung aus Pökelsalz, Rohrzucker und Wacholderbeeren von allen Seiten gut einreiben. Den Boden des Pökelgefäßes mit Salzmischung bedecken, die Putenbrust hineinlegen, zwischen jede Lage und zum Abschluß etwas von der Salzmischung streuen, mit einem Brett beschweren und zugedeckt in einem Pökelraum (6–8 °C) ca. 20 Stunden pökeln lassen. Danach den ausgetretenen Fleischsaft abgießen und durch ein Sieb abseihen.
In der Zwischenzeit das Wasser für die Lake zusammen mit dem Pökelsalz erhitzen, dabei die im Leinensäckchen gebundenen Gewürze hinzufügen. Kurz vor dem Siedepunkt in ein Gefäß zum Abkühlen gießen. Die Lake etwa fingerbreit über das Fleisch gießen und 6–10 Tage pökeln lassen. Nach 3–5 Tagen das Fleisch wenden und kontrollieren, ob die Lake in Ordnung ist. Ggf. Schaum abschöpfen oder Lake erneuern. Nach dem Pökeln das Fleisch 1–2 Stunden in klarem Wasser wässern, dabei das Wasser 2–3mal erneuern. Trockentupfen und die Putenbrust so zusammenrollen, daß die Haut nach außen zeigt, mit Küchengarn zusammenbinden. 6 Stunden zum Trocknen aufhängen, 1 Woche kalträuchern.

Huhn

Paprikahuhn

Zum Einkochen

2 Hühnchen (je 1 kg), 2 große Zwiebeln, 6 EL Öl, 2–3 EL edelsüßes Paprikapulver, ¼ l Fleischbrühe, Salz, 2 EL Tomatenmark, 2 rote Paprikaschoten.

Einkochgläser.

Hühnchen kurz waschen, trockentupfen und in gleich große Stücke zerteilen. Zwiebeln schälen, in Scheiben schneiden und im erhitzten Öl, zusammen mit den Geflügelteilen, goldgelb anbraten. Mit Paprikapulver bestreuen, mit Fleischbrühe löschen und salzen. Im verschlossenen Topf 30 Minuten schmoren, währenddessen Tomatenmark und die geputzten, in Ringe geschnittenen Paprikaschoten hinzufügen. Alles in Gläser bis ca. 3 cm unter den Rand füllen, die Sauce 2–3 cm hoch in das Glas gießen. Sofort verschließen und einkochen.
Einkochzeit: 60 Minuten + 30 Minuten bei 98 °C; *im Schnellkochtopf:* 25 Minuten.

Verwendung
Vor dem Servieren die Sauce mit saurer Sahne abschmecken.

Hühnerbrüste in Aspik

1 Schweineschwarte (ca. 25 cm breit, 35 cm lang), 2–3 Hühnerbrüste (ca. 500 g), Salz, gemahlener, weißer Pfeffer.
<u>Für den Sud:</u> *Zwiebelringe, Salz, Essig, Lorbeerblatt, Wasser.*

Schwarte auf der Arbeitsfläche auslegen. Hühnerbrüste vom Knochen lösen, enthäuten und nebeneinander auf die Schwarte legen. Salzen, pfeffern, alles zusammenwickeln und mit Küchengarn befestigen.
Sud aus den angegebenen Zutaten herstellen und mit so viel Wasser aufgießen, daß die Schwarte bedeckt ist. Ca. 2 Stunden simmern (köcheln) lassen. Schwarte in ein Gefäß geben, den abgeseihten Sud darübergießen, kühl stellen und fest werden lassen. Zum Servieren in ca. 1 cm dicke Scheiben schneiden.

Geräucherte Hühnerbrust

5 Hühnerbrüste (ca. 1 kg), mit Haut, ohne Knochen, 50 g Pökelsalz, 5 g Rohrzucker, 1 TL Ingwerpulver.
<u>6grädige Lake:</u> *pro l Wasser 48 g Pökelsalz.*
<u>Gewürze im Leinensäckchen:</u>
1 zerdrückte Knoblauchzehe,
1 Stück zerkleinerte Ingwerwurzel,
1 TL zerdrückte Wacholderbeeren.

Hühnerbrüste mit Pökelsalz, Rohrzucker und Ingwerpulver von allen Seiten gut einreiben. Den Boden des Pökelgefäßes mit Salzmischung bedecken, das Geflügelfleisch hineinschichten, zwischen jede Lage und zum Abschluß etwas von der Salzmischung streuen, mit einem Brett beschweren und zugedeckt in einem Pökelraum (6–8 °C) ca. 20 Stunden pökeln lassen. Danach den ausgetretenen Fleischsaft durch ein Sieb abseihen.
Inzwischen das Wasser für die Lake zusammen mit dem Pökelsalz erhitzen, Gewürze im Leinensäckchen hinzufügen. Kurz vor dem Siedepunkt in ein Gefäß zum Abkühlen gießen. Lake um die gleiche Menge des ggf. hinzugefügten Fleischsaftes reduzieren. Die Lake etwa

fingerbreit über das Fleisch gießen und 2–3 Tage pökeln lassen. Das Fleisch mehrmals wenden und kontrollieren, ob die Lake in Ordnung ist. Ggf. Schaum abschöpfen oder Lake erneuern. Nach dem Pökeln das Fleisch 1–2 Stunden in klarem Wasser wässern, dabei das Wasser 2–3mal erneuern. Trockentupfen und jede Hühnerbrust so zusammenrollen, daß die Haut nach außen zeigt, mit Küchengarn zusammenbinden und mit einer Schlaufe oder einem Fleischerhaken versehen. 4–6 Stunden zum Trocknen aufhängen, danach 3–4 Tage kalträuchern.

Geräucherte Hühnerschenkel

8–10 Hühnerschenkel (ca. 1 kg), mit Haut, ohne Knochen, 50 g Pökelsalz, 5 g Rohrzucker, 2 EL Paprikapulver.
6grädige Lake: *pro l Wasser 48 g Pökelsalz.*
Gewürze im Leinensäckchen:
1 zerdrückte Knoblauchzehe, 1 Zimtstange, 1 EL Senfkörner, 12 schwarze Pfefferkörner.

Hühnerschenkel mit Pökelsalz, Rohrzucker und Paprikapulver gut einreiben. Den Boden des Pökelgefäßes mit Salzmischung bedecken, das Hühnerfleisch hineinschichten, zwischen jede Lage und zum Abschluß etwas von der Salzmischung streuen, mit einem Brett beschweren und zugedeckt in einem Pökelraum (6–8 °C) ca. 20 Stunden pökeln lassen. Danach den ausgetretenen Fleischsaft durch ein Sieb abseihen. Wasser für die Lake zusammen mit dem Pökelsalz erhitzen, Gewürze im Leinensäckchen hinzufügen. Kurz vor dem Siedepunkt in ein Gefäß zum Abkühlen gießen. Lake um die gleiche Menge des ggf. hinzugefügten Fleischsaftes reduzieren. Die Lake etwa fingerbreit über das Fleisch gießen und 2–3 Tage pökeln lassen. Das Fleisch mehrmals wenden und kontrollieren, ob die Lake in Ordnung ist. Ggf. Schaum abschöpfen oder Lake erneuern. Nach dem Pökeln das Fleisch 1–2 Stunden in klarem Wasser wässern, dabei das Wasser 2–3mal erneuern. Trockentupfen und jeden Hühnerschenkel so zusammenrollen, daß die Haut nach außen zeigt, mit Küchengarn zusammenbinden und mit einer Schlaufe oder einem Fleischerhaken versehen. 4–6 Stunden zum Trocknen aufhängen, danach 3–4 Tage kalträuchern.

Perlhuhn

Perlhuhn auf kalifornische Art

Zum Einkochen

1 junges Perlhuhn, Salz, gemahlener, weißer Pfeffer, 80 g Butter oder Butterschmalz, ¼ l Geflügelbrühe (Instant), 400 g Staudensellerie, 1 Prise Muskatblüte.

Einkochgläser.

Das vorbereitete Perlhuhn waschen, trockentupfen, in Portionsstücke schneiden, diese mit Salz und Pfeffer bestreuen, in heißem Fett rundherum anbraten. Den Bratfond mit Brühe loskochen, die geputzten, gewaschenen und in 3 cm lange Stücke geschnittenen Selleriestangen zugeben, mit Muskatblüte würzen und alles garen, bis die Geflügelteile durch sind. Fleisch und Sellerie auf Einkochgläser verteilen, die Sauce darübergeben, so daß alles bis etwa 2 cm unter den Rand reicht. Einkochen. *Einkochzeit:* 60 Minuten + 30 Minuten bei 98 °C; *im Schnellkochtopf:* 25 Minuten.

Geflügel-Galantine

1 Poularde oder 1 Perlhuhn.
Für die Füllung: *je 300 g Kalbfleisch und mageres Schweinefleisch,*
1 EL Butter,
1 kleine Zwiebel, 2 Brötchen,
etwas Milch,
2 Eier, Salz, Pfeffer, 60 g Pökelzunge,
einige Pistazienkerne.
Zitronensaft, trockener Sherry.

Das gerupfte, aber nicht ausgenommene Geflügel wie folgt vom Knochengerüst befreien: Füße, Flügel und Hals abhacken, Kropf und Gurgel auslösen, mit einem scharfen Messer die Rückenhaut der Länge nach durchschneiden. Nun vorsichtig Fleisch und Haut vom Knochengerüst (Karkasse) abtrennen, das Fleisch an den Schenkeln bis ans Gelenk zurückschieben und die Knochen herausziehen, ebenso auch die Flügelknochen lösen. Die Haut darf nicht verletzt werden. Das Knochengerüst herausnehmen (Eingeweide entfernen), zerkleinern und mit Wasser auskochen. Für die Füllung die weiteren Zutaten vermengen. Die Geflügelleber kleinschneiden und in Butter, zusammen mit der feingehackten Zwiebel, dünsten. Die Brötchen in Milch einweichen, dann ausdrücken, zum Fleisch geben. Alles mit Eiern, Salz, Pfeffer, kleinwürfelig geschnittener Pökelzunge und grobgehackten Pistazienkernen mischen. Das entbeinte Geflügel mit Salz und Zitronensaft einreiben, füllen und mit Küchengarn zunähen. In ein sauberes Küchentuch einschlagen und fest umwickeln, um ein Platzen zu vermeiden. Die Galantine in der inzwischen fertiggestellten Knochenbrühe mit 1 Schuß Sherry 1 Stunde dämpfen. Sie kann warm oder kalt aufgeschnitten gegessen werden.

Wildente

Wildenten in Portweinsauce
Zum Einkochen

2 Wildenten (je ca. 600 g),
Salz,
gemahlener, weißer Pfeffer,
50 g Butterschmalz,
je 1 TL gemahlener Thymian,
Rosmarin und Pfefferminze,
⅛ l Geflügelbrühe,
je 2 cl Orangensaft
und Portwein.

Einkochgläser.

Die ausgenommenen Wildenten kurz waschen, trockentupfen, in je 4 Teile zerlegen. Diese rundherum mit Salz und Pfeffer einreiben, dann in dem erhitzten Butterschmalz kräftig anbraten, dabei die Geflügelteile mit den Kräutern bestreuen. Den Bratfond mit Geflügelbrühe und Orangensaft loskochen. Die Geflügelteile darin durchgaren, dann auf Einkochgläser verteilen. Die Sauce mit Portwein verfeinern und so in die Gläser füllen, daß sie 2–3 cm hoch darin steht. Die Gläser verschließen und einkochen.
Einkochzeit: 60 Minuten + 30 Minuten bei 98 °C; *im Schnellkochtopf:* 25 Minuten.

Hinweis
Falls die Enteninnereien vorhanden sind, diese ebenfalls anbraten und zu den Geflügelteilen in die Gläser geben.

Fasan

Mousse von Fasan

1 Fasan, evtl. Speckscheiben zum Braten,
Öl, Salz,
frisch gemahlener, weißer Pfeffer,
je 2 cl Cognac und Portwein,
100 g Butter.

Den Fasan wie üblich braten, eventuell vorher mit Speckscheiben umwickeln, damit das Fleisch nicht zu trocken wird. Fleisch von den Knochen lösen und zusammen mit der Haut zweimal durch den Fleischwolf drehen (3-mm-Lochscheibe). Die Masse mit Salz, Pfeffer, Cognac und Portwein würzen. Die Butter mit dem Handmixer oder in der Küchenmaschine schaumig rühren und mit der Fleischmasse mischen. Bis zum Servieren gut durchkühlen lassen.
Dazu paßt: Toastbrot.

Rebhuhn

Rebhühner in Dosen

Junge Rebhühner, Butterschmalz.

Weißblechdosen.

Die ausgenommenen Rebhühner mit einem sauberen Tuch trocken abreiben (nicht waschen). Wie üblich dressieren (die Beine mit Küchengarn zusammenbinden). Die Rebhühner dann mit dem Kopf nach unten in passende Dosen geben und mit flüssigem Butterschmalz übergießen, bis sie völlig bedeckt sind. Die Dosen verschließen und einkochen.
Einkochzeit: 120 Minuten + 60 Minuten bei 98 °C; *im Schnellkochtopf:* 25 Minuten.

Hinweis
Vor dem Verzehr die Dose öffnen und im heißen Wasserbad das Butterschmalz flüssig werden lassen.

Wildgeflügelcreme

500 g gebratenes Fleisch von Wildgeflügel (Wildente, Rebhuhn, Fasan),
250 g gebratene Wildgeflügelleber oder Kalbsleber,
100 g Butter oder Schweinefett,
Salz, gemahlener, weißer Pfeffer,
gemahlener Thymian oder Salbei,
evtl. etwas Sahne.

Evtl. Weißblechdosen.

Das von den Knochen gelöste und gebratene Fleisch sowie die Leber zweimal durch die 3-mm-Lochscheibe drehen. Mit der weichen Butter oder dem Schweinefett, Salz und den Gewürzen verrühren, kräftig abschmecken, nach Bedarf noch etwas Sahne zugeben und mit dem Handmixer schlagen, bis eine glatte, cremige Masse entstanden ist. Die Creme entweder sofort als Brotaufstrich verbrauchen oder Dosen zu ⅔ damit füllen und einkochen.
Einkochzeit: 60 Minuten + 30 Minuten bei 98 °C; *im Schnellkochtopf:* 25 Minuten.

Terrine von Wildgeflügel

3 Rebhühner oder 1 Fasan oder
1 Wildente (ca. 800–1000 g),
6 EL Öl,
100 g Röstgemüse (Möhre,
Sellerie, Petersilienwurzel, Porree),
1 Zwiebel,
1 Lorbeerblatt,
Salz,
1 Knoblauchzehe,
4 Wacholderbeeren,
1 TL Pfefferkörner,
100 g Wildgeflügelleber (evtl. auch von Pute,
Hähnchen oder Kalb),
200 g mageres Schweinefleisch
(Schulter, Lende),
200 g Rückenspeck, ohne Schwarte,
2 TL feingemahlene oder im Mörser
zerriebene Provence-Kräutermischung,
6 zerdrückte Wacholderbeeren,
1 zerdrückte Knoblauchzehe,
abgeriebene Schale von ½ unbehandelten
Orange oder 2 TL Orangenschalenpulver,
frisch gemahlener Pfeffer,
1 EL Butter,
3 Schalotten,
2 cl Armagnac oder Cognac,
50 g grobgehackte Pinienkerne,
evtl. 30 g Trüffel (Dose),
200–250 g frischer Speck, in dünnen Scheiben,
Portweingelee (s. S. 74).

Das Geflügel zerteilen, Keulen und Brüste auslösen und parieren. Zerkleinerte Knochen mit anhaftenden Fleischresten in 4 Eßlöffeln erhitztem Öl anbraten, das zerkleinerte Röstgemüse, die gehackte Zwiebel, Lorbeerblatt, Salz, die halbierte Knoblauchzehe, die ganzen Wacholderbeeren und Pfefferkörner hinzugeben und mit 1 l Wasser aufgießen. Zum Fond kochen (2–3 Stunden, im Schnellkochtopf 45–50 Minuten, dann jedoch nur mit der Hälfte Wasser), absieben und weiter einkochen lassen. Keulenfleisch, Leber, Schweinefleisch und Speck in Streifen schneiden, mit Salz und den angegebenen Gewürzen bestreuen und für mindestens 1 Stunde in den Kühlschrank geben. Dann zweimal durch die 3-mm-Lochscheibe drehen oder im elektrischen Zerkleinerer fein hacken. Die Geflügelbrüste salzen und pfeffern. 2 Eßlöffel Öl in einer Pfanne erhitzen und die Brüste darin braten, dann herausnehmen. Die Butter zugeben, die feingehackten Schalotten darin anrösten. Mit Alkohol und dem reduzierten Fond löschen. Die Brüste einlegen und darin erkalten lassen. Die Pinienkerne und nach Wunsch die Trüffel in feinen Würfelchen unter die Fleischfarce heben. Diese evtl. mit restlichem Fond geschmeidig rühren. Eine Terrinen- oder Kastenform mit den Speckscheiben auskleiden und die Hälfte der Farce einfüllen. Die Brüste darauflegen, etwas Fond darübergeben und mit der restlichen Farce bedecken. Die Speckscheiben darüberklappen, mit einer Speckscheibe abdecken und nochmals kurz kalt stellen. Dann wie üblich im Wasserbad 40–45 Minuten bei 80 °C Wassertemperatur im Backofen garen.

Von der erkalteten Pastete die Speckscheiben auf die Oberseite entfernen und einen »Spiegel« aus Portweingelee darübergießen.

Wachtel

Wachteln mit Champignonfüllung

Für 2 Personen

4 Wachteln (je 100 g).
Für die Füllung:
8 mittelgroße, frische Champignons,
1 TL Zitronensaft,
1 TL Butter,
etwas Salz,
etwas abgeriebene Schale von
1 unbehandelten Zitrone,
1 Eigelb.
100 g Speck in dünnen Scheibchen,
Fett für die Auflaufform.

Für die küchenfertigen Wachteln eine Füllung bereiten: Champignons putzen, grob hacken, mit Zitronensaft beträufeln, in erhitzter Butter andünsten, salzen, mit Zitronenschale würzen und etwas einkochen lassen. Mit Eigelb binden, alles vermischen und in die Wachteln füllen. Wachteln mit Speckscheiben umwickeln, dabei die Beine um die hintere Öffnung legen, mit Küchengarn umwickeln. Eine kleine Auflaufform etwas fetten, die Wachteln darin im Backofen bei 225 °C 25–30 Minuten braten.

Wachtelpastete

4 Wachteln, 100 g Speck, 250 g durchwachsenes Schweinefleisch, 2 Zwiebeln, 1 Bund Suppengrün, 3 Pimentkörner, 1 TL Pfefferkörner, 1 Lorbeerblatt, Salz, 1–2 EL Sardellenpaste, 1 TL Pastetengewürz, 2 EL geriebener Parmesankäse, 100 g Butter, 3 Eier, 200 g frischer Speck in dünnen Scheiben.

Die Wachteln vorbereiten, Speck und Schweinefleisch in 2 cm große Würfel schneiden, Zwiebeln hacken. Nun den Speck auslassen, Wachteln, Schweinefleisch und Zwiebeln darin andünsten, Suppengrün, Gewürze und Salz zugeben, bei Bedarf Wasser angießen und alles weich dünsten. Danach das von den Knochen gelöste Wachtelfleisch und das Schweinefleisch zweimal durch die 3-mm-Lochscheibe drehen. Die Farce mit Sardellenpaste, Pastetengewürz und Parmesan pikant abschmekken. Butter und Eier schaumig rühren und die Farce nach und nach unterrühren. Eine Kastenform mit den Speckscheiben auskleiden und den Fleischteig einfüllen. Den Speck darüberklappen und die Pastete ca. 45 Minuten bei 200–220 °C backen. Mit Alufolie abgedeckt, bleibt sie saftiger. Ebenso, wenn man den Bratfond vom Fleisch zur Farce gibt.

Fachbegriffe

Abhängen: Reifen von frischem Schlacht- oder Wildfleisch.
Abschwarten: Enthäuten des Schwarzwildes.
Absengen: Abbrennen des Geflügelflaums durch eine Spiritusflamme.
Aspik: Gallerte, ursprünglich aus Füßen oder Schwarten gekocht, heute zumeist mit Gelatine zubereitet.
Aufbrechen: Ausnehmen von Wild.
Aufbruch: Vom Jäger beim Öffnen des Leibes von Wild entnommene Innereien.
Ausbeinen: Ablösen des Geflügelfleisches von den Knochen.
Ausbeiner: Küchenmesser zum Tranchieren und Ablösen der Knochen.
Aushäkeln/Abhäkeln: Ausnehmen von Wildgeflügel.
Balg: Fell vom Hasen oder Kaninchen.
Ballenwild: Hase und Wildkaninchen.
Bardieren: Umwickeln von Fleisch oder Geflügel mit dünnen Speckscheiben, um das Austrocknen von Wild und Geflügel beim Braten zu verhindern.
Beize/Marinade: Mischung aus Essig, Wasser, Wein oder Buttermilch mit Öl, Gewürzen, Kräutern, Suppengrün.
Benzpyren/Benzopyren: Krebserregender Kohlenwasserstoff, bildet sich bei unvollständiger Verbrennung.
Bindemittel: Stoffe zum Andicken z. B. der Wurst, wie Stärke oder Gelatine.
Blatt: Schulter vom Wild.
Blume: Schwanz vom Hasen oder Kaninchen.
Botulismus: Meldepflichtige, gefährliche, bakterielle Lebensmittelvergiftung, verursacht z. B. durch nicht ausreichend erhitzte Fleisch- oder Wurstkonserven.
Bries: Thymusdrüse von Kalb oder Ziege, bestehend aus Nuß und Gurgel.
Brühwurst: Aus rohem Muskelfleisch, Speck und ggf. Innereien hergestellte und in heißem Wasser gegarte, schnittfeste Wurst.
Cellophanhüllen: Kunstdärme, aus Cellulose hergestellt.
Confit: In Fett eingemachtes Geflügel, französische Spezialität.

Cutter/Cuttermaschine: Gerät zur Herstellung von Wurst, vor allem Brühwurst, das professionell verwendet wird, zerkleinert das Fleisch sehr fein, rasch und schonend.

Dauerdosen: Weißblechdosen zur Haltbarmachung, mit Gummi- und Klammerring verschlossen.

Decke: Fell vom Wild.

Emulgatoren: Stoffe, die bei der Brühwurstherstellung die Wasserbindung fördern. Sie werden auch als Cutterhilfsmittel oder Cuttersalze bezeichnet. In der professionellen Wurstherstellung werden hierfür z. B. die Natrium- und Kaliumsalze der Diphosphorsäure unter Kenntlichmachung („mit Phosphat") eingesetzt.

Farce: Füllung, Fleischteig für Pasteten und Puddings.

Faisandage: Strenger Geruch und Geschmack beim Wildgeflügel, s. Hautgout.

Federwild/Wildgeflügel: Fasan, Rebhuhn, Wachtel, Perlhuhn, Waldschnepfe, Wildtaube, Wildente, Wildgans, (Bläßhuhn, Eichelhäher, Krähe).

Finnen: Bandwurmlarven, die hauptsächlich Rinder und Schweine befallen und deren Fleisch bzw. Innereien ungenießbar machen.

Fleischbeschau: Gesetzlich vorgeschriebene Untersuchung des Schlachtfleisches durch einen Tierarzt oder eine andere bevollmächtigte Person auf Befall mit Trichinen, Finnen und andere gefährliche Infektionskrankheiten.

Flomen: Bauchfett des Schweines, dient zur Gewinnung von Flomenschmalz (Schweineschmalz).

Folienschweißgerät: Elektrogerät, mit dem Plastikfolie durch Hitzeeinwirkung „geschweißt" werden kann, vor allem gebraucht zum Verschließen von Gefrierbeuteln.

Fond: Bratensatz, Basis für Saucen.

Frischling: Wildschwein im ersten Lebensjahr.

Galantine: Kaltes Fleischgericht, hergestellt aus Fleisch oder entbeintem Geflügel, mit einer feinen Fleischfarce gefüllt.

Geiß: Weibliche Ziege.

Gekröse: Faltige Aufhängung von Magen und Darm.

Gescheide/Geräusch: Innereien von Wild.

Geschlinge: Darm von Wildgeflügel.

Geschmacksverstärker: Chemische Zusatzmittel, die den Geschmack verbessern sollen, z. B. Glutamat.

Grieben/Grammeln: 1. Rückstände nach dem Ausschmelzen des Flomenschmalzes; 2. kleingewürfelter Speck, z. B. in Griebenwurst.

Haarwild: Schalenwild und Ballenwild.

Hautgout: Strenger Wildgeruch und -geschmack, durch zu langes Abhängen entstanden.

Heißräuchern: Räucherverfahren bei Temperaturen von 45 – 90 °C, vorwiegend zur zusätzlichen Aromagebung für Fleisch- und Wurstwaren zum raschen Verbrauch.

Hochwild: Schalenwild (außer Rehwild) und Auerwild.

Kaliber: Durchmesser von Wursthüllen bzw. Därmen.

Kalträuchern: Räucherverfahren bei Temperaturen zwischen 15 °C und maximal 30 °C, vorwiegend für Schinken und Wurstwaren, die lange haltbar sein sollen.

Karkasse: Knochengerippe beim Geflügel.

Kesselfleisch/Wellfleisch: Kopfteile, Lunge und Bauchfleisch vom Schwein, wird sofort nach dem Schlachten gekocht.

Kitz/Zicklein: Junge Ziege.

Kleinfleisch: Sammelbezeichnung für Schweineschnauze, -pfoten und -rippen.

Kochwurst: Aus teilweise oder ganz vorgekochtem Muskelfleisch, Innereien, ggf. Blut, Speck und Schwarten hergestellte und gegarte Wurst.

Konservierungsstoffe: Zusatzstoffe, die den Verderb durch Mikroorganismen verzögern, z. B. Sorbinsäure, Benzoesäure.
Kronfleisch: Fleischiges Zwerchfell von Rind und Schwein.
Kunstdärme: Industriell hergestellte Wursthüllen aus verschiedenen Rohstoffen, z. B. Rinderhaut, Cellulose oder Kunststoff.
Kutteln: Vormagen vom Kalb und Rind.
Läufe: Beine von Hasen oder Kaninchen.
Lake: Salzlösung.
Lakemesser: Meßinstrument zum Messen der Salzschärfe einer Lake.
Lochscheiben: Gelochte Vorsätze für den Fleischwolf mit Löchern von 3–14 mm Durchmesser.
Löffel: Ohr von Hasen oder Kaninchen.
Lufttrocknen: Verfahren zum Haltbarmachen von Schinken und Wurstwaren unter Ausnützung warmer, bewegter, trockener Luft.
Mousse: Schaumige Masse, z. B. aus püriertem Fleisch.
Natriumnitrit: Natriumsalz der salpetrigen Säure, s. Pökelsalz.
Naturdärme: Därme von Schwein, Rind oder Schaf, als Wursthüllen verwendet.
Naturfaserdärme: Kunstdärme, aus Rinderhautfasern hergestellt.
Niederwild: Alle jagdbaren Tiere außer Hochwild.
Paté: Pastete.
Pasteurisieren: Verfahren zum kurzfristigen Haltbarmachen von Lebensmitteln durch Erhitzen auf Temperaturen unter 100 °C.
ph-Wert: Maß für die Säurestärke einer Lösung.
Pökeln: Verfahren zum Haltbarmachen von Fleisch mit Hilfe von Kochsalz, zumeist bei gleichzeitiger Zugabe von Umrötestoffen wie Natriumnitrit. Man unterscheidet Trocken-, Naß- und Schnellpökelung.
Pökelsalz/Nitritpökelsalz: Pökelstoff, bestehend aus 99,5% normalem Speisesalz (Kochsalz) und 0,5% Natriumnitrit, verwendet zum „Umröten" von Fleisch und Wurstwaren, um ihnen eine bleibende rote Farbe zu geben, mit gleichzeitig haltbarkeitsverlängernder Wirkung des Kochsalzes.
Rillettes: In Fett eingemachtes Schweinefleisch, evtl. mit Gänsefleisch vermischt.
Rohwurst: Aus rohem Muskelfleisch und Speck, ohne Bindemittel hergestellte und nach dem Trocknen (Reifen) roh verzehrte Wurst; bei Verwendung von besonders trockenem, magerem Fleisch und Pökelsalz sehr haltbar (Dauerwurst).
Saitling: Dünndarm vom Schaf, zarte, zum Mitessen geeignete Wursthülle.
Sauglocke: Gerät zum Abkratzen der Schweineborsten.
Saupech: Chemisch Collophonium, pulverförmiges Mittel zum Ablösen der Schweineborsten.
Schalenwild: Rot-, Dam-, Sika- und Rehwild, Gams- und Muffelwild, Schwarzwild.
Schonzeit: Zeit, in der das Jagen bestimmter Tiere gesetzlich verboten ist.
Schwarte: Haut des Schweines, die wegen ihres hohen Collagengehalts zur Bindung des Fleischsaftes, z. B. in Blut- und Sülzwürsten, verwendet wird.
Schwarzwild: Wildschwein.
Speckhemd: Umhüllung für Geflügel aus dünnen Speckscheiben zur Vermeidung des Austrocknens beim Braten.
Ständer: Beine von Wildgeflügel.
Sterilisieren: Verfahren zum längerfristigen Haltbarmachen von Lebensmitteln durch Erhitzen auf Temperaturen über 100 °C.
Stoß: Schwanz von Wildgeflügel.
Sur: Pökellake zur Herstellung von „Surfleisch".

Terrine: Pastetenartiges Gericht, meist aus einer Fleischfarce bestehend, die, mit Speckscheiben abgedeckt, im Wasserbad gegart wird.

Trichinen: Parasiten aus der Klasse der Fadenwürmer. Träger können sein: Mensch, Schwein, Ratte, Maus, fleischfressende Säugetiere.

Trichinose: Gefährliche, meldepflichtige Erkrankung, verursacht durch den Verzehr trichinenhaltigen Fleisches, Vorbeugung durch gesetzlich vorgeschriebene Trichinenschau.

Umrötehilfsmittel: S. Nitritpökelsalz.

Warmräucherung: Verfahren zur Haltbarmachung von Fleisch und Wurstwaren bei Temperaturen von 40–45 °C.

Wildbret: Wildfleisch (ursprünglich Fleisch vom Hirsch).

Wurstbrät: Wurstteig oder Farce.

Wursteinfüllvorsätze: Tüllenansätze für den Fleischwolf zum Einfüllen der Wurstmasse in die Därme bzw. Hüllen, mit verschieden großem Durchmesser.

Wurstkonserven: Brühwurstbrät, Kochwurstmasse oder ganze Würste, in Dosen oder Gläsern durch intensives Erhitzen haltbar gemacht.

Ziemer: Rücken vom Wild.

Zerkleinerer: Elektrische Küchenmaschine, die stufenlos verstellbar Fleisch, Speck u. a. fein hackt.

Zerwirken: Zerlegen bzw. Zerteilen von Wild.

Sachregister

Rezeptregister